実践・保育相談支援

青木紀久代 編著

小嶋玲子　山下直樹　矢野由佳子　武田(六角)洋子　加藤邦子
稲垣　馨　池田幸代　石井正子　岩藤裕美　島田恭子

みらい

執筆者紹介

【編著者】
青木紀久代（社会福祉法人真生会 理事長／白百合心理・社会福祉研究所 所長）
　　　　　　　　　　　　　　　　　　　　　　　　　　　　　　　　　　　　第1章・第4章

【執筆者】　＊執筆順
小嶋玲子（名古屋柳城短期大学）　　　　　　　　　　　　　　　　　　　　　第2章
山下直樹（名古屋短期大学）　　　　　　　　　　　　　　　　　　　　　　　第3章
矢野由佳子（和泉短期大学）　　　　　　　　　　　　　　　　　　　　　　　第5章
武田（六角）洋子（東京家政大学）　　　　　　　　　　　　　　　　　　　　第6章
加藤邦子（浦和大学）　　　　　　　　　　　　　　　　　　　　　　　　　　第7章
稲垣　馨（常葉大学）　　　　　　　　　　　　　　　　　　　　　　　　　　第8章
池田幸代（道灌山学園保育福祉専門学校）　　　　　　　　　　　　　　　　　第9章
石井正子（昭和女子大学）　　　　　　　　　　　　　　　　　　　　　　　　第10章
岩藤裕美（帝京平成大学大学院）　　　　　　　　　　　　　　　　　　　　　第11章
島田恭子（社会福祉法人真生会　白百合ベビーホーム）　　　　　　　　　　　第12章

【コラム】
太田祐貴子（お茶の水女子大学大学院人間文化創成科学研究科博士後期課程）…コラム1
朝日香栄（お茶の水女子大学 東京都ひきこもりサポートネット）……………コラム2
今野直子（お茶の水女子大学大学院人間文化創成科学研究科博士後期課程）……コラム3

イラスト・なかのまいこ

はじめに

　本書は、保育者が行う「保育相談支援」について解説したものです。保育の実践では、想像以上に保護者の支援が難しいと感じることが多くあるでしょう。子どもと接するのは好きだけれど、保護者とやり取りするのは苦手だと思う人もあって当然です。

　けれども、恐れることは決してありません。保育者になったら、初心者の感性とやる気を生かし、まずは子どもをしっかりと保育することを通して、保護者の信頼を得るところから始めればよいのです。キャリアを積めば、自然と保護者から、子育てのなかで生じるさまざまな悩みを相談されることが多くなるでしょう。保育者にとっても、子どもたちを生き生きと保育するために、保護者の力が必要です。支え合うという言葉が一番ぴったりくるところだと思います。

　さて本書は、理論と実践の二部構成となっています。本書のテーマは、極めて実践的な話題となるため、多くの事例を取り入れることによって、経験の無い方にも、イメージがもちやすいように配慮されています。

　各章のワークは、一人で行えるものもありますが、授業のなかで仲間と話し合い、考えを共有する機会としてください。貴重な学びとなるはずです。

　本書の執筆者たちは、読者のみなさんに、現場に出たときに活用できそうな知恵を、少しでもポケットに詰め込んでもらえたら、という思いでいます。みなさんが保育者となり、子どもの育ちと子育ての良き支援者となってくれることを願っています。

　最後に、多くの執筆者による原稿にもかかわらず、統一感のあるテキストに仕上げることができたのは、一重に編集部 米山拓矢氏の手厚いサポートのおかげです。心より感謝致します。

2015年　春

編著者　青木紀久代

もくじ

はじめに

● 第1部　理論編　保育相談支援の考え方を学ぶ

第1章　保育相談支援とは　　*14*

- ❶ 定義 …………………………………………………………… 14
  - 1．保育者の専門性を生かした保護者支援　14
  - 2．子どもの最善の利益のために　15
- ❷ 保育相談支援の基本 ………………………………………… 16
  - 1．保育相談支援の対象　16
  - 2．保育相談支援のねらいと基本姿勢　16
- ❸ 保育相談支援の構造 ………………………………………… 18
  - 1．保育相談支援の構造の特性　18
  - 2．保育相談支援の種類　19
- ❹ 保育相談支援の意義と課題 ………………………………… 22
  - 1．協働作業が生み出すエンパワーメント　22
  - 2．コミュニティ援助の発想をもった保育相談支援　23
- 演習課題　―やってみよう― ………………………………… 24
  - ・保育相談支援の実践を想像してみよう　24

第2章　保育相談支援の方法　　*26*

- ❶ 保育者が行う保育相談支援の特徴 ………………………… 26
  - 1．在園児の保護者支援と地域の子育て家庭への支援　26
  - 2．在園児の保護者への保育相談支援の利点と困難点　26
  - 3．保育者と保護者のパートナーシップ　28
  - 4．心に寄り添う支援と具体的に生活を支える支援　28
    - ■狭義の相談支援の効用　28
    - ■具体的な生活支援とソーシャルワーク　29
  - 5．守秘義務とチーム・組織としての支援　31

❷ 保育相談支援の三つの段階 ･････････････････････････････････････ 32
　1．発生予防の段階　32
　2．進行予防の段階　33
　3．特別なニーズへの対応段階　33

❸ 保護者支援の流れ・方法 ･･･････････････････････････････････････ 34
　1．ニーズ（needs）の把握　34
　2．受理：インテーク（intake）　35
　3．見立て：アセスメント（assessment）　36
　4．支援計画：プラニング（planning）　37
　5．介入：インターベンション（intervention）　38
　6．記録　40
　7．評価：エヴァルエーション（evaluation）　40
　8．終結　41

❹ カンファレンスとコンサルテーション ････････････････････ 41
　1．カンファレンス（conference）　41
　2．コンサルテーション（consultation）　42

演習課題　―やってみよう― ･････････････････････････････････････ 43
　1）ジェノグラムやエコマップを作成してみよう　43
　2）「相談支援の流れ」を事例にあてはめてみよう　44
　3）事例から「保育士の専門性」を探してみよう　44

第3章　保護者との関係づくり

46

❶ 保護者との信頼関係を築くために ････････････････････････ 46
　1．保護者が相談しようと思うとき　46
　2．保護者との信頼関係を築くための三つの「チャンス」　47
　　■相談に来てくれたとき　48
　　■「問題」が生じたとき　48
　　■苦情を言いに来てくれたとき　48
　3．信頼される保育者になるために　49
　　■日ごろからのコミュニケーションの大切さ　49
　　■保護者の葛藤に寄り添う　49

❷ 保護者とともに子どもの成長を喜び合う ･････････････ 50
　1．保護者との協力とは　50
　2．何気ない会話のなかで保護者を支える　51
　3．保育者は保護者の視点をもつ　52

❸　保護者の養育力の向上を目指したかかわり ………………… 52
　　1．保護者の養育力向上を目指したかかわりとは「つなぐ役割」 52
　　2．保護者の養育力の向上を目指すこと≠保育技術を一方的に教えること 53
　　3．カウンセリングマインドを生かしたかかわり 53

　🌱演習課題　―やってみよう― ……………………………………… 55
　　・事例を基に考え、話し合ってみよう　55
　　　　「保護者との信頼関係を損ねてしまったユキ先生」

★コラム1　保育者の感受性とバーンアウト ……………………… 56

第4章　保育の環境構成を生かした支援
58

❶　保育の環境構成とは ……………………………………………… 58
　　1．保育所保育指針における「環境」 58
　　2．保育相談支援と環境構成　60
❷　子どもを中心とした保育相談支援と環境構成 ………………… 60
　　1．子ども中心／発達援助型の支援と環境構成　60
　　2．子ども中心／心理援助型の支援と環境構成　63
❸　保護者を中心とした保育相談支援と環境構成 ………………… 64
　　1．保護者中心／生活援助型の支援と環境構成　64
　　2．保護者中心／心理援助型の支援と環境構成　65
❹　保育相談支援における保育の環境構成の意義と課題 ………… 67
　　1．さりげないお手本の強み　67
　　2．環境構成力を磨く　67

　🌱演習課題　―やってみよう― ……………………………………… 68
　　・保育相談支援に役立つ環境構成を考えてみよう　68

第5章　地域の資源の活用と関係諸機関との連携
70

❶　はじめに ……………………………………………………………… 70
❷　地域の資源・関係機関とは ……………………………………… 70
　　1．医療機関　72
　　2．保健センター　73
　　3．児童家庭支援センター　73
　　4．教育センター　74

5．児童相談所　75
　　6．療育機関　75
　　7．子育てひろば　76
❸　子育てを支援するその他の資源 ……………………………………… 78
❹　専門機関とつながるために ……………………………………… 78
演習課題　―やってみよう― ……………………………………… 80
　・子育てひろばでの相談のロールプレイをやってみよう　80

● 第2部　実践編　支援の実際に学ぶ

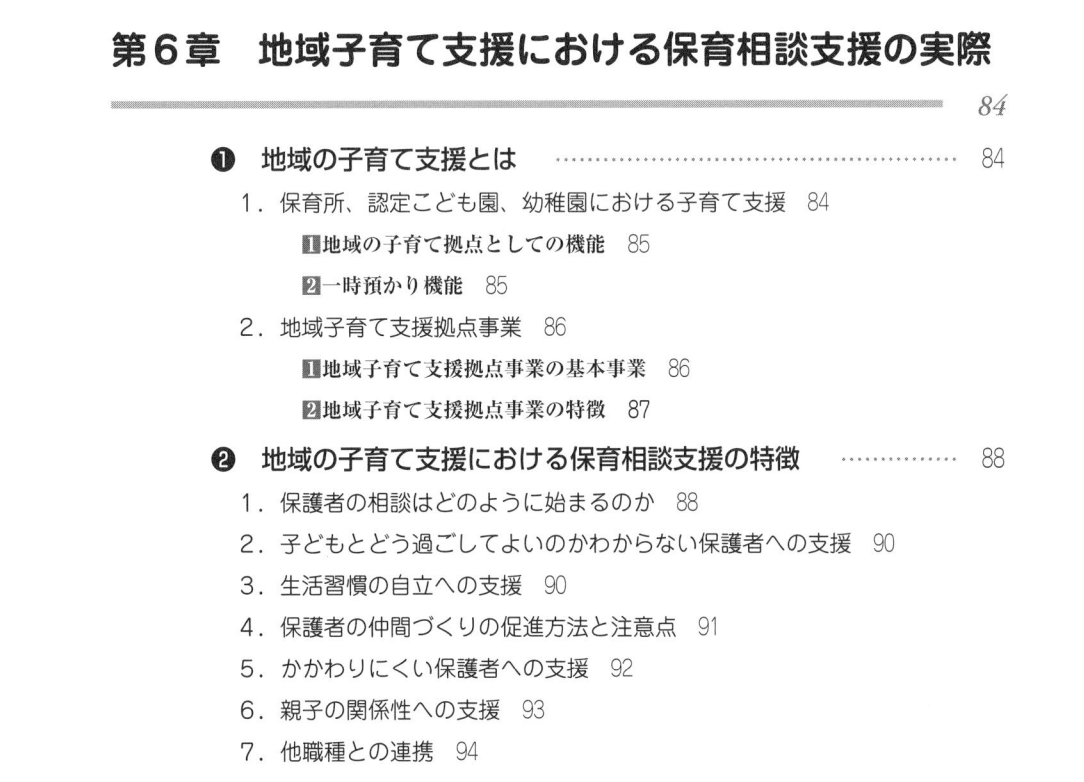

第6章　地域子育て支援における保育相談支援の実際
84

❶　地域の子育て支援とは ……………………………………… 84
　1．保育所、認定こども園、幼稚園における子育て支援　84
　　■地域の子育て拠点としての機能　85
　　■一時預かり機能　85
　2．地域子育て支援拠点事業　86
　　■地域子育て支援拠点事業の基本事業　86
　　■地域子育て支援拠点事業の特徴　87
❷　地域の子育て支援における保育相談支援の特徴 ……………… 88
　1．保護者の相談はどのように始まるのか　88
　2．子どもとどう過ごしてよいのかわからない保護者への支援　90
　3．生活習慣の自立への支援　90
　4．保護者の仲間づくりの促進方法と注意点　91
　5．かかわりにくい保護者への支援　92
　6．親子の関係性への支援　93
　7．他職種との連携　94
❸　実践事例から考える ……………………………………… 96
　・事例1「砂遊びって何の意味があるんですか？と質問してきたAさん」　96
　・事例2「しばしば子どもを激しく叱責しているBさん」　97
演習課題　―やってみよう― ……………………………………… 98
　1）トイレトレーニングについて話し合ってみよう　98

２）相談のロールプレイをやってみよう　99
　　３）事例を読み、支援について考えてみよう　99
　　　　「自立しすぎのDちゃん」

第7章　養育力向上を目指した支援の実際
102

❶ 多様な養育困難に対応する保育相談支援 ……………… 102
　１．保護者の養育力の支援の基本　102
　　　■1 生活援助と発達援助　102
　　　■2 「家庭との連携及び協力を図る」働きかけ　103
　２．保護者の話に耳を傾けて養育のアセスメントを行う　104

❷ 家庭と保育所・施設と連携して行う生活援助 ……………… 104
　１．子どもの睡眠と目覚め　105
　２．体験するなかで育つ清潔　105
　３．食を通した人間関係　105
　４．排泄の自立　107

❸ 養育力の向上と発達援助のつながり ……………… 108

❹ 実践事例から考える ……………… 109
　１．潜在的ニーズへの具体的な支援方法・内容　109
　　　事例「A保育園に通う０歳児のTくん」
　２．保護者支援の解説　111

演習課題　―やってみよう― ……………… 112
　・事例を読み、支援について考えてみよう　112
　　　「２歳になって遊び食べが目立つようになったSちゃん」

★コラム２　学童保育における保育相談支援 ……………… 114

第8章　保護者同士の関係を改善するための支援の実際
116

❶ 保護者同士の関係を改善するための支援 ……………… 116
　１．保護者同士の関係　116
　　　■1 「ママ友」の関係と問題　116
　　　■2 保護者同士に起こる問題の傾向　118
　２．保護者同士の問題の背景　118
　　　■1 保護者の生活状況と価値観の多様化　118

　　　　　　2 保護者の就労状況の違いと「ママ友」関係　119
　　　　　　3 個人的な悩みを受け入れる　120
　　　3．保育相談支援の特徴と難しさ　120

❷　関係性の視点を活用した相談支援の理論とアプローチ　……　120
　　　1．ファシリテーション　121
　　　　　　1 ファシリテーションとは　121
　　　　　　2 ファシリテーションの実際　121
　　　2．バウンダリーとシステム理論　122
　　　　　　1 システム理論とは　122
　　　　　　2 システム理論と家族療法の相談支援への応用　123
　　　　　　3 バウンダリーとその問題　124
　　　　　　4 相談に生かすバウンダリー概念　124

❸　実践事例から考える　……………………………………………　125
　・事例1「けがをめぐる認識の違い」　125
　・事例2「ママ友グループの対立」　126

　演習課題　―やってみよう―　……………………………………　128
　・事例を読み、支援について考えてみよう　128
　　　　「輪に入れない親子」

第9章　苦情対応から始まる支援の実際

_130_

❶　保育所における苦情の現状　………………………………………　130
　　　1．苦情件数　130
　　　2．苦情内容　131
　　　3．苦情をよせた人　131
　　　4．苦情の解決方法　132
　　　5．苦情として受け付けなかった経験　133
　　　6．現代の保育所における苦情について　133

❷　苦情への対応　………………………………………………………　134
　　　1．苦情への心構え　134
　　　2．カウンセリングマインドを生かす　135
　　　3．園としての苦情対応の体制づくり　135

❸　実践事例から考える　………………………………………………　136
　・事例「自営業では、保育園に子どもを預けてはいけないんですか？」　136

　演習課題　―やってみよう―　……………………………………　139

1）苦情を聞くロールプレイをやってみよう　139
　　「お友だちにかみつかれちゃって…」
2）事例を読み、対応について考えてみよう　140
　　「保育園内でのけがは、いつでも保育者が注意するべきです！」

第10章　障がいのある子どもをもつ保護者への支援の実際
142

❶ 障がいのある子どもの子育て　142
1．見通しのもちにくい子育て　142
2．「親らしさ」を引き出す力の弱さ　143

❷ 保育者による、障がいのある子どもをもつ保護者への支援　144
1．障がいを受容する過程に寄り添う支援　144
　❶比較的早期に障がいが発見される場合　144
　❷障がいの発見に時間がかかる場合　147
2．親としての発達の支援　148
3．保護者の真意を理解する　148

❸ 「障害児施設」における支援　149
1．障害児通所支援　150
2．障害児入所支援　150

❹ 実践事例から考える　151
・事例1「子どもの障がいを受け止めることが難しい保護者」　151
・事例2「障がいを克服することで頭がいっぱいになっている保護者」　153

演習課題 ―やってみよう―　156
1）話し合ってみよう　156
2）事例を読み、支援について考えてみよう　156
　　「肢体不自由児のNちゃん」

第11章　要保護児童の家庭に対する支援の実際
158

❶ 児童虐待が疑われるとき　158
1．児童虐待とその種類　158
2．児童虐待の現状と在宅指導　160
3．虐待のリスク要因　161
　❶保護者側のリスク要因　161
　❷子ども側のリスク要因　162

        3 環境的・経済的な要因　162
　❷　要保護児童の家庭に対する支援の実際 ……………………………… 162
　　1．地域での取り組み　162
　　2．親子への支援　163
        1 園での見守りのポイント　164
        2 保護者への支援　164
        3 要保護児童への対応　165
　❸　実践事例から考える ……………………………………………………… 166
　　・事例1「DVを目撃したMちゃん」　166
　　・事例2「ネグレクトにより在宅指導となったHくん」　167
　🖊演習課題　―やってみよう― ………………………………………… 169
　　1）親子の関係を示す箇所をみつけてみよう　169
　　2）親子関係の状態を考えてみよう　169

第12章　乳児院・母子生活支援施設等における支援の実際
170

　❶　社会的養護の現状 ……………………………………………………… 170
　❷　乳児院における養育相談支援 ………………………………………… 171
　　1．利用者と施設の目的　171
　　2．職員配置と業務の概要　172
　　3．支援の実際　173
        1 入所時のアセスメント　173
        2 養育相談支援の実際　175
        3 カンファレンスにおける立ち位置　177
        4 終結カンファレンス（要保護児童対策地域協議会の開催）　177
        5 退所後の各種フォロー　178
　　4．乳児院の将来ビジョン　178
　❸　母子生活支援施設における保育相談支援 …………………………… 179
　　1．施設の目的　179
　　2．利用者について　180
　　3．支援の実際　180
        1 入所依頼から入所面接　182
        2 日常支援の開始（保育相談支援）　182
        3 関係機関との連携　184
        4 エンパワーメント　184
        5 退所後の各種フォロー　185

❹ 実践事例から考える ……………………………………………… 185
・事例「乳児院と母子生活支援施設が連携した子育て支援（精神疾患を抱える未婚の母）」 185

演習課題 ―やってみよう― ……………………………………………… 186
1）社会資源について調べてみよう 186
2）どのような支援ができるか考えてみよう 187

★コラム3　児童養護施設における保育相談支援 ……………………… 188

索引 190

※本書に掲載している事例は、その事例の本質を損なわないよう配慮しながら、複数の類似の事例をふまえて一般化し、再構成したものです。

第1部　理論編

保育相談支援の考え方を学ぶ

第1章 保育相談支援とは

●●● 本章のねらい

保育者の専門性を生かした保護者への相談支援とは、どのようなものでしょうか。まず本書で学ぶ、保育相談支援について、その定義を確認していきましょう。そして基本となる支援の原理について、学びましょう。

① 定義

1. 保育者の専門性を生かした保護者支援

保育相談支援とは、保育所保育指針解説書（第6章 保護者に対する支援）でいうところの「保育指導」[*1]にあたります。つまり、「子どもの保育の専門性を有する保育士が、保育に関する専門的知識・技術を背景としながら、保護者が支援を求めている子育ての問題や課題に対して、保護者の気持ちを受け止めつつ、安定した親子関係や養育力の向上をめざして行う子どもの養育（保育）に関する相談、助言、行動見本の提示その他の援助業務の総体」[1)]をさしています。

指導というと、未熟な保護者を教育するといった誤解を与えるかもしれませんが、そのようなものではけっしてありません。むしろ、保護者の子育てを承認し、支持していくことが大前提のかかわりであり、保育者[*2]の専門性を生かした子どもの発達やかかわり方の解説および情報提供、あるいは具体的に見本を示すようなところまで広く含まれます。

ここでいう保育者の専門性についても、知識と技術を基に、保育所保育指針解説書の第1章の総則でまとめられています。たとえば、子どもの発達と生活の援助、保育環境の構成、遊び、子どもや保護者との関係構築、相談や助言、といった領域での専門性が謳われています[*3]。本書の第2章では、これらがさらに詳しく述べられています。

ただ、どんなに言葉を尽くしても、保育者の複雑で多様なかかわりを過不足なく定義することは難しいと言わざるを得ません。現場で実際に保護者とかか

---

*1 保育指導
保育士資格の法定化（2003（平成15）年）によって、新たに保育士の業務と定められました。児童福祉法第18条の4「児童の保護者に対する保育に関する指導」が源となっています。

*2 保育者
保育士資格を有する者を保育士と呼びますが、本書では保育教諭や幼稚園教諭なども含め保育者と表記します。保護者支援が必要な保育の場には、幼稚園教諭等の幼稚園関係者も含まれると考えられます。とくに2007（平成19）年の学校教育法改正によって、幼稚園にも子育て支援の努力義務が規定されています。

*3 p.39の表2-3を参照。

わるなかでの支援は、あまりにも自然なかたちで行われているために、かえって、保育の専門性を言葉で示そうすると、困難になってしまうのです。むしろ、保育者の専門性は、現場のニーズとつながることで、ぐっと具体性と説得性が増してくるといえるでしょう。

　本書では、保育者の基本として保育所保育指針を折々に参照していきますが、今日、幼保連携型認定こども園教育・保育要領も加わり、現場の保育者も確認作業や学び直しの必要が生じています（全国社会福祉協議会, 2014)[2]。さらに、幼稚園教育要領なども参考にすることも重要です。このようなことを留意しながら、多くの事例に触れ、演習形式で学習を深めていきましょう。

2. 子どもの最善の利益のために

　保育者が保護者への相談支援を行うときに、忘れてはいけない原則は"子どもの最善の利益"のために尽くすということです。子どもの最善の利益という言葉は、児童の権利に関する条約（通称・子どもの権利条約）のなかで示されました[*4]。そこに具体的な内容は明示されていませんが、子どもにとって何が最善かを、私たちが検討し続けていくことが必要です。保護者の相談にのることは、子どもの権利を保護し、子どもの利益を最善とすることに役立つことになると考えてのことです。一般に、保護者は子どもの権利を守れる一番の存在です。社会はその保護者に協力し、サポートすることによって、子どもがより良く育つことに貢献できるのです。

　けれども、大人同士が自分の悩み事を中心に話してばかりいると、いつの間にか、大人の都合が優先され、価値づけられてしまうリスクがあります。相談を受ける側も相談する側も、あくまで子どもを中心に解決策を考えていくことが大切です。

＊4　児童の権利に関する条約　第3条1
「児童に関するすべての措置をとるに当たっては、公的若しくは私的な社会福祉施設、裁判所、行政当局又は立法機関のいずれによって行われるものであっても、児童の最善の利益が主として考慮されるものとする」

図1-1　子どもの権利条約　四つの柱

生きる権利	健康に生まれ、安全な水や十分な栄養を得て、健やかに成長する権利。
守られる権利	あらゆる種類の差別や虐待、搾取から守られる権利。
育つ権利	教育を受ける権利。
参加する権利	自分に関係のある事柄について自由に意見を表したり、集まってグループをつくったり、活動する権利。家族や地域社会の一員としてルールを守って行動する義務を含む。

出典：公益財団法人ユニセフ協会「子どもの権利条約」を基に筆者作成
　　　http://www.unicef.or.jp/about_unicef/about_rig.html

② 保育相談支援の基本

1.保育相談支援の対象

　保育相談支援の対象は、保育所や認定こども園、幼稚園（以下、園とも称します）に通う子どもたちの保護者が大半です。それに加えて、保育者は地域の子育て支援を行う役割がありますので、在園児以外の保護者も対象になります。保育所保育指針（第1章）には、保育所の役割として「入所する子どもの保護者に対する支援及び地域の子育て家庭に対する支援等の役割を担う」[3]ことが述べられており、幼稚園教育要領（第3章）には「子育ての支援のために保護者や地域の人々に機能や施設を開放して、（中略）地域における幼児期の教育のセンターとしての役割を果たすよう努める」[4]ことが示されています。幼保連携型認定こども園教育・保育要領（第1章）にも「保護者に対する子育ての支援について相互に有機的な連携が図られるよう、保護者及び地域の子育てを自ら実践する力を高める観点」[5]に立つことが求められています。

　また、保育所や幼保連携型認定こども園以外の児童福祉施設[*5]においても、保護者の支援が必要になります。児童福祉施設には、たとえば、乳児院、母子生活支援施設、児童養護施設、児童発達支援センター、児童家庭支援センターなど多数の種類があります。ここには、保育士も多く働いていて、多様なニーズのある保護者の支援を行っています。

　本書の第1部である理論編では、在園児の保護者を想定しているところが多くありますが、第2部の実践編には、さまざまな実践が紹介されていますので、保育所の在園児の保護者への支援を基本として、比較検討していくとよいでしょう。施設の種別によっても、その特徴が大きく異なります。自分が保育相談支援を行う施設の特性や限界をよく知っておくことは、保育相談支援を成功させる秘訣の一つだと言えます。

2.保育相談支援のねらいと基本姿勢

　次に示すのは、「保育所における保護者に対する支援の基本」として保育所保育指針（第6章）に書かれているものです[6]。ここには、保育相談支援のねらいと、基本とする方法のヒントを読み取ることができます。

＊5　児童福祉施設
児童福祉に関する事業を行う各種の施設のこと。児童福祉施設は、児童福祉法はじめとする法令に基づいて事業が行われています。本文で述べられている施設以外に、児童館や児童遊園などの児童厚生施設も含まれます。

保育所における保護者に対する支援の基本

（1）子どもの最善の利益を考慮し、子どもの福祉を重視すること。
（2）保護者とともに、子どもの成長の喜びを共有すること。
（3）保育に関する知識や技術などの保育士の専門性や、子どもの集団が常に存在する環境など、保育所の特性を生かすこと。
（4）一人一人の保護者の状況を踏まえ、子どもと保護者の安定した関係に配慮して、保護者の養育力の向上に資するよう、適切に支援すること。
（5）子育て等に関する相談や助言に当たっては、保護者の気持ちを受け止め、相互の信頼関係を基本に、保護者一人一人の自己決定を尊重すること。
（6）子どもの利益に反しない限りにおいて、保護者や子どものプライバシーの保護、知り得た事柄の秘密保持に留意すること。
（7）地域の子育て支援に関する資源を積極的に活用するとともに、子育て支援に関する地域の関係機関、団体等との連携及び協力を図ること。

　保育相談支援を行うために、「子どもの最善の利益を考慮すること」は、すでに述べました。保育相談支援のねらいは、第一にこれがあります。そして、保護者を支援するもう一つのねらいは、「保護者の養育能力の向上」です。
　このようなねらいを達成するために、保育相談支援を行う保育者は、保護者にとってまずどのような存在であるべきでしょうか。もちろんそれは、困りごとを何でも万能的に助けてくれる人でもないし、正しいことを上意下達で、指導する人でもありません。大切なことは、保護者とともに、子どもの成長の喜びを共有する存在であるということなのです。子どもを囲んで、より良い発達のために知恵を絞り、協力してくれる存在として、保護者が保育者を信頼してくれる関係づくりが前提になってきます。
　こういう関係が生活のなかで自然とつくれることが、保育者の専門性とも言えますし、「保育者と保護者の信頼関係（ラポール）の形成」[*6]はまさにここが起点となっているのです。相談や助言を行う基本姿勢は、「相手の話を傾聴し、共感的にその思いを受け止めること」です。込み入った個人的事情が語られることもありますから、「相談における守秘」は当然ですが、保育者が一人で保護者を抱え込んでしまうと、かえって問題の解決が遠のいてしまうリスクもあります。常に「地域の援助資源」の活用の可能性を探っていく必要があります。
　具体的な保育相談支援の方法は、各章で述べられるように、保育者の専門性と保育の特性を生かし、創造的な方法を見出していくことが期待されています。

*6 ラポール（rapport）
心理療法における最も基本的な人間関係であり、信頼関係です。どんな心理療法であれ、それが効果をもつためには親密で温かい人間的関係が必須です。

③ 保育相談支援の構造

1. 保育相談支援の構造の特性

これまで述べてきたように、保育相談支援は、保育の特性を生かした支援です。この特性が、いわゆる相談の構造にも影響をもたらします。相談の構造というのは、カウンセリングにおける治療構造と呼ばれるものに相当します。すなわち、誰と、どのような目的で、問題解決に向かって相談していくかといった相談の枠組みです。毎回時間と場所をしっかりと決めて、一対一で相談を受けるのと、時間も場所も取り決めずに、街角で立ち話をするのとでは、同じ相談でも内容が異なってくることは容易に想像できるでしょう。

保育の場で生じるさまざまな子どもの心身の問題や、家庭の子育てに関する悩みについて行う心理相談を「保育カウンセリング」と呼びます。臨床心理学が基礎となりますが、保育の場でそれを行うには、相談の構造が大きく変わってきます。また、保育者が保護者に対して、相談活動を行う場合、相談のきっかけも、次のように一般のカウンセリングとは大きく異なっています[7]。

保育者が保護者の相談や支援を行う必要が生じるとき
①保育の中で、子どもの心身の発達状況に問題が感じられるとき
②日常の保育の流れの中では対応しきれないような問題行動を呈するとき
③家庭に問題が感じられるとき
④保護者から相談の申し出があるとき

相談したい動機づけが保護者の方にあって、これに応じる形で始まる相談が、いわゆるカウンセリングと呼ばれるものの前提に最も近いと思われますが、上記の①から④のうちで、初めからその条件を満たすものは④だけです。相談の前提が異なるなかでは、カウンセリングで大切な事柄も当然変わってきます。

カウンセリングの理論は、ソーシャルワーク[*7]における対人援助にも広く援用されています。保育は、子どもの福祉を目指す営みですから、ソーシャルワークの基本的なスタンスと方法には、共通性が多くみられます。このなかでは、たとえば、傾聴や共感的理解といったものは、対人援助の基本的姿勢として相談の構造にいちいち左右されるものでもない、という理解もあるかもしれませ

＊7　ソーシャルワーク
多様な生活や環境と人が本来もっている強さや力との接点に着目した問題解決を通して、豊かな社会生活が実現していくことを目指す専門的な援助のこと。社会福祉援助技術ともいいます。p.30も参照。

ん。しかし、これらを実践することがどれほど難しいことか、多くの保育者が実感することでしょう。

　いずれにしても、保育者が直面している現場の状況のなかで、保育相談支援が行われるわけですから、いわばその実践が展開する舞台に合わせて、保育者自身がさまざまな理論や技法を仕立て上げて、初めて使えるものになります。そういう意味でも、現場の特性を考慮することは、実践ではとても大切です。

2.保育相談支援の種類

　保育相談支援は、多様な形態が考えられます。一つの問題を解決するために、心のケアから生活の具体的な援助まで、さまざまな水準の支援を包括的に行っていきます。橋本（2008）は、保育者の専門的な技術を、発達援助の技術、生活援助の技術、関係構築の技術、環境構成の技術、遊びを展開する技術の五つとして、これらを保育相談支援に生かすために、支持、承認、助言、情報提供、行動見本の提示などの技術と組み合わせて活用することを提案しています[8]。どういった組み合わせが具体的に有効なのかは、事例によって異なってきます。

　ここでは、図1-2のように、保育者が実際に保育相談支援を行う場合を想定して、相談の種類をまとめました。

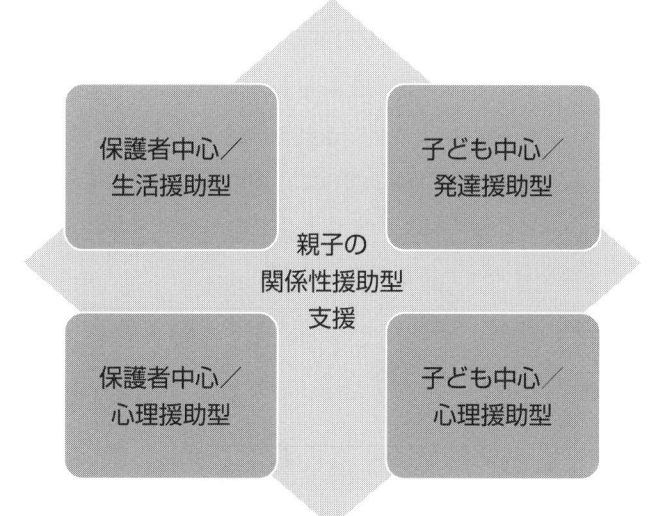

図1-2　包括的保護者相談支援の形態

- 保護者中心／生活援助型
- 子ども中心／発達援助型
- 親子の関係性援助型支援
- 保護者中心／心理援助型
- 子ども中心／心理援助型

出典：筆者作成

　次の事例から、この図で分類された視点を検討していきましょう。

> 🐞 **事例** ●情緒の安定しないDくん（3歳児クラス、11月）
>
> 　3歳児クラスのDくんは、このところ情緒が安定しておらず、日中のクラスの活動に参加できないことが続いていました。親に叱られて泣きながら登園することも目立ってきました。忘れ物も多いし、今日は、カバンのなかに昨日汚したタオルがそのまま入っていました。
> 　お迎えのときに、さりげなく「お帰りなさい、このところ、お母さんお仕事忙しそうですね」と声をかけると、実家のお父さん（Dくんの祖父）が倒れて寝たきりとなってしまったとのこと。Dくんのお母さんは一人娘だったので、お母さん（Dくんの祖母）を助けるために、仕事帰りにDくんを保育所に迎えに行ってから、介護や家事をしに実家に毎日通うようになったことがわかりました。車で片道30分という距離は、それほど遠くはないかもしれませんが、毎日となると子どもも家族も大変なストレスであることは、容易に理解できました。

● **子どもを援助する**

子ども中心／心理援助型の支援を開始 ↓

　担任のA先生は、Dくんが、情緒的に不安定になっているのは、家庭の事情が背景にあると考えました。保護者の心労と不安が、Dくんへかかわるゆとりを奪うことも十分あり得ます。

　そこでまずA先生は、Dくんに、ちょっとゆっくりとかかわってみることにしました。特別個別の対応というわけではなくとも、お着替えになかなか入れないDくんを、せかさないよう留意しました。ちょっとした遊びにできるだけ、誘ってみたりもしました。Dくんは、自分の情緒をコントロールして、スリルや興奮を遊びのなかで楽しむことができない状態でしたので、畳コーナーのような小さな空間に身を置いて、太めの毛糸で指あみを一緒にやってみることにしました。ふわふわした感触を味わいながら、先生と声を合わせて指を動かすことによって、Dくんは徐々に安心感を取り戻していきました。襟巻きらしき作品品に自信もついて、「じいじのお見舞いであげるんだ」と、カバンに大事にしまっていました。

第1章　保育相談支援とは

●子どもと親の出会いを援助する

> 親子の関係性援助型の支援

忙しそうな保護者を立ち止まらせて、家庭のことを根掘り葉掘り聞くことは、かえって信頼関係の構築を困難にするでしょう。それよりも、時間のない朝だからこそ、しっかりとDくんを迎えてあげて、保護者に安心してもらえるよう応援しました。また、楽しく一日を過ごせるように配慮されたDくんは、誇らしくお母さんと再会できるようにもなりました。

子どもの晴れやかな笑顔は、お母さんを何よりも、励まします。毎日のほんの短かな出会いの演出から、親子の歯車が少しずつかみ合って来るようになったのです。

●保護者との信頼関係を深め、具体的な援助を行う

> 保護者中心／生活援助型の支援

不思議なもので、気持ちよい送り迎えが実現できると、保護者から生活の相談を受けるようになりました。子どもを迎えに行ってからでは、親の食事の介護の時間がどうしても遅くなってしまう。職場は実家に近いので、先に立ち寄ってから園に迎えに来たいが、どうしても時間が間に合わないので困っているとのことでした。保護者の話に耳を傾け、気持ちに寄り添うことは大前提ですが、相談イコール心理的援助とは限りません。

A先生は、心のケアを求めている人の相談としてよりも、保護者が具体的な解決策を援助してもらうことを求めていると考えました。そこで、園から家庭支援センターに連絡して、適切な情報を保護者に提供することにしました。間もなく、Dくんのお迎えを助けてくれる、地域のサポーターと保護者をつなぐことができました。

以上からわかるように、保育相談支援の始まりの多くは、子どもへのかかわりです。これは、保育者が最も専門性を発揮できるところでもありますし、保護者への具体的で強力な支援であることに間違いありません。

この事例では、保育者は、最初に子どもの様子を気がかりにとらえていました。通常なら、家庭と連絡を取り合い、問題を共有していくことが、適切な保育をしていくうえで求められるでしょう。けれども、さりげなく保護者にかかわりをもったところ、家庭に事情があることがわかり、子どもの理解につながりました。そのときに、A先生が最初に取った支援が、子どもを中心としたも

のだったことは、保育者ならではの発想でしょう。

　また、保護者が疲れているな、と思うときでも、保護者との信頼関係がしっかりとできていないところで、いきなり保護者に近づいてしまうことは、かえって侵入的にとらえられてしまうリスクもあるので、A先生の援助の開始の仕方は適切だったと言えるのではないでしょうか。

　子どもへの援助は、たくさんの保育の技術が詰まっています。けれども、それは子どもの状態をきちんと把握する力と連動してこそ、生かされることに注意しましょう。結局この部分の素養をいかに研鑽するかが、保育者の専門性を高める要になっていきます。

　子どもが変わったことが保護者にうまく伝わる演出も大事です。そこに親子の関係性支援のプロセスが同時に動き出します。図1−2にあるように、いくつかのタイプがありますが、一つの援助の切り口から、循環的に支援が進み、最終的には包括的な支援が構築されるプロセスが、この事例を通して理解できると思います。全部を同時に行えなくても、自分の得意とする切り口から支援を始めればよいのです。保護者とコミュニケーションを取ることが苦手な保育者であっても、このような支援のイメージをもって実践していくことができれば、必ず道は、開けてくるものです[*8]。

　このほかに注意すべき点として、小林（2010）は、保育相談支援において実際には援助が必要な状況は明らかなのに、自ら援助を求めてこない保護者の問題を指摘しています[9)]。もちろん、保育者に相談を求めない、というのも一つの選択ですし、それを尊重すべきだとも言えますが、子どもの最善の利益を考えると、相手に求められていなくても援助を開始する必要がある場合があります。とくに子どもの虐待が疑われるような場合、危機介入[*9]が必要になります。危機介入は、問題の発生を瀬戸際で食い止める予防的なかかわりでもあり、また、発生した問題のダメージを最小限に抑えるための迅速で適切な援助とも言えます。

[*8]
第4章では、この図を基に保育の専門性である「環境構成」を生かした支援について解説します。p.60〜67を参照。

[*9] 危機介入
危機（crisis）の語源はギリシャ語で「カイロス」、つまり分岐点という意味があります。発達の危機というとき、一つの危険と成長の分岐点とも言え、援助のタイミングが非常に重要になります。

④ 保育相談支援の意義と課題

1. 協働作業が生み出すエンパワーメント

　保育者が、自らの専門性を生かして創造的に保護者の支援を行う、というこ

とは、大変やりがいがある反面、何をどこまで行えばよいのかは、明確な基準もなく、難しい課題だと言わざるを得ません。

難しさの原因の一つは、問題が大きくなってしまってからでは到底、保育者一人では手に負えないことや、逆に予防的にかかわれているときには、ほとんどそれらしい専門性を活用したという自覚もないことのほうが多いということによります。

保育相談支援が功を奏する典型的な仕事のイメージは、協働作業です。つまり、保育者として、自立した態度をもつことは大切ですが、それがそのまま一人で問題を解決することだとは限らないのです。

そもそも、園が地域の子育て支援や保護者支援に適していると考えられる理由の一つは、一つの園のなかに子育て家庭に必要なさまざまな専門家が働いていることです。保育者はもとより、栄養士、看護師、医師、心理士などが子どもたちの発達を日常的にサポートしていますし、行政のバックアップもありますから、さまざまな援助資源をかなり身近に活用できるようになります。園の外部の専門機関はもちろん、まず保育者は、自分の園にあるこうした援助資源の豊かさをしっかりと味方につけることです。孤立無援の状態で、保護者の相談を安易に受けることは、多くの危険もあることだと言えます。

子どもを中心にして、保護者のニーズに何とか応えていこうとする園は、さまざまな援助資源をうまく使って、その経験知を別の保護者支援の機会に生かせるようになります。保護者同士も、また職員同士も、助け合う風土、育ち合う風土が生まれてくると、自分たちでもっと良いシステムをつくろうと集団がエンパワーされてくるでしょう[*10]。

たとえば、一人の子どもの発達を援助するために工夫したさまざまな保育環境が、ほかの子どもにも良い影響をもたらすことは、多々あります。トラブルへの対処から始まったかかわりが、より良い環境づくりのためのポジティブで積極的なかかわりとして発展していくことは、保育相談支援においても起こりうることなのです。

2. コミュニティ援助の発想をもった保育相談支援

保育相談支援の定義に始まり、基本的な原則について述べてきました。とても意義があることだけれども、難しそうだな、最初はそう思って当然です。それでも、全国の保育者は、毎日の実践が保育相談支援そのものだと思っているかもしれません。

*10 エンパワーメント
人が本来もっている力が有効に発揮できるよう働きかけることにより、やがてその人自身が生活の主体となって個人や組織、地域と三つのレベルで力を発揮できるようになっていくこと。たとえば、子どもを預かってもらう人が、子育ての自助グループを組織したとき、たんに援助を求めるだけでなく、自らも子どもを預かり他者を助ける存在となる、という点でエンパワーメントされていると言えます。

> **保育士の役割**
> 　私たちは、子どもの育ちを支えます。
> 　私たちは、保護者の子育てを支えます。
> 　私たちは、子どもと子育てにやさしい社会をつくります。

　上記は全国保育士会倫理綱領の一節です[10]。ここに、保育者が子どもの育ちを支え、子どもの育ちの根幹を担う保護者を支えることが明記されています。誰もが、保育者に期待している役割ですし、保育者になろうとする人にとっても同様だと思います。

　ここでは、もう一つの役割、すなわち、「社会をつくる」と書かれていることに注目したいと思います。子どもの発達を社会全体で支えていこうというのは、発達のエコロジカルモデル[*11]がその原理にあると思われます。

　保育相談支援の実践は、個人と個人の関係のなかでのみ終るとは限りません。一つの相談支援を行う過程で、さまざまな社会資源を発掘・活用し、そして必要とあれば、保育のシステムや地域社会の福祉システムにも働きかけを行い、子育てに必要なシステムを改善していくことになるのです。目の前の保護者の相談に耳を傾けるところにも、常にコミュニティ援助の発想（青木, 2011）が必要とされていると言えるでしょう[11]。

*11　発達のエコロジカルモデル
人間の発達は、さまざまな環境に支えられており、互いに相互作用しています。これらの環境を複数の水準から整理して、発達への影響をとらえる考え方です。

演習課題　―やってみよう―

・保育相談支援の実践を想像してみよう
①どんな支援をしてみたいですか？　イメージを書いてみましょう。
……………………………………………………………………………………
……………………………………………………………………………………
②書いたものを周りの人と共有して、似ているイメージ同士をまとめ、グループをつくりましょう。グループごとに名前をつけて、整理してみましょう。
……………………………………………………………………………………
……………………………………………………………………………………
……………………………………………………………………………………

③どんな心配がありますか？　思いつくまま、いくつでもよいので書いてみましょう。

……………………………………………………………………………………
……………………………………………………………………………………
……………………………………………………………………………………

④書いたものを周りの人と共有して、似ているものどうしをまとめ、グループをつくりましょう。グループごとに心配事の名前をつけて整理したら、それを基に話し合いましょう。

……………………………………………………………………………………
……………………………………………………………………………………
……………………………………………………………………………………

【引用文献】

1）厚生労働省『保育所保育指針解説書』フレーベル館　2008年　p.179
　「第6章　保護者に対する支援」
2）全国保育士会編『幼保連携型認定こども園教育・保育要領を読む』全国社会福祉協議会　2014年
3）厚生労働省『保育所保育指針』フレーベル館　2008年　p.4　「第1章　総則」
4）文部科学省『幼稚園教育要領』フレーベル館　2008年　p.16　「第3章　指導計画及び教育課程に係る教育時間の終了後等に行う教育活動などの留意事項」
5）内閣府・文部科学省・厚生労働省『幼保連携型認定こども園教育・保育要領』フレーベル館　2014年　p.12　「第1章　総則」
6）前掲書3）　p.31　「第6章　保護者に対する支援」
7）馬場禮子・青木紀久代編著『保育に生かす心理臨床』ミネルヴァ書房　2002年　p.168
8）橋本真紀「保育指導の展開過程と基本的技術」柏女霊峰・橋本真紀編『増補版　保育者の保護者支援』フレーベル館　2010年　pp.203－209
9）小林育子『演習　保育相談支援』萌文書林　2010年
10）社会福祉法人全国社会福祉協議会・全国保育協議会・全国保育士会「全国保育士会倫理綱領」2003年
　http://www.z-hoikushikai.com/kouryou/kouryou.htm
11）青木紀久代「コミュニティ援助の発想」日本心理臨床学会編『心理臨床学事典』丸善出版　2011年　pp.480－481

【参考文献】

・青木紀久代・矢野由佳子編『実践・発達心理学ワークブック』みらい　2013年
・柏女霊峰・橋本真紀編『増補版　保育者の保護者支援』フレーベル館　2010年
・厚生労働省『保育所保育指針』フレーベル館　2008年
・厚生労働省『保育所保育指針解説書』フレーベル館　2008年
・小林育子『演習　保育相談支援』萌文書林　2010年
・全国保育士会編『幼保連携型認定こども園教育・保育要領を読む』全国社会福祉協議会　2014年
・橋本好市・直島正樹『保育実践に求められるソーシャルワーク』ミネルヴァ書房　2012年
・馬場禮子・青木紀久代編著『保育に生かす心理臨床』ミネルヴァ書房　2002年
・内閣府・文部科学省・厚生労働省『幼保連携型認定こども園教育・保育要領』フレーベル館　2014年

第2章 保育相談支援の方法

●●● 本章のねらい

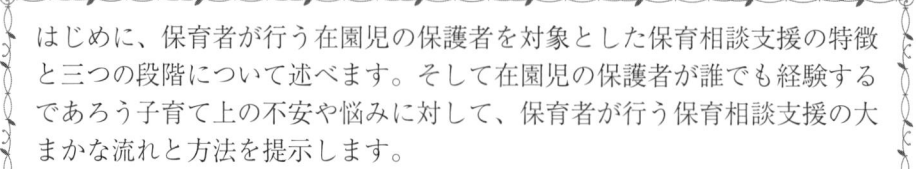

はじめに、保育者が行う在園児の保護者を対象とした保育相談支援の特徴と三つの段階について述べます。そして在園児の保護者が誰でも経験するであろう子育て上の不安や悩みに対して、保育者が行う保育相談支援の大まかな流れと方法を提示します。

① 保育者が行う保育相談支援の特徴

1. 在園児の保護者支援と地域の子育て家庭への支援

第1章で述べられているように、現代の保育者は、在園児の保護者支援に加えて、地域の子育て家庭に対する支援も視野に入れて保護者支援を行わなければならない時代になっています[*1]。子どもを育てている保護者を支援するという共通点はありますが、子どもが園に登園し継続的な日常の支援が前提となる在園児の保護者支援と、そうでない地域の子育て家庭への保護者支援とでは、支援における方法や留意点で異なる部分もあります。本章では主に在園児の保護者支援を念頭において述べます。地域の子育て家庭への支援については第6章で解説します。

*1
p.16を参照のこと。

2. 在園児の保護者への保育相談支援の利点と困難点

保育所保育指針解説書（第6章）には「保育所における相談・助言は、臨床相談機関・施設や行政機関のそれとは異なり、日常保育の様々な機会をとらえて行われます」[1]と書かれています。そして、幼保連携型認定こども園の園児の保護者に対する子育ての支援[*2]では「園児の送迎時の対応、相談や助言、連絡や通信、会合や行事など日常の教育及び保育に関連した様々な機会を活用して行うこと」[2]と幼保連携型認定こども園教育・保育要領（第1章）のなかで示さ

*2 「子育て支援」と「子育ての支援」
保育所保育指針には「子育て支援」、幼稚園教育要領と教育・保育要領には「子育ての支援」という文言が使用されています。なぜ同じでないのか？その理由を考えてみましょう。

れています。このように保育者が行う在園児の保護者への保育相談支援は、日常の教育・保育のさまざまな機会をとらえて行われることに特徴があります。

筆者は、ある県の主任保育士さん189名に日常での相談・助言の利点と困難点を尋ねました[3]。回答のあった169名のうち自由記述の回答数は、利点166名（98.2％）、困難点136名（80.5％）で、ほぼすべての回答者が日常での相談・助言の利点を記述していました。このことは、回答者である主任保育士さんたちが、日常での相談・助言の利点をしっかり理解したうえで相談・助言を行っているということだと考えます。

166の利点の自由記述の回答のなかで、記述の多かった順は、「日々の子どもの姿を見ている（46名、27.7％）」、「保護者と信頼関係がある・安心する（40名、24.1％）」、「気軽に話しやすい（39名、23.5％）」という回答でした。利点として書かれたすべての回答を大別すると、保育者と保護者の＜関係性＞（79名、47.6％）と子どもの姿や家庭環境の＜情報把握＞（59名、35.5％）が二大利点として挙げられていました。そして、日常のかかわりを通した子ども・保護者両者からの情報があるからこそ、早期介入や適切な介入時期を選択できる＜介入時期＞（22名、13.3％）が利点として記述されていました（表2－1）。保育相談支援においては、専門機関などとは異なり、こうした"日常での相談・助言の利点を生かした支援"が求められます。

困難点としては、相談内容が多様なため＜相談内容への適切な対応＞（82名、60.3％）、日常的な支援だからこその＜時間や場所の確保＞（33名、24.3％）、＜チーム支援の連携＞（10名、7.3％）が挙げられていました。

表2－1　日常での相談・助言の利点

記述の分類項目	回答数	％	
信頼関係がある・安心する	40	24.1	関係性 79（47.6％）
気軽に話しやすい	39	23.5	
日々の子どもの姿を見ている	46	27.7	情報把握 59（35.5％）
親からの情報・家庭環境の把握	13	7.8	
機会・タイミングを図れる	17	10.3	介入時期 22（13.3％）
早期に解決できる	5	3.0	
その他	6	3.6	

出典：小嶋玲子「主任保育士が考える日常での相談・助言の利点と困難点」『日本保育学会第66回大会発表要旨集』2013年　p.66を基に筆者作成

3. 保育者と保護者のパートナーシップ

さまざまな支援の現場で「当事者主権」*3という言葉が聞かれるようになりました。かつては、いわゆる専門家といわれる人たちが、支援の必要な人の気持ちや意向を考慮しないで専門家という立場から支援内容を決めていた時代もありました。現在では、支援を受ける当事者本人の意向がまず尊重され、支援される人と支援する人は対等であるという立場で支援が行われます。

たとえば医療の現場では、治療者は治療を施す前に患者に対してインフォームドコンセント（説明・理解と同意：informed consent）を行わなければなりません。ある医師の診断が絶対正しいとは限らないので、患者は異なる医師からセカンドオピニオン（第二の専門的な意見：second opinion）を取ることもできます。患者は治療者に治療や処置についてのアカンタビリティ(説明責任：accountability)*4を求めることもできます。治療者は治療や処置について患者に説明する義務と責任があるのです。

この考え方は保育相談支援の場合にも当てはまります。保育所保育指針（第6章）にも「子育て等に関する相談や助言に当たっては、保護者の気持ちを受け止め、相互の信頼関係を基本に、保護者一人一人の自己決定を尊重すること」[4]と述べられています。したがって、保護者自身がどうなりたいと思っているのか、どのように支援してほしいと思っているのかを理解したうえで、保育の専門家としてどのような支援計画を立てて介入（第3節 p.38〜39）していくのか、保護者とともに考えていく姿勢が望まれます。つまり、支援を受ける当事者である保護者が支援の計画段階からかかわっていることが求められるのです。

本来、保育者と保護者は子どもの成長をともに支援するパートナーです。したがって、保育者と保護者が支援者、被支援者の関係であったとしても、最終的には、保護者が親としての自信をもち、保育者と協力して対等に子どもの育ちを支えていくことができるようになることが保育相談支援の目標です。

4. 心に寄り添う支援と具体的に生活を支える支援

1 狭義の相談支援の効用

相談支援というと、カウンセリングのような個別の面接相談が連想されます。したがって、ここでは、まず、言葉のやりとりを通した狭い意味の相談支援の効用を確認しておきます。筆者は狭義の相談支援の効用を表2−2のように考

---

*3 中西・上野（2003）は当事者主権を「私が私の主権者である、私以外のだれも―国家も、家族も、専門家も―私がだれであるか、私のニーズが何であるかを代わって決めることは許さないという立場の表明」と述べています。
中西正司・上野千鶴子『当事者主権』岩波新書 2003年 p.4参照

*4 アカンタビリティ
専門家が行う事柄について、社会に情報を開示し、その存在意義を利用者や関係者が納得できるように十分に説明する義務と責任。

表2-2　相談支援の効用

①大切にされる場	困っていたり、大変な状況のなかにあったりするときは、自己評価が低くなっており、自己否定感が強くなっています。あるいは精神的にかなり不安定な状態にあります。そういうときに、自分のためにわざわざ時間を取って、自分を一人の人間として尊重し、話を真剣に聴いてくれる人に接することは、自分が大切にされていると感じられ、それだけで心の安定につながります。
②感情・気持ちの発散（カタルシス効果※）	自分が抱えている感情や問題を誰かに話し（表出）、受け止めて共感してもらうことによって、情緒的安定を得ることができます。
③自分の考えや思いの整理	話し手は、相手からの助言がなくても、じっくり話を聴いてもらえると、話をすることによって自分の考えや思いを明確にできたり、新しいアイディアや解決策を思いついたりすることができます。
④情報・助言を得る	相手からの情報や知識・意見などを得て、それによって今までとは異なった見方、考え方のヒントを得ることができます。

※　カタルシス効果とは言葉やそれ以外のさまざまな表現手段を通じて自己の内面の浄化が起こること。良質のカタルシスには③の自分の考えや思いの整理も含まれます。
出典：山本伸晴・白幡久美子編『保育士をめざす人の家庭支援』みらい　2011年　p.102

えています。

　相手が「④情報・助言を得る」ために相談をしていると考えて、相談されるとすぐに、何か助言をしなければと思う人もいるかもしれません。しかし、相談支援においては、④よりも先に相談する人にとって「①大切にされる場」「②感情・気持ちの発散」「③自分の考えや思いの整理」の効用が重要です。そのために相談支援では、支援者が、無条件の肯定的配慮（積極的関心）をもって、共感的に相手の話を聴く（傾聴する）ことが原則となっているのです[5]。

　保育の専門家としての知識や技術を保護者に伝えることも必要ですが、保護者が「知識や情報を得て役に立った」と思う前に、「話ができて気持ちが楽になった」「元気がでてきた」「気持ちや状況の整理ができた」と感じてもらえるような、保護者の心に寄り添う相談支援を目指します。そうすることで、保護者の潜在的な力を引き出し、保護者が親として主体的に子育てに取り組んでいくことができるのです。

[5] 無条件の肯定的配慮（積極的関心）や共感的理解については第3章のp.54を参照。

2　具体的な生活支援とソーシャルワーク

　保育者に持ち込まれる相談は、心に寄り添う相談支援だけで対処ができるものばかりではありません。なぜなら、子育ては保護者の日々の生活と密接に関係があるうえ、保育所や認定こども園には、子どもの保育を通して保護者の就労や家庭生活を支えるという機能があるため、家庭生活上のさまざま問題が持

ち込まれるからです。

たとえば、保護者の失業や祖父母の介護等の問題が、子育てに大きく影響を及ぼし、保護者の話を聴いて心に寄り添う支援をするだけでは解決できないと判断されるときは、福祉や行政から具体的な生活を支える支援を受けられるように考えていかなければなりません。また、虐待や不適切な養育環境など、社会的介入が必要なときにはその対応が求められます。そういったときに保育者は、保護者や子どもの生活を具体的に支えるソーシャルワークの機能をも果たさなければならないのです。

ソーシャルワークの体系は、次の三つに大別されます[5]。①個人や家族、集団への直接的なかかわりのなかで活用される直接援助技術、②人々を取り巻く環境への働きかけを主として、その整備や改善を目指す間接援助技術、③ソーシャルワークの実践を支える、あるいはソーシャルワークに関連する関連援助技術、の三つです。①の直接援助技術には、個別援助技術（ケースワーク）と集団援助技術（グループワーク）があり、ケースワークの原則として、バイスティックの7原則[*6]が有名です。この7原則は、保育所保育指針の「第6章1　保育所における保護者に対する支援の基本」（p.17参照）に述べられている基本と通じるものです。

保育所保育指針解説書（第6章）には、ソーシャルワークについて次のように述べられています[6]。

> *6　バイスティックの7原則
> ①個別化、②意図的な感情の表出、③統制された情緒的関与、④受容、⑤非審判的な態度、⑥クライエントの自己決定、⑦秘密保持

◆ソーシャルワークとは？

　生活課題を抱える対象者と、対象者が必要とする社会資源との関係を調整しながら、対象者の課題解決や自立的な生活、自己実現、よりよく生きることの達成を支える一連の活動をいいます。対象者が必要とする社会資源がない場合は、必要な資源の開発や対象者のニーズを行政や他の専門機関に伝えるなどの活動も行います。さらに同じような問題が起きないように、対象者が他の人々と共に主体的に活動することを側面的に支援することもあります。保育所においては、保育士等がこれらの活動をすべて行うことは難しいといえますが、これらのソーシャルワークの知識や技術を一部活用することが大切です。

つまり、本書で述べている保育相談支援は、カウンセリングの側面が強調される心に寄り添い心理面で支える狭い意味の相談支援だけに限らず、保育ソーシャルワーク機能も含み、保育のさまざまな機会を利用して行われる保育・子育てに関する総合的な支援を意味しています。

5. 守秘義務とチーム・組織としての支援

　保育相談支援は、家族のプライバシーや秘密にまでかかわる仕事なので、「子どもの利益に反しない限りにおいて、保護者や子どものプライバシーの保護、知り得た事柄の秘密保持に留意すること」[7]は、職業上守るべき原則です。また、児童福祉法第18条の22では、「保育士は、正当な理由がなく、その業務に関して知り得た人の秘密を漏らしてはならない。保育士でなくなった後においても、同様とする」と述べられており、第61条の2では、違反した場合の罰則も定められています[*7]。とくに、保育のさまざまな場面で日常的に行われる保育相談支援においては、ほかの保護者の目や耳がある場での相談支援も考えられますので、その場合のプライバシーの保護には細心の注意が必要です。

　ところで、上で引用した保育士の守秘義務に関する二つの文章には「子どもの利益に反しない限りにおいて」、「正当な理由がなく」という但し書きがついています。それらの意味は、虐待やドメスティックバイオレンス[*8]など、子どもや保護者が危機的な状況におかれ秘密を保持することが子どもや保護者の福祉を侵害し、最善の利益を図ることができないような事態では、しかるべき対応を図るために関係機関等に通知し、協議することが認められているということです[*9]。

　また、保育現場では、担任が一人で子どもと保護者にかかわっているのではありません。複数の職員が子どもや保護者にかかわっています。長時間保育をしている場合は、朝の受け入れ時の担当保育者とお迎え時にかかわる保育者が異なる場合もあります。したがって、気づいたことや支援に必要な情報を職員間で共有し、支援内容をお互いに理解する必要があります。さらに、保育者も園という組織の一員であり、子どもや保護者に関して必要な事項は、管理職である園長や主任に報告する義務があります。園としてチームで効果的な支援を行うために、園内で情報共有をした方が良い場合には、「集団守秘義務」を守り、みだりに情報を外部に漏らさないことが重要です。保護者から得た情報を職員間や他機関と共有することに関しては、原則として保護者の了解を取る必要があります。

*7　児童福祉法第61条の2
「第18条の22の規定に違反した者は、一年以下の懲役又は五十万円以下の罰金に処する。② 前項の罪は、告訴がなければ公訴を提起することができない。」

*8
配偶者等からの暴力。通称：DV。p.159も参照。

*9
児童福祉法第25条では要保護児童発見者の通告義務が、児童虐待の防止等に関する法律第6条では、「児童虐待を受けたと思われる児童」の通告義務が国民に課されています。

② 保育相談支援の三つの段階

橋本(2010)は図2−1に示すように保育相談支援の三つの段階を想定しています。三つの段階は、発生予防の段階(第一段階)、進行予防の段階(第二段階)、特別なニーズへの対応段階(第三段階)です[*10]。

図2−1 保育相談支援の三つの段階

```
         第三段階
        特別なニーズ
        への対応段階
       ─────────────
         第二段階
       進行予防の段階
     ─ ─ ─ ─ ─ ─ ─ ─ ─
         第一段階
       発生予防の段階
```

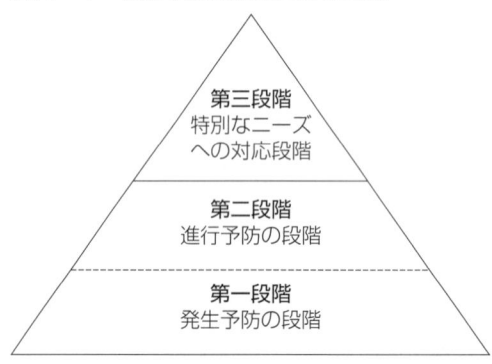

出典:橋本真紀「保育相談支援の3つの段階」柏女霊峰・橋本真紀著『増補版 保育者の保護者支援』フレーベル館 2010年 p.166

[*10] 学校心理学の分野でも、すべての子どもへの一次的援助サービス、苦戦している一部の子どもへの二次的援助サービス、特別な教育ニーズのある特定の子どもへの三次的援助サービスという援助の段階を想定しています。
石隈利紀『学校心理学―教師・スクールカウンセラー・保護者のチームによる心理教育的援助サービス―』誠信書房 1999年 pp.140−159参照

1. 発生予防の段階

保育者が行う保育相談支援の場合は、保護者がそれほど子育てに困っていなくても、それぞれの保護者や家族が本来もっている力が十分働くように手助けしたり、潜在的な力を引き出したりすることも含まれています。保護者同士が支え合う関係をつくっていくことに力を貸すことも保育相談支援です。加えて、子育て家庭ではない人々(たとえば地域の高齢者の方)にも働きかけ、その方々の力を引き出し、相互扶助力や地域の子育て力を高めていく役割もあります。これらの支援が第一段階(発生予防)の支援です。発生予防の段階の支援は、保育者の行う保育相談支援のなかで、保育者の専門性を一番有効活用できる支援だと筆者は考えています。

保護者自身が問題を感じていなかったり、支援を必要としていなかったりしても、保育者は、「安定した親子関係や養育力の向上をめざして」(保育所保育指針解説書・第6章)[8]、「家庭の教育力の向上につなげていく」(幼稚園教育要領解説・第3章)[9]、「保護者及び地域の子育てを自ら実践する力を高める」(幼

保連携型認定こども園教育・保育要領　第1章)[10]ために意図的に支援を行っています。

たとえば、お迎えに来た父親に「Aくんが『パパとサッカーしたの』とうれしそうに報告してくれましたよ。パパとのサッカーは、本当にうれしかったのですね」と伝えます。そこでは、父親は保育者から支援されているとは思っていないかもしれませんが、保育者は、Aくんがお父さんとのかかわりを喜んでいることを伝えることで、良好な父子関係と父親の養育力向上を意図しているのです。また、園便りやクラス便りで子どもの発達や園生活についての情報を発信して保護者の子ども理解を促しています。

支援というと何か困ったこと対して行われるようなイメージをもつことが多いですが、本書の第3章、第4章で述べられるように、保育者が日々の保護者とのかかわりにおいて「保護者とともに、子どもの成長の喜びを共有すること」「保育に関する知識や技術などの保育士の専門性や、子どもの集団が常に存在する環境など、保育所の特性を生かすこと」（保育所保育指針・第6章)[11]は、発生予防の段階での保育相談支援で大きな力を発揮するでしょう。

2. 進行予防の段階

保育者が行う保育相談支援として想定されやすいのは第二段階です。第二段階の支援は、保護者の誰もが経験するであろう子育て上の不安や悩みに対して行う相談支援です。支援の基本は、支援の必要な人に支援を届けることですから、保育者は支援を求めている保護者や家族に直接かかわって、その保護者の困っていることに対して、なんらかの支援を行い、その困り感をなくしていくことが求められています。それがこの第二段階の支援です（次頁の第3節では主にこの段階の支援の方法について述べていきます）。

ただし、子育ての問題で保護者が悩みの解決に向けて努力することは保護者自身を成長させる側面もあります。保護者に代わって問題を解決したり、問題そのものをなくしたりすることだけが支援ではないことに留意し、保護者が親として成長することも視野に入れて支援を考えていきます。

3. 特別なニーズへの対応段階

第三段階の支援は、児童虐待やDVが疑われたり、障がいのある子どもの保護者だったり、保護者自身の精神疾患や生活能力の低さなど、特別な支援ニー

ズがある保護者に対するものです。支援ニーズが大きい場合や危機に陥るリスクの高い場合もこの段階の支援です。特別なニーズへの対応には保育現場だけの支援では限界があることが多く、ほかの専門機関と連携しながら長期的な視点に立って、それぞれの機関の専門性が有機的に機能するよう働きかけていく必要があります。第三段階の支援については、第10章（障がい）、第11章（要保護児童）、第12章（社会的養護施設）で具体的に述べます。

③ 保護者支援の流れ・方法

　ここでは、第2節（p.32〜34）で述べた保育相談支援の三つの段階のうち第二段階の支援を想定して、保育相談支援の大まかな流れと方法をみていきます。以下に述べる相談支援の流れ（図2-2）は基本的にはどの段階でも同じです。ただし、段階により、アセスメントの内容、保育者が介入するレベルや方法、連携する機関などが異なってきます。

図2-2　相談支援の主な流れ

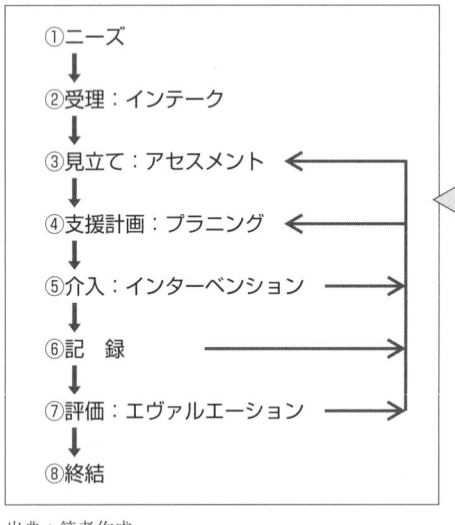

```
①ニーズ
　↓
②受理：インテーク
　↓
③見立て：アセスメント　←─┐
　↓                      │
④支援計画：プラニング　　←─┤
　↓                      │
⑤介入：インターベンション ─→┤
　↓                      │
⑥記　録　　　　　　　　─→┤
　↓                      │
⑦評価：エヴァルエーション ─→┘
　↓
⑧終結
```

どの段階での支援においても、支援ニーズを把握し、支援の開始を決定します（受理）。適切な支援のためには、しっかりした現状把握（アセスメント）を行って支援計画を作成し、介入していきます。
　改善がみられた場合は、行った介入が適切であったかどうかの評価をして、終結を迎えますが、改善がみられない場合は、アセスメントや支援計画の再検討が必要です。

出典：筆者作成

1．ニーズ（needs）の把握

　保育者は日常的に在園児とかかわり、在園児の様子を把握することができま

す。そして子どもの様子を通して家庭の問題がみえてきます。また、登園時・降園時など、保護者が子どもと一緒に園にいるときの様子から、保育者は親子関係や家庭の様子を推察することができます。第1節（p.26～27）でも述べたように、日常的なかかわりのなかから保護者支援のニーズの把握ができることが保育相談支援の利点です。

子どもが登園したときに保育者は視診を行って子どもの健康状態のチェックをします。保護者に対しても、保護者の様子を見て、顔色や服装、態度や口調など普段と異なる場合は、何か課題があるのではないかと気に留める必要があります。保護者懇談会やクラス懇談会で話題になった事柄から、支援ニーズがみえてくることもあります。主任児童委員や民生委員をはじめとした地域の住民の方や保健所・児童相談所などの関係機関から支援ニーズの情報が寄せられることもあります。

2. 受理：インテーク（intake）

専門の相談機関と同様に、保護者の方に相談したい内容があって、保育者がそれに応じる形で始まる相談支援は、その相談を受理（インテーク）するところから相談支援が始まります。保育現場での相談支援は、専門の相談機関のような正式な相談依頼がなくても、「先生、聞いてくれる？」とか「こんなことがあったのですが……」といった保護者からの話しかけから始まる場合が多いです。日々の保護者とのかかわりで信頼関係ができていれば保護者も保育者に相談をしやすくなります。

まずは保護者の話を共感的にしっかり聴くことから始めましょう。そして保護者との信頼関係をより深めながら、保護者の話や態度から保護者が求めている支援の内容の把握に努めます。

保育者は、子どもたちやその家族の日常生活を支える仕事をしている関係で、日常生活上のさまざまな相談を受ける立場にあります。相談内容によっては、主任や園長などが対応する必要があります。また、保育現場では対応できないことや専門機関につないだ方が効果的な支援を期待できる場合もあります。そういう場合は、保育者のできることの限界を伝え、ほかの専門機関を紹介する必要があります。その際には、保護者の意向を十分くみ取り、保護者が見捨てられ不安[11]を感じないような配慮が求められます。

保育所や認定こども園、幼稚園の場合は、保護者に問題意識がなくても、保育者の方が相談支援の必要性を感じて支援が始まる場合があります。この場合、

*11 見捨てられ不安
信頼している人との間に距離ができると、見捨てられるような不安が高まり、いてもたってもいられない気持ちになること。

保育者が感じている問題や課題と保護者の感じている問題や課題とは必ずしも同じではないということを留意しておく必要があります。また、子どもの言動についての理解の仕方は、保育者と保護者で一致するとは限りません。なぜなら、保育者が集団生活をするうえで問題ととらえている子どもの言動が、家庭では問題となっていなかったり、保護者は個性と考えていたりする場合もあるからです。保護者ではなく保育者の方が相談支援の必要性を感じている場合、その内容をいつ・どのように保護者に伝えて相談支援を開始するかについては、次で述べるアセスメントを十分行い、保護者の意向や受け入れ能力、支援の緊急度を考慮して決定していく必要があります。

3. 見立て：アセスメント（assessment）

　親子のニーズや課題を把握して支援を開始するために、さらに情報を詳細に集め、親子の現状把握（アセスメント）をします。アセスメントは、相談支援のある時期に限定して行われるものではなく、支援開始から終結に至るまで継続して行われます。

　一般的に心理アセスメント（見立て）には、「面接法」「観察法」「検査法」の三つの技法がありますが、保育現場でのアセスメントの強みは、日常的に親子とかかわっている場面からさまざまな情報が得られることです。その際には「関与しながらの観察」といわれる、子どもや保護者とかかわりながら、自分のかかわりも含めて子どもや保護者を客観的に観察する力が求められます。日々のかかわりから信頼関係を育んでいれば、保護者から有益な情報がもたらされるでしょう。

　子育ての問題は、子ども自身の問題だけでなく、子どもとかかわる保護者や家族、養育環境の要因も含んだ関係性のなかで起きています。したがって、子どもの発達や行動面でのアセスメントに加え、家族や生活環境、居住地域などの社会的要因も含め、いくつもの異なった視点からのアセスメントが必要です。

　支援者である保育者や園のできること、できないことを知ることも大切なアセスメントです。問題点や課題のアセスメントだけでなく、子どもや保護者、家族のもつ健全でうまく機能している部分（自助資源[*12]やストレングス[*13]）や、周りにある社会的援助資源[*14]のアセスメントも重要です。アセスメントを保護者とともに行うことは、保護者が情報整理をすることに役立ち、うまくいっていることや使える資源の理解につながり、それ自体が支援となる場合もあります。

[*12] 自助資源
本人や家族がもっていて活用できる資源。資源をリソース（resauce）といいます。

[*13] ストレングス
その人がもっている長所・能力・健康的な面。

[*14] 社会的援助資源
人々が社会生活を送るうえで生じる問題を解決したり、生活上の必要なものを充足するために活用できる資源。

アセスメントの結果を基にアセスメントシート*15を作成したり、ジェノグラム*16やエコマップ*17を利用したりすると、子どもを取り巻く家族関係や社会資源とのつながりが視覚的に理解しやすくなり、カンファレンス（第4節 p.41〜42）のときにも役立ちます。

4. 支援計画：プランニング（planning）

　アセスメントの結果を基に支援計画を立てます。保護者が自らの課題や問題を意識して保育者に支援を求め、それに応じるという保育相談支援の場合は、日常的な短期のかかわりのなかで解決する問題も多くあります。そのような場合であっても、支援ニーズ、支援目標、支援方法、その成果の評価を具体的に意識して支援を行う必要があります。それが支援計画です。親子のニーズや課題をふまえて、単発的な日常場面での関与によって行う短期的な支援計画と、親子の課題から考えて長期的な支援計画が必要な場合があります。保護者から要請のある保育相談支援では、保護者が困っていることの軽減が支援の第一の目標となりますが、アセスメントで得られた子どもや保護者、家族の健康な部分や自助資源のエンパワーメント（empowerment）*18も支援の目標となります。それぞれの生活状況のなかでは改善が難しい場合もありますが、その場合は、家族が現在の状況を受け入れて、その状況を抱えながら、自分らしく生きていけるように働きかけることも支援の一つです。

　在園児の保護者支援には、4月入園・進級、3月卒園・クラス修了などに加え、1年を通した園の行事の流れが影響します。長期的な支援計画には、こういった保育現場特有の環境や支援の場の変化、支援者の異動も考慮に入れた支援計画が求められます。

　保育現場では、子どもにも保護者にも複数の職員がかかわりますので、アセスメントの結果を職員で共有するためにカンファレンスを開くことが求められます。カンファレンスの場で、アセスメント結果を基に、支援のねらいや内容、方法、それぞれの職員の役割などを検討し、支援計画を立てます。第1節（p.28）で述べたように、支援計画には保護者の意向が反映されることが求められます。

　職員間での情報共有については、守秘義務を考慮しつつ情報共有の範囲について保護者の了解を取ります。また、保護者や子どもの状況・特性を把握し、支援の場面におけるリスクマネジメント（risk management）*19についても考えます。

*15 アセスメントシート
アセスメントの結果を一覧にして見やすくしたもの。

*16 ジェノグラム
基本的に三世代以上の家族メンバーとその人間関係を盛り込んだ家系図（詳しくはp.43を参照）。

*17 エコマップ
本人や家族と地域の社会資源とのつながりや関係を把握することを目的とした図（詳しくはp.43を参照）。

*18
p.23の脚注10を参照。

*19 リスクマネジメント
起こり得る不安要因をあらかじめ予測し、最悪の事態を回避するように管理すること。

5. 介入：インターベンション（intervention）

　実際に支援を実施することを介入（インターベンション）といいます。介入は子どもたちや保護者のより良い生活を目指して行うものですが、何を良いと判断するかについては多様な考え方が存在します。介入する支援者が、問題をどのように理解してどのような解決を目指そうとするのかによって介入方針は異なります。また、保護者の願いによっても介入の方法は異なってきます。同じ内容の相談であっても、保護者や支援する保育者が異なれば効果的な介入方法は異なります。それぞれの事例を丁寧に分析して、その個別性に応じた介入を心がけましょう。状況に応じて保護者個人への介入だけでなく、家族システムへ介入する場合もあります[20]。介入とアセスメントは表裏一体です。適切な介入を行うためには適切なアセスメントが不可欠です。

　個別対応としての介入には、改まった面接相談に加え、送迎時の対話や連絡ノートなど日々のコミュニケーションを通した相談・助言の介入方法があります。加えて、保育現場では、送迎時の短い時間に保護者にほかの子どもの様子や保育者のかかわりをモデルとして提示することも支援につながります。保育参観、懇談会、運動会、生活発表会など保護者が園での日常の保育に触れる機会を通した介入方法もあります。

　たとえば、子どもの指吸いがひどくて悩んでいる保護者がいるとします。

[20] 家族システムへの介入については第8章（p.123）を参照。

> **事例** ●どうしたら子どもは指吸いをしなくなる？
> 　　　　（3歳児、6月）
>
> 　Aさんは第一子であるTくん（3歳）の指吸いがひどくて悩んでいます。注意しても一向に収まらず、むしろ言えば言うほどひどくなっているように思えます。ある日思い切って、「先生、どうしたら指吸いをしなくなるのでしょうか？」と保育者に相談してみました。保育者はAさんと個別に相談を行おうと思いましたが、ちょうど3歳児のクラスの保育参観が近づいていたので、その機会を利用することにしました。保育参観の当日、保育者はそっとAさんに近づいて、クラスの子どもたちの様子を通して3歳児の育ちを説明したり、それとなく同じ悩みをもつママや先輩ママたちに指吸いについて話題をふってみたりしました。

第2章　保育相談支援の方法

　個別の相談支援の場では、保護者の困っている気持ちを十分聴いて理解して助言を行う必要がありますが、同じ悩みをもっていた先輩ママと話す機会を設けたり、あるいは3歳児クラスの子どもたちの様子を保育参観してもらい、指吸いをしているのは自分の子どもだけでない状況を理解してもらうことによって、悩みの軽減を図ることができます。さらに、保育者として園での保育内容を充実させて、遊びに集中しているときは指吸いが見られないことをさりげなく伝えるなど、保育現場の介入では、子どもの保育と密接に関連した介入が行われる点に特徴があります。

　保育者の専門性について、保育所保育指針解説書は六つの専門性を挙げています。表2-3の左側の欄に示しました。右側の欄には、その専門性を使った具体的な保護者支援の例を挙げています。保護者に対する保育相談支援においては、⑥の「相談・助言に関する知識・技術」の専門性が重視されることは当然ですが、保育者が行う相談支援では、保育の現場での日常的かかわりにおいて発揮されるほかの五つの専門性も駆使しながら実施されます。

表2-3　保育者の専門性を生かした保育相談支援

保育士の六つの専門性 （保育士保育指針解説書）	具体的な例
①子どもの発達に関する専門的知識を基に子どもの育ちを見通し、その成長・発達を援助する技術	子どものかみつきや、いやいや行動についての発達的意味を説明することによって、保護者の過度な叱責や心配を減らすことができる。
②子どもの発達過程や意欲を踏まえ、子ども自らが生活していく力を細やかに助ける生活援助の知識・技術	規則的な生活リズム確立や子どもの身辺自立に向けての保護者の努力に対する肯定的な言葉がけ。
③保育所内外の空間や物的環境、様々な遊具や素材、自然環境や人的環境を生かし、保育の環境を構成していく技術	保育室の環境構成（例：おもちゃ棚の片づける場所の絵や写真、年齢にふさわしい絵本等）が保護者の子育てへのヒントになる。
④子どもの経験や興味・関心を踏まえ、様々な遊びを豊かに展開していくための知識・技術	保護者に子どもの遊びを見る機会を提供し、保護者自身が遊びを経験する機会をもってもらう。
⑤子ども同士の関わりや子どもと保護者の関わりなどを見守り、その気持ちに寄り添いながら適宜必要な援助をしていく関係構築の知識・技術	保護者同士をつなぐ。親と子がより良好な関係になるような働きかけ。
⑥保護者等への相談・助言に関する知識・技術	保護者の話を傾聴する。保護者の気持ちを受容する。

出典：厚生労働省『保育所保育指針解説書』フレーベル館　2008年　pp.19-20（「第1章　総則　2　保育所の役割　(4)保育士の専門性」）を基に筆者作成（下線は筆者）

6. 記録

　相談した事柄については記録を残しておくことが必要です。記録を書くことによって、保育者が自分の支援を振り返ることができ、今後のより良い支援に生かすことができます。チーム支援を行うことの多い保育現場では、記録を読むことでほかの職員が支援内容や経過を共有することができます。長期支援の場合は、担当者が代わっても記録を基に継続した支援を行うことができます。ただし、プライバシー保護のためにも記録の管理は慎重でなければなりません。最近は情報公開制度に伴い、相談記録について保護者から開示請求を受ける場合があります。当事者である保護者が記録を見て納得ができる内容の記録であることが求められます。記録は、保護者との間で行き違いがあった場合などの際に、客観的な判断資料となります。したがって、事実と意見を区別して記録するように気をつけることと、記録には、記録者である保育者の価値観や思い込みが入りやすいことに留意する必要があります。

　記録を基にして、カンファレンスや第三者評価のような他者からの視点で相談支援の内容の検討を受けることは、相談支援の質の向上につながります。園内の記録をまとめることで、保護者の悩みの傾向を知ることができたり、相談件数の推移や年度ごとの統計資料を作成したりすることができ、それを今後の対応に生かすこともできます。

7. 評価：エヴァルエーション（evaluation）

　第1節（p.28）で述べたように、教員や保育者においても自分の行った教育・保育に対する説明責任（アカンタビリティ）が求められる時代です。相談支援においても、自分の行った介入に対して、その支援が有効であったかどうかをエビデンス（evidence：証拠・根拠）に基づいて説明できるよう評価をします。目標が達成できたかどうか、支援の方法やかかわりが適切であったかどうか、支援者側の視点だけでなく、支援を受けた保護者自身がその支援についてどのように感じているか、保護者からの評価も大切です。保育相談支援の場合は、支援目標が保護者の養育力の向上を目指すことが多いために、保護者の養育力を評価することになってしまうおそれがあります。保護者を評価するのではなく、あくまでも保育者の行った保育相談支援が適切であったかどうかという観点で評価を行うことが大切です。カンファレンスなどで第三者からの評価を受けることは、園内だけの評価では気づかない多角的視点がもたらされ、相談支

援の質の向上に役立ちます。

　送迎時など日常の短い時間での相談支援の場合は、その後の保護者の表情や言動、親子関係の変化、子どもの様子などから、自分の介入が適切であったかどうかを意識して確認します。あるいは、後日「その後いかがですか？」と声をかけることも必要です。

　長期支援の場合は、支援のプロセスのなかで場面ごとに評価を実施し[21]、状態の推移をアセスメントし、それに応じて介入することを繰り返しながら、支援目標の達成がみられ、終結が見通せた段階で、保護者とともに支援の全過程を振り返ります。子育ての問題は多様な要因が絡んでいますので、問題解決に当たって、支援の何がどのように効果的であったか分かりにくい場合もあります。目標の達成や状況の変化が保育相談支援によるものかどうかの確認も必要です。

[21] 支援の経過中の場面ごとに支援計画の目標の到達度や対応の様子について経過観察することをモニタリングといいます。

8. 終結

　支援目標が達成されたことが事後評価において確認され、新たな支援の必要のない場合には相談支援は終結します。一旦終結しても、新たなニーズが生まれると再び支援が開始されます。退園などでやむを得ず終結しなければならないときは、新たな支援の場につなぐ努力が求められます。終結した後でも、いつでも相談に応じる姿勢を示すことはいうまでもありません。第1節(p.28)で述べたように、終結の段階で、保護者が親としての自信をもち、保育者と協力して子どもの育ちを支えていくことができるようになっていることが理想です。

④ カンファレンスとコンサルテーション

1. カンファレンス（conference）

　カンファレンスとは、会議・話し合いの意味ですが、相談支援の現場では事例検討と呼ばれることもあります。担当者が報告した事例について、同僚や先輩保育者、ときには、他職種の専門家を交えて意見交換をします。第3節(p.37)で述べた支援計画を立てるためのカンファレンス、支援経過途中において適切な支援が行われているかどうかを検討するためのカンファレンス、終結後の振り返りのためのカンファレンスなど、開催する時期によって目的が異なります。

いずれの場合も、カンファレンスの参加者が事例の内容について共通理解をして、より良い支援のために対等に意見交換をします。

支援の至らなさや不備な点を明らかにして支援方法や支援計画の見直しすることに加え、支援者や園の資源を上手に生かす方法についても検討できるとより建設的な意見交換ができるでしょう。森上（1996）は、保育カンファレンスの条件として次の五点を挙げています[12]。①正解を求めようとしない。②ほんねで話し合う。③園長や先輩が指導しない（参加者が対等である）。④批判や論争をしない。⑤それぞれの成長を支え合い育ちあう。

保育相談支援のカンファレンスでも同様です。支援には唯一つの最善な方法があるわけではありません。事例についてそれぞれの立場から対等に意見を出し合い検討することによって、より効果的な支援ができるように自分たちの専門性を高めていくのです。なお、カンファレンスのための資料は、名前を伏せ、個人が特定されないような配慮が必要です。配付資料はカンファレンス終了時には回収して破棄します。担当事例について園内以外で発表する場合は、発表内容について保護者の了解を取る必要があります。

2．コンサルテーション（consultation）

カンファレンスとよく似た言葉にコンサルテーションという言葉があります。異なる専門性や役割をもつ者同士の対等な関係を強調する場合、コンサルテーションという言葉が使われます。自らの専門性に基づき、ほかの専門家の子どもへのかかわりを支援する人をコンサルタント（consultant）、そして支援を受ける人をコンサルティ（consultee）といいます。

近年、保育所や認定こども園、幼稚園に臨床心理士等の巡回相談員が定期的に訪問し、保育者へのコンサルテーションを実施するようになりました。石隈（1999）は、学校現場（筆者注：保育現場も同様）では、チームで援助することが多く、チーム援助におけるプロセスは相互コンサルテーションの一つであると述べ、コンサルタントとコンサルティの援助関係が一方向ではなく双方向であることを強調しています[13]。つまり、心理の専門家と保育の専門家がお互いの専門性を発揮して、対等に協力して保護者や子どものための支援を考えていくことが相互コンサルテーションであるということです。そして、支援を必要としていた保護者が、保育者の支援により、最終的には"その子どもの専門家"として保育者とともに子どもの成長を支援するパートナーとなり、子ども支援のための相互コンサルテーションの一員になることが理想です[*22]。

＊22
田村・石隈（2007）は保護者がクライエントから子どもの援助のパートナー変容する過程について論じています[14]。

第2章 保育相談支援の方法

演習課題 —やってみよう—

1）ジェノグラムやエコマップを作成してみよう

自分の好きなアニメやドラマを選び、その登場人物をモデルに、ジェノグラムやエコマップを作成してみましょう。作成の仕方は下記を参考にしてください。

●ジェノグラム

ジェノグラムは相談支援の対象となる個人の家族の環境や関係を示す図です。三世代にわたる家族の状況を一目でわかりやすく記録することができます。その保護者や子どもを直接知らなくとも情報共有を図ることができるため、園内のカンファレンスや関係機関とのコンサルテーションの際に役立ちます。

【主な表記法と例】
- □　男性
- ○　女性
- ⊡　本人（男性）
- ◎　本人（女性）
- □—○　結婚
- □—//—○　離婚
- □—/—○　別居
- ×　死亡
- ◯（囲み）　同居家族は線で囲む

・枠のなかに年齢を記入する。
・子どもは左から第一子、第二子の順に記述する。

●エコマップ

エコマップは個人や家族と社会資源の関係を図に表すものです。複雑な人間関係や社会資源を図示することによって把握しやすくなります。援助する側だけでなく、相談者自身がエコマップを書くことによって、自らの状況を社会とのかかわりのなかでとらえることができるため、面接の手立てとしても活用されています。

【主な表記法と例】
- ──　通常の関係
- ……　希薄な関係
- ━━　強力な関係
- ++++　葛藤のある関係
- →　資源の方向・エネルギーの方向

2)「相談支援の流れ」を事例にあてはめてみよう

　指吸いの事例（p.38）に「相談支援の流れ」（p.34の図2－2）をあてはめて記入してみましょう。（さらに、教科書のいくつかの章を学んだ後に、本書に掲載している事例のなかから自由に選んで、相談支援の流れをあてはめて記入してみてください）。

・事例のタイトル「　　　　　　　　　　　　　　　」（ページ数：　　　　　）

相談支援の流れ	あてはまる事柄
①ニーズ	
②受理：インテーク	
③見立て：アセスメント	
④支援計画：プランニング	
⑤介入：インターベンション	
⑥記録	
⑦評価：エヴァルエーション	
⑧終結	

3) 事例から「保育士の専門性」を探してみよう

　「保育士の専門性」（p.39の表2－3）を参考にして、指吸いの事例から保育士の専門性と思われる行動や発言を探して記入してみましょう。（事例は、本書に掲載している事例や演習課題から自由に選んでもよいです）。

・事例のタイトル「　　　　　　　　　　　　　　　」（ページ数：　　　　　）

保育士の専門性 （保育所保育指針解説書）	保育士の専門性に あてはまる言動
①子どもの発達に関する専門的知識を基に子どもの育ちを見通し、その成長・発達を援助する技術	
②子どもの発達過程や意欲を踏まえ、子ども自らが生活していく力を細やかに助ける生活援助の知識・技術	
③保育所内外の空間や物的環境、様々な遊具や素材、自然環境や人的環境を生かし、保育の環境を構成していく技術	
④子どもの経験や興味・関心を踏まえ、様々な遊びを豊かに展開していくための知識・技術	

⑤子ども同士の関わりや子どもと保護者の関わりなどを見守り、その気持ちに寄り添いながら適宜必要な援助をしていく関係構築の知識・技術	
⑥保護者等への相談・助言に関する知識・技術	

【引用文献】

1）厚生労働省『保育所保育指針解説書』フレーベル館　2008年　p.185
　　「第6章　保護者に対する支援」
2）内閣府・文部科学省・厚生労働省『幼保連携型認定こども園教育・保育要領』フレーベル館　2014年　p.12　「第1章　総則」
3）小嶋玲子「主任保育士が考える日常での相談・助言の利点と困難点」『日本保育学会第66回大会発表要旨集』2013年　p.761
4）厚生労働省『保育所保育指針』フレーベル館　2008年　p.31
　　「第6章　保護者に対する支援」
5）伊藤嘉余子『子どもと社会の未来を拓く相談援助』青踏社　2013年　p.15
6）前掲書1）　p.185　「第6章　保護者に対する支援」
7）前掲書1）　p.182　「第6章　保護者に対する支援」
8）前掲書1）　p.179　「第6章　保護者に対する支援」
9）文部科学省『幼稚園教育要領解説』フレーベル館　2008年　p.240　「第3章指導計画及び教育課程に係る教育時間の終了後等に行う教育活動などの留意事項」
10）前掲書2）　p.12　「第1章　総則」
11）前掲書4）と同上
12）森上史朗「カンファレンスによって保育をひらく」『発達』Vol.17　No.68　ミネルヴァ書房　1996年　pp.1－4（p.4）
13）石隈利紀『学校心理学－教師・スクールカウンセラー・保護者のチームによる心理教育的援助サービス－』誠信書房　1999年　pp.277－281
14）田村節子・石隈利紀「保護者はクライエントから子どもの援助のパートナーへとどのように変容するのか―母親の手記の質的分析―」『教育心理学研究』55　2007年　pp.438－450

【参考文献】

・石隈利紀『学校心理学－教師・スクールカウンセラー・保護者のチームによる心理教育的援助サービス－』誠信書房　1999年
・伊藤嘉余子『子どもと社会の未来を拓く相談援助』青踏社　2013年
・伊藤健次編『子ども臨床とカウンセリング』みらい　2013年
・柏女霊峰・橋本真紀著『増補版　保育者の保護者支援』フレーベル館　2010年
・柏女霊峰・橋本真紀編著『保育相談支援』ミネルヴァ書房　2011年
・厚生労働省『保育所保育指針解説書』2008年
・寺見陽子編著『子育ち・子育て支援学―保護者支援と子育て支援の理論と実際―』保育出版社　2011年
・山本伸晴・白幡久美子編『保育士をめざす人の家庭支援』みらい　2011年
・吉田眞理『生活事例からはじめる保育相談支援』青踏社　2011年

第3章 保護者との関係づくり

●●● 本章のねらい

保育現場における保育相談支援では、保護者との信頼関係が大切です。この章では、保育者と保護者との間に、いかにして信頼関係を築いていくことができるかについて事例を通して考えます。

① 保護者との信頼関係を築くために

1. 保護者が相談しようと思うとき

事例1 ●保護者との信頼関係を損ねてしまったユキ先生
（4歳児クラス、5月）

　ユキ先生（40歳代）はベテラン保育者で4歳児の担任をしています。昨年は3歳児の担任で、クラス替えがあったものの、今年は持ち上がりで4歳児の担任として、はりきって子どもたちとの毎日を過ごしていました。そうしたなか、昨年は隣のクラスだったため気がつかなかったAちゃん（4歳）のことが、ユキ先生はとても気になっています。もしかしたらAちゃんには発達に遅れがあり、障がいがあるのではないかと心配して、「いつか機会をみて保護者とお話したい」、そんな思いを抱いていました。
　ある5月の午後、お迎えに来たAちゃんの母親（Bさん、30代前半）と立ち話をしているとき、Bさんが小さな声で言いました。「うちの子には、障がいがあるのでしょうか？」。不安そうにつぶやくBさんの表情をみて、ユキ先生は「今だ」と思ったのでしょう、今まで感じていたことを率直に伝えました。
　「今までずっと思っていたのですが、Aちゃんには、障がいがあるかもしれません。私の話したこともよく理解できないようですし、朝のお支度も何度教えても、いまだにできないんです。近いうちに医療機関へ行って、検査をしてみませんか」
　ちょっとびっくりした表情をしたものの、Bさんは何も言わずに帰宅しました。しかし翌朝来園したBさんは、険しい表情で怒りを込めて園長先生に言いました。「ユキ先生は、うちの子どもを障がい児扱いしています。去年は全く問題がなかっ

たのに、今になってそんな問題が起こるのは、ユキ先生の責任じゃないですか！
担任を替えてくれるまで、子どもは休ませます」
　その後、担任と園長、Aちゃんの両親などとの話し合いを何度も行いましたが、結局Aちゃんのクラスを替えるまでBさんの気持ちは変わりませんでした。

うちの子、障がいがあるのでしょうか？

今日までずっと心配していました。Aちゃんには障がいがあるかもしれません。

ユキ先生は熱心に伝えたつもりでも…

障がい児扱いしないで！

人権侵害だわ

翌日のBさん

　この事例では、保護者の相談をきっかけにして、保育者が常々心配していることを率直に伝えた際に生じたトラブルを取り上げました。保護者が発した質問、「うちの子には、障がいがあるのでしょうか？」に対して、保育者は率直に「障がいがあるかもしれないので、医療機関に行って検査してみること」を勧めています。なぜ、これによって保育者と保護者の間の信頼関係が損なわれてしまったのでしょうか。

　保護者が相談しようと思うときは、どうにもならない困難や不安に直面しているときだと考えられます。子育てに困難や不安、悩みを感じない保護者はおらず、常にさまざまな困難に直面しながら子育てをしています。保護者は新しい困難の局面に至ったときに相談したいと感じますが、その相談の仕方はさまざまです。相談時間を確保してじっくりと話をすることはどちらかというとまれで、相談の多くは朝夕の送り迎え時に立ち話的に行われます。立ち話の雑談に混じって、保護者が直面している深刻な困難がさらりと語られることも多くみられます。それも、明確な答えを求めるというよりは、「不安な気持ちを聞いてほしい」「子育ての大変さに共感してほしい」といったものが主です。

　ですから、この事例では、保育者の視点で「解決策」を伝えることに終始してしまったことで、行き違いが生じたのだと思われます。

2. 保護者との信頼関係を築くための三つの「チャンス」

　保護者と保育者が信頼関係を築くためには、どのような機会があるのでしょうか。ここでは、三つの「チャンス」を挙げて考えてみたいと思います。

1　相談に来てくれたとき

　一つ目のチャンスは、「保護者が相談に来てくれたとき」です。これは保護者が自身の子育てについて困難を感じ、不安や悩みを抱いているわけですからその話を丁寧に聴くことが大切です。「相談されたことには、すぐに答えを教えてあげなければいけない」と感じている保育者もいますが、必ずしもそうではありません。保護者の相談に、まずは耳を傾け、共感しながら話を聴きましょう。話を聴く際には、カウンセリングマインド（後述 p.53）が大切です。注意が必要なのは、保護者は立ち話や雑談の際に、重要で深刻な相談を気軽な口調ですることがある、ということです。保育者は常に保護者の言葉の裏にある思いを想像しながら、じっくりと話を聴くよう努める必要があります。

2　「問題」が生じたとき

　「子どもが園内でけがをした」または「けがをさせた」など、保育の場ではさまざまな「問題」が生じます。問題が生じると、保護者にそのことを伝える必要があり、その際互いに感情的になってしまうことがあるため、保育者としては敬遠しがちです。

　しかし、問題が生じたということは、これまで表面化しなかった大切なことが問題という形で表面化したと考えることができます。「子どもが園内でけがをした」「けがをさせた」という問題の背景に、たとえば「子どもの発達の遅れ」や「発達障害」、もしくは「家庭環境の不安定さ」などが隠れていることもあります。どのような背景があるかは、子どもによって違いますが、問題として表面化したことの背景に目を向けることが大切なのです。

　したがって、何らかの問題が生じたときは、そのことを具体的に端的に保護者に伝えることが大切です。注意が必要なのは、保護者に対して一方的に問題の責任を負わせ、対応策をゆだねるような口調で伝えることです。そうではなく、問題に対して、保育者としてどのようなかかわりができるか、保護者とともに考えていくことが大切です。

3　苦情を言いに来てくれたとき

　保護者からの苦情も保育者にとってはうれしいものではありません。近年は「モンスターペアレント」などといって、保護者が自身の思いを強く主張する

ことに対して、保育者は身構えているところがあるようです。自己中心的で理不尽な要求や主張も実際にはあるようですが、保護者の意見すべてが理不尽なものではありませんし、「モンスター」と名づけてすべてを排除してしまっては、保護者との関係は築けません。

　苦情という形をとっていたとしても、保護者が園に対して何かを伝えたいと言ってきてくれるということは、チャンスだととらえることができます。保護者の訴えがどのような意味なのか、保護者は何を伝えたいのかを把握しようと努めつつ、丁寧に話を聞いていくことが大切です。「雨降って地固まる」とはよく言ったもので、一見「危機」のようにみえる苦情も、とらえ方によってはチャンスに変わり、保護者との信頼関係を築いていくきっかけにもなりえます[*1]。

＊1
苦情への対応については第9章でさらに詳しく解説します。

3. 信頼される保育者になるために

1　日ごろからのコミュニケーションの大切さ

　保護者と保育者との間には、信頼関係が形成されている必要があります。それはたんにコミュニケーションが成立しているといった人間関係ではなく、信頼、共感、相互理解で結ばれ、共通の目的に向かって歩むことができる関係です。こうした信頼関係はラポールと呼ばれています。保護者とのラポールを形成するために大切なこととして、第一に「日ごろからのコミュニケーション」が挙げられます。保育現場の毎日は多忙ですから、「何かあったときだけ」保護者に連絡しがちです。とくに悪いことが起こったときだけ保護者に連絡することが続くと、保護者は保育者の話に対して身構えてしまいます。子どもの心の状態が良いときも、普通のときも、愛情をもって子どもとかかわり、その際の子どもとの出来事を親しみを込めて保護者に伝え、共有することが大切です。相談したいと思う以前の、日常的なかかわりこそが大切なのです。そうした積み重ねがあってはじめて、「何かあったとき」に信頼関係をベースにして、保育者と保護者が問題に向き合うことができるのです。

2　保護者の葛藤に寄り添う

　次に大切なこととして、保護者の葛藤に寄り添うということが挙げられます。毎日の子育ては、波風が立つことなく穏やかに過ごすことができる日ばかりではありません。あるときは子どもの発達に不安を抱き、またあるときは子ども

の行動に苛立ちを覚えます。子どもの行動に何らかの問題が生じたとき、保育者から「専門的」で「正しい」子どもへのかかわり方を一方的に教示するだけでは、保護者の主体的な子育てを阻害する可能性があります。同時に保護者による子どもの受容を阻害してしまうこともあります。

　100％の自信をもって子育てをしている保護者はおらず、何らかの不安や葛藤、動揺を抱えているのが普通です。そうした心の揺れに寄り添いつつ、共感的理解を伴った具体的な対処法を保護者とともに考えることが大切です。

② 保護者とともに子どもの成長を喜び合う

1. 保護者との協力とは

> **事例2** ●子どもの「できないこと」ばかりに目がいってしまう保育者（幼稚園、3歳児クラス、9月）
>
> 　アヤ先生（20代）は、3月に短大を卒業したばかりの新任保育者です。すぐに3歳児クラスを任され、戸惑いつつも充実した毎日を送っていましたが、Cくん（3歳）のことが最近気になりはじめました。9月に入り、運動会の練習が始まると、一緒に練習できないことが増え、朝の集まりの時間にも座っていられなくなってしまいました。Cくんはバス通園なので、保護者（Dさん、30代）となかなか直接会うことができません。それでも園であったことはなるべくDさんと共有したいと思い、その都度、保育後の夕方に電話で伝えるようにしました。「Cくんは、今日もみんなと一緒にできなくて、砂場で遊んでいました」。アヤ先生がそう伝えても、Dさんは黙って聞くだけで何も言いません。
>
> 　運動会当日のCくんは、アヤ先生の心配をよそに何とか保育者がついて踊りもみんなと一緒に行うことができました。運動会が無事に終わり、アヤ先生もほっとしたころ、その日偶然園に来ていたDさんに伝えられたことに、ショックを受けました。「先生、わたし夕方にかかってくる電話の音が鳴ると、ドキッとするようになりました。また息子が幼稚園でうまくいかなかったことを聞かされるかと思って。今でも夕方に電話が鳴ると、ドキドキしてあまり電話をとりたくないんです」。そのとき、アヤ先生はハッとしました。自分が毎日のように電話で、「Cくんができなかったこと」ばかりを保護者に伝えていたことに初めて気づきました。

この事例では、熱心に子どもにも保護者にも向き合っている保育者が陥りがちな、「できないこと」ばかりを保護者に伝えてしまった事例を取り上げました。この保育者は「できないことができるようになってほしい」という思いが強く、「熱心で素直」であるために、保護者に対して一方的な伝え方になってしまったようです。また、運動会などの行事が目前に迫ると、保育現場ではやることが増え、心の余裕がなくなっていきます。とくにできないことが多い子どもに心を配り、手をかけているとそれだけで保育者にとっては負担が大きいものです。ましてや保護者と協力するということに関しては、一方的に情報を提供することだけで精一杯ということも多いようです。

　保護者と協力するとは、保育の専門家である保育者と、その子どものことを一番よく知る保護者とが気持ちを一つにして、子どもの育ちを見守っていくことであると言えます。一方的に子どもの「できなかったこと」を伝えてがんばらせるのではなく、「できたこと」に焦点を当てて、保護者とともに子どもの成長を喜ぶことが大切です。子どもには「できないこと」がたくさんありますが、それは裏を返すと「日々、困難に向き合い続けている」ということであり、同時にそれは「日々、できるようになることがある」ということです。保育者は、子どものちょっとした成長をみつけ、それらを保護者と共有しつつ喜び合うという役割を担っているといえます。

2. 何気ない会話のなかで保護者を支える

　保護者に子どもの日々の成長を伝えたり、「問題」について連絡する必要が生じたとき、連絡帳や電話を利用することも多いと思います。もちろんそれぞれにメリットがあるとは思われますが、できれば保護者とは、直接会って話すことが大切です。毎日の送り迎えの際に、保育者との何気ない会話のなかで伝えることで、子育てに自信をもてない保護者を支えていくことができるのです。「今日のお子さんは〇〇ちゃんとおもちゃの取り合いをしていましたが、すぐにお友だちにゆずって遊ぶことができていましたよ」などと伝えたり、保護者からは、家庭での子どもの様子を聞いたりしながら、互いに子どもの変化や成長を共有していくことができます。

3. 保育者は保護者の視点をもつ

　保育者は大勢の子どもとかかわっていますから、「3歳にしては発達が遅い」とか、「この子は言葉が早いな」とか、一人の子どもをほかとの比較でみることが多いのではないかと思います。しかし、保護者は必ずしもそうした目で子どものことをみてはいません。保護者は、どんなに手がかかる子どもを育てていても、そこに「全く正常で、愛すべき子どもの姿」をみています。保育者はそのことをよく理解する必要があるといえるでしょう。

③ 保護者の養育力の向上を目指したかかわり

1. 保護者の養育力の向上を目指したかかわりとは「つなぐ役割」

> **事例3** ●夫婦関係の悪化から子育ての難しさを訴える母親
> （幼稚園、5歳児クラス、9月）
>
> 　「息子の園での様子はどうですか？」。ヒロミ先生（20代前半）がEくん（5歳）の母親（Fさん、30代後半）から話しかけられたのは、お迎えのときでした。うつむいてそう話すFさんの表情から「何かあったのかな」と思ったので、後日時間をとってFさんと面談をすることにしました。
> 　面談でFさんは、これまでずっと夫婦の関係が悪く、夫とは1か月ほど前から離婚を前提として別居していること、そのためFさん自身の体調が悪く、子どもに対してつらく当たってしまうこともあるということを話しました。さらに、不安とイライラからお酒の量が増え、毎日のように昼間からお酒を飲んでしまい、妹（2歳）の世話や家事などが全くできないことなどが語られました。涙を流しながら語るFさんを目の当たりにして、ヒロミ先生はこれからどのようにFさんやEくんにかかわっていけばいいのか、わからなくなってしまいました。

　保育現場における「保護者の養育力」とは、「安心・安全な環境で保護者が子どもを守りつつ、育てる力」であると理解できます。保育所保育指針解説書（第6章）によると、良好な親子関係の構築や保護者の養育力向上のためには、「子どもと保護者の関係、保護者同士の関係、地域と子どもや保護者との関係

を把握し、それらの関係性を高めることが、保護者の子育てや子どもの成長を支える大きな力になることを念頭に置いて働きかけることが大切です」[1]と述べられています。ここから、保護者の養育力の向上を目指したかかわりとは、保護者に直接働きかけるだけではなく、子どもや保護者と彼らを取り巻く環境との関係性を高めることが大切であること、さらに保育者は「つなぐ役割」を担っていると理解できます。

2.保護者の養育力の向上を目指すこと ≠ 保育技術を一方的に教えること

事例では、夫婦関係が悪化したことにより、子育ての困難を訴えた保護者の相談を受け、保育者がどのようにこの保護者とかかわっていけばいいのか、戸惑ってしまうというケースを取り上げました。

保育現場では、保護者に責任を問いたくなるような場面に出会うこともあるかもしれません。たとえば、事例に挙げたように、保護者が子どもの世話を怠って昼間から飲酒したり、声を荒げて執拗に叱ったり…ということです。そんなとき、保育者は保護者のことをとがめたり、一方的に保育技術を伝えようとしたくなるかもしれません。しかし、保護者の養育力の向上を目指すことは、保育技術を一方的に教えることではありません。

保護者は自身の「どうしようもない思い」を吐露しているのですから、その思いを受け止めて、そこから一歩でも前進できるようなかかわりが必要になってきます。保護者とかかわっていく際に大切なことは、カウンセリングマインドを生かしたかかわりであると思われます。

3.カウンセリングマインドを生かしたかかわり

カウンセリングマインドとは、「人間と人間の基本的信頼を築くために、カウンセラーがとる態度の基礎となるもの」といわれています[2]。保育現場においても同様で、保育の場におけるカウンセリングマインドは、子どもや保護者の心を理解し、支援するための保育者がもつべき基本的な心であるといえます。

1998（平成10）年の教育職員免許法改正により、幼稚園教諭免許状を取得するためには、「幼児理解の理論及び方法」および「教育相談（カウンセリングに関する基礎的な知識を含む）の理論及び方法」に関する科目の修得が必須のものとなりました。それは、すなわち保育者とはカウンセリングの基礎的な知

識を身につけ、カウンセリングマインドをもっている、子どもの専門職であるということを意味しています。

カウンセリングマインドは、ロジャーズ（Rogers, C. R.）*2の述べたカウンセラーの三つの基本的態度が基礎になっていると考えられています。

①**無条件の肯定的配慮（積極的関心）**　……ありのままの姿を受け入れること

　これは保育の場でどのような子どもや保護者に出会っても、何らかの条件づけなしに、ありのままの姿を受け入れる（受容）ということです。簡単なようでそれはとても難しいことであるといえるでしょう。無条件の肯定的配慮（積極的関心）とは、たとえどのような背景があろうとも、子どもや保護者がみせるその姿をありのままに受け入れるということです。

②**共感的理解**　……相手が感じているのと同じように感じること

　共感とはその人が感じているのとあたかも同じように感じる、ということです。保育現場ではさまざまな保護者から相談を受けます。それらを自分とは切り離してとらえるのではなく、保護者から話された悩みや不安を、保護者が感じているそのままを保育者が感じるようにするのです。これは、同情とは違います。保護者と向き合い話を聴いたとき、保護者の言葉や要求に直面すると、自身の心のなかにさまざまな感情がわきあがってくることがあります。それらに振り回されることなく、自分の心のなかがどのような反応を起こしているかを自分自身でわかっていることが重要なのです。

③**自己一致**　……自分の心が健全に管理できていること

　自己一致とは、自身の内面の感情をそのまま受け止め、それを否定したり、歪曲しないでいられることです。さらに自身の感情と表現とが一致していることでもあります。保護者が話した内容に対して保育者はさまざまな感情を抱くことがあります。その感情をまずはそのまま受け止め、それらに対して発した言葉や態度と感情がそれぞれ一致しているということを自己一致といいます。

　以上のことから、保護者の養育力向上のためには、保育者がたんに保護者の不適切な行動をとがめたり、保育技術を教えるのではなく、カウンセリングマインドをもって保護者とかかわることが大切であると言えます。

---

*2　ロジャーズ
（1902－1987）
米国の臨床心理学者。人間の本質を基本的に善とする人間観を基に、中心仮説を人間の成長力に求め、主体性をもって自己選択することを援助する新しい方法を打ち出しました。忠告や意見などの支持を与えないことが強調されたため、「非指示的療法」と呼ばれました。その後、この非指示的療法の名称は、無条件の積極的関心、共感的理解、自己一致を中心理念にすえた「クライエント中心療法」へと変遷しました。
参考文献：『心理臨床大事典』（培風館1992年）

演習課題 ―やってみよう―

・**事例を基に考え、話し合ってみよう**

　事例1「保護者との信頼関係を損ねてしまったユキ先生」(p.46)を読んで、Aちゃんの母親が「うちの子、障がいがあるのでしょうか?」と話しかけてきたとき、あなたならどのように母親と話をしますか?

①まずは自分自身で考えてみましょう。

　　　　　　　　　　　　　　　　　　　　　　　　　　　　　　　　　

②三人で一組になって、保育者、Aちゃんの母親、観察者の役割をとって、保育者がどのようにAちゃんの母親とかかわっていけばいいのか、ロールプレイをしてみましょう。

　　　　　　　　　　　　　　　　　　　　　　　　　　　　　　　　　

③ロールプレイをしてみて、次の(1)と(2)について話し合い、記入してみましょう。

　(1)保育者としてAちゃんの母親に話した際に感じたこと

　　　　　　　　　　　　　　　　　　　　　　　　　　　　　　　　　

　(2)Aちゃんの母親として保育者から話を聞いた際に感じたこと

　　　　　　　　　　　　　　　　　　　　　　　　　　　　　　　　　

【引用文献】
1) 厚生労働省『保育所保育指針解説書』フレーベル館　2008年　p.184
　　「第6章　保護者への支援」
2) 東山紘久「幼児保育における今日的課題」　氏原寛・東山紘久編著『幼児保育とカウンセリングマインド』ミネルヴァ書房　1995年

【参考文献】
・氏原寛・成田善弘・東山紘久・亀口憲治・山中康裕編著『心理臨床大事典』培風館　1992年
・柏女霊峰・橋本真紀編著『保育相談支援』ミネルヴァ書房　2011年
・氏原寛・東山紘久編著『幼児保育とカウンセリングマインド』ミネルヴァ書房　1995年

コラム1　保育者の感受性とバーンアウト

親子への共感につながる保育者の感受性

「感受性豊か」、「感受性を磨く」という言葉を耳にしたことがあると思います。「感受性」とは、外界からの認知的、感情的な刺激を感じ取る能力のことです。保育者の感受性は、子どもや保護者へのかかわりの土台となる「共感」につながります。

たとえば、保育所の登園場面で、母親を見送りながら大泣きする子どもの傍にいる保育者は、母親と別れたくない気持ちを強く感じます（子どもへの共感）。子どもの体をさすりながら「ママと離れたくないね」と声をかけます。そして、「ママ、今日は5時にお迎えね。いっぱい遊んで待っているね」と子どもの立場になって母親に呼びかけます。母親の姿が見えなくなると、子どもが気持ちを切り替えやすい声かけをします。母親が余裕のなさそうなときは、「毎日大変ですね」、「朝の支度に時間がかかって、イライラしませんか」と声をかけます（母親への共感）。母親は「そうです。怒鳴りつけると子どもも不機嫌になって。どうしたらよいですか」と答えます。保育者は、登園したくない子どもと、早く園に送り届けたい母親との間で思いがずれてしまっていると考えます。連絡帳や子どもの登園時以外の様子から、普段の親子のコミュニケーションにも問題がありそうだと感じることもあるかもしれません。そういうときは、改めて時間をとって面談を設けることを母親に提案してみます。

このように、保育者には、子どもや保護者の様子をよく観察したり、言葉を丁寧に聴いたりしてその人の側に立って気持ちや状況を理解しようと努めることが求められます。普段の自分の感情を素直に自覚することや、相手の様子から気持ちや感情を想像すること、いろんな人や自然、本などに触れることも、感受性を高めるのに役に立つでしょう。

保育者のバーンアウトリスクとその予防

　しかし、保護者の話を聴いて、気持ちが入り込み、思わず涙してしまうようなことがあるかもしれません。感受性豊かであることは、保育者の大切な資質の一つですが、自分でコントロールできないくらい相手の心にのめり込んでしまうことがずっと続くと、「バーンアウト」につながるリスクが生まれます。バーンアウトとは、いわゆる「燃え尽き症候群」で、保育や教育、福祉、看護の領域などにおける問題として取り上げられています。バーンアウトの状態では、情緒を消耗し、心身が疲れきったり、子どもたちや保護者に関心がもてなくなったり、自分に保育は向いていないのだと思ったりします。悪化すると、抑うつ的になり、休職や退職にまで至る場合もあります。感受性を磨く一方で、そうしたバーンアウトリスクを回避し、メンタルヘルスを維持するための工夫をする必要があります。

　バーンアウトの予防のために、個人でできることとしては、ストレス発散やリフレッシュが上手になること、考え方を柔軟にすること、日頃から相談できる相手をもっておくことなどがあります。また、問題が生じた際に、子どもや保護者に寄り添うと同時に、状況や自分自身を客観視する視点も必要です。上司や同僚に相談し、問題の対処方法を一緒に考え、一人で抱えずに園全体で対応していくことも大事になってきます。巡回相談などで来る心理職に相談してみるのもよいでしょう。

保育者の成長

　一人一人の親子に向き合いながら自分自身とも向き合っていくことは、保育という仕事のやりがいにつながる一方で、つらさも伴います。それでも、ときには一人で、ときには誰かの助けを得ながら積み重ねる経験は、きっと保育者自身を成長させてくれることでしょう。

第4章 保育の環境構成を生かした支援

●●● 本章のねらい

環境構成は、保育の重要な営みです。この専門性を生かした保育相談支援について、概説します。まず環境構成の原理について確認していきましょう。そして基本となる支援のあり方を、事例を通して学びましょう。

① 保育の環境構成とは

1. 保育所保育指針における「環境」

保育所保育指針の第1章 総則の「3 保育の原理」には、(1)保育の目標、(2)保育の方法、そして(3)保育の環境が示されています。「環境」について、この三つの項目それぞれに記述があるので順にみていきましょう。

第一は、(1)保育の目標における環境の記述です。「十分に養護の行き届いた環境の下に、くつろいだ雰囲気の中で子どもの様々な欲求を満たし、生命の保持及び情緒の安定を図ること」[1]が記されています。このような環境を保障していくことが、養護と教育が一体となった保育所における保育の特性に合致していると言えるでしょう。

第二が、(2)保育の方法における環境の記述です。「子どもが自発的、意欲的に関われるような環境の構成を構成し、子どもの主体的な活動や子ども相互の関わりを大切にすること。特に、乳幼児期にふさわしい体験が得られるように、生活や遊びを通して総合的に保育すること」[2]と述べられています。

この乳幼児期にふさわしい体験とは、どのようなものでしょうか。

表4-1は、乳幼児の発達を一つのステージごとに大まかにとらえて、まとめたものです。各ステージで重視すべき体験がキーワードでまとめられています。異年齢保育などでは、異なる発達のステージにある子どもが一緒に生活していくことになりますが、プロの保育者はそうした状況においても、一人一人の発達のニーズに見合う環境を常につくり出しているのです。現場ではあまり

第4章 保育の環境構成を生かした支援

表4-1 発達のステージとそのキーワード

第一ステージ	0～7か月頃 （大人からの働きかけに応える時期） キーワード：愛着、注意力、腰・体幹
第二ステージ	8か月～1歳前半期 （環境を探索する時期） キーワード：環境の探索、自発性、意欲、手指操作、粗大な運動
第三ステージ	1歳後半～3歳前半頃 （自我が拡大し自分の遊びが生まれる時期） キーワード：自我、想像力、語彙、運動の拡大
第四ステージ	3歳後半～5歳頃 （対象に合わせた調整機能が高まる時期） キーワード：友達、知識、思考、善悪、自己抑制、調整が必要な運動
第五ステージ	6歳頃 （協同的な学びへと向かう時期） キーワード：仲間、根気強さ、集団のルール、正義感

出典：高山静子『環境構成の理論と実践 保育の専門性に基づいて』エイデル研究所 2014年 p.97

に自然にそれが営まれているので、かえって専門性だととらえられないことも多いかもしれませんが、この技術は保育者ならではの専門性だと言えます。

第三に、(3)保育の環境において、環境は次のように書かれています[3]（下線は筆者）。

保育の環境

保育の環境には、保育士等や子どもなどの人的環境、施設や遊具などの物理的環境、更には、自然や社会の事象などがある。保育所は、こうした人、物、場などの環境が相互に関連し合い、子どもの生活が豊かなものとなるよう、次の事項に留意しつつ、<u>計画的に環境を構成し、工夫して保育しなければならない。</u>
ア 子ども自らが環境に関わり、自発的に活動し、様々な経験を積んでいくことができるよう配慮すること。
イ 子どもの活動が豊かに展開されるよう、保育所の設備や環境を整え、保育所の保健的環境や安全の確保などに努めること。
ウ 保育室は、温かな親しみとくつろぎの場となるとともに、生き生きと活動できる場となるように配慮すること。
エ 子どもが人と関わる力を育てていくため、子ども自らが周囲の子どもや大人と関わっていくことができる環境を整えること。

ここでいう環境とは、保育者が子どもの最善の利益のために、配慮して、つくり出すものとして述べられています。子どもの側からは、こうしたことを通して環境に興味をもち、生活のなかに取り入れる力となります[*1]。

*1 保育内容における環境
身近な環境とのかかわりに関するのが領域『環境』であり、そのねらいは、「周囲の様々な環境に好奇心や探求心を持って関わり、それらを生活に取り入れていこうとする力を養う」（保育所保育指針 第3章）こととされます。このねらいは、若干の表記上の違いがあるものの、幼稚園教育要領、幼保連携型認定こども園教育・保育要領ともに同じです。

2. 保育相談支援と環境構成

　保育者の専門性を生かして支援を行うことが、保育相談支援に求められることは、本書を通じて強調されるところです。先に示した環境構成、すなわち、子どもの生活を安定させ、豊かな活動によって、子どもがより良く発達できるように、工夫された環境と遊びを通して援助していくことは、まさに保育の専門性の特質の一つです。それでは、この専門性を保育相談支援にどのように生かしたらよいでしょうか。このことを考えるためには、子どもの発達援助のための環境構成という発想を、「保護者に対して何らかの配慮ある環境を構成すること」に拡大する必要があります。

　本書の第1章で、保育相談支援のかたちとして、子どもを中心としたものと、保護者を中心としたものとを大まかに分類しました[*2]。それらは、援助を始める際の入り口であり、核となるのはその奥にある「子どもと保護者の関係性」への援助（親子の関係性援助型支援）です。それゆえ、保護者への配慮ある環境の構成は、保護者と子どもの関係性がより良いものとなるようなねらいが大切であると言えるでしょう。

　ここで難しいのは、「関係性」というところです[4]。関係性というのは、たんに保護者と子どもの関係とも違います。たとえば、戸籍に親子であることが示されていれば、それは親子関係がある、と言えるわけですが、関係性となると、どんな親子関係なのか、その質を問うていることになるのです。

　その質の向上をどう援助するかということは、結局それをどう保育者が感じ取り、読み取るか、という部分がなければ始まりません。それがあって初めて、支援のねらいが定まるのです。次節では、環境構成の事例と合わせて、保育相談支援とのつながりを検討していきましょう。

> *2
> p.19の図1－2を参照のこと。

② 子どもを中心とした保育相談支援と環境構成

1. 子ども中心／発達援助型の支援と環境構成

　子どもの発達の状況や個性によって、毎日どのようなプログラムを提供するかは、保育者の腕の見せ所です[*3]。そうしたなか、表現活動は子どものさまざまな発達のニーズに応えるための重要なプログラムの一つでしょう。

> *3
> とくに障がいのある子どもの保護者支援については、第10章で詳しく紹介しています。

第4章　保育の環境構成を生かした支援

　一つの作品をじっくりつくり上げる集中力が欠けていたり、衝動のコントロールが苦手なために、小さい折り紙などの制作などで、いつも先走ったことをしでかし、作品が台無しになってしまう子どもを見かけることがあります。うまくできないことに、自身ががっかりしてしまい、途中で捨ててしまったり、周りの子どもにちょっかいを出してトラブルになることも多くあります。その子なりに、自分を楽しく表現できるものが見つかるように、どうやって援助したらよいか、悩ましいところです。

　子ども自身も、失敗を繰り返すと同様な体験を予期することがパターン化されてしまって、最初から集中して取り組めなくなる悪循環が起こります。楽しい制作過程や、仕上がったときの充実感を想像することができなければ、制作に取り組むモチベーションが下がっても無理はありません。

　このようなタイプの子どもの援助から、保育相談支援につながる一つの事例をみていきましょう。

> **事例1** ●Kくんのお花（5歳児クラス、12月）
>
> 　この日は、地域の「花育」*4プログラムを取り入れ、フラワーアレンジメントを体験しました。花育活動は、食育などに続いて、小学校や幼稚園、保育所などで徐々に普及している教育活動の一つです。子どもの発達段階に合わせて楽しく制作ができるように配慮された材料が用意され、さらに見本の提示があることで、すべての子どもたちがきれいな仕上がりを体験できていました。
> 　このプログラムが終わったときに、M先生は、Kくんの様子にはっとしました。いつもは落ち着きがなくて、普段の保育では、はさみなど安心して一人でもたせることはできないと思われていました。しかし彼は、慎重に花の丈をそろえながら、そして花びらが落ちないように、そっとはさみを入れていたのです。見本をよく見て、生けてもいました。出来映えにとても満足しているようで、見ているこちらもうれしくなります。Kくんはその後、「お母さんに見せる」と言って作品を大事そうに抱えていました。

＊4　花育
花や緑に親しみ・育てる機会を通して、子どもたちにやさしさや美しさを感じる気持ちを育む活動のこと。農林水産省では、2007（平成19）年に「花育活動推進方策」と「花育活動全国事例集」を策定しています。

●子どもの発達のニーズに適合するプログラムの提供

　花育そのものの教育のねらいはともかく、発達援助の観点からこのプログラムが興味深いと考えられる点は、みんなが同じように仕上がることに達成感があり、子どもたちがことのほか満足できていることです。

　もちろん、たくさん自由に使える素材があって、創造的にそれぞれが表現す

る体験を積むことが、いわゆるアートプログラムの第一の意義でしょう。しかし、それとは別に、ある程度やり方に沿っていくことで、初めてでも不安なく成功できる体験をすることで、興味を広げていくことに価値を置くプログラムもある、ということです。もちろんゴールは同じでも、そこに至るプロセスは、その子どもの力量や個性に応じて、自由度のある許容的な環境をつくっておくことが重要です。

　全体の行動をいちいち止めて、先生の話を聞かせることだけを優先してしまうと、残念ながらすべての子どものモチベーションが下がってしまうので注意が必要です。みんなが自由で生き生きしつつ、それでいて統一感のある遊びを構成していくにはどうしたらよいかを工夫することが、この花育プログラムを通して保育者が考える環境構成の課題だと言えるでしょう。

●作品の展示スペースの工夫から親子の会話を豊かにする

　その後M先生は、各自の作品を着替えの棚の上に展示しました（写真）。このクラスでは、着替えの棚の上を、子どもたちの制作活動の展示スペースとして活用しています。これは、①着替えを持ち帰る保護者たちのいつもの動線を邪魔しないで、②保護者と子どもが自然と楽しい体験を話題にできる環境構成として優れた例です。自分の作品は手にとって持ち帰ってよいので、子どもの説明にも熱が入ります。

着替えの棚が日々の展示スペースに

　こうして親子の会話の弾む関係をつくり出せたところで、保育者にも子どもの育ちについて、保護者に大切なことを伝えたり、子ども理解を深めてもらうチャンスが開けてきます。

　クラスの子どもたちすべてに提供されたプログラムでも、一人一人の子どもの体験としてその意味を振り返り、保護者に伝えることによって、その体験は子どもの発達にとって、より一層価値が深まります。

2.子ども中心／心理援助型の支援と環境構成

先の事例1と同じような表現活動のプログラムでも、子どもが自らの心の内を表現するきっかけとなる環境として機能する場合があります。次に紹介する事例はそのようなケースです。

> **事例2** ●Jちゃんのお面（4歳児クラス、2月）
>
> 　節分の豆まきをめぐる工作のプログラムは、毎年おなじみのものです。このクラスでは、鬼のお面をつくることになっていました。お面の形はある程度決まっていますが、自由に色画用紙を選んで、顔や角をつくり、目や毛糸の髪を角の周りにくっつけます。おもしろいお面がクラスの生活空間を飾っていきました。
>
> 　このクラスでは、部屋を横断するように高いところにワイヤーが張ってあり、天井から作品がつるせるようにしてあります。クラス内で活動をするときにも、飾ってある作品は邪魔になりません。それでいて外から部屋に入ってきたり、食事をしながら上を見上げたとき、楽しい作品が心を和ませてくれるのです。子どもたちの目線や動線を考慮した空間（環境）をつくり出すのに成功していました。
>
> 　そういうわけで、クラスは楽しい豆まきが盛り上がりそうな雰囲気に満ちていました。そんななかで、一つのお面が目を引きます。というのも、鬼の二つの目玉が額の右側に寄せてくっついており、まるでカレイかヒラメのようなのです。さらにその二つの目の上に短冊みたいな色紙が斜めに貼りつけてありました。保育者が作者のJちゃんに聞いてみると、「前髪をたらして、目が見えないようにしたんだよ」と言いました。
>
> 　Jちゃんは、お母さんの妊娠がわかってから、ずいぶんと自分の行動を制限されたり、叱られることが多くありました。このところ、大人の目を気にして、もじもじしたり、指をくわえる姿などが見られており、保育者も気になっていたところでした。
>
> 　鬼の目ににらまれるのは、想像の世界でも勘弁してほしい、そんなふうにJちゃんが思ったのではないかと、保育者は受け止めました。普段からコミュニケーションのとれる保護者だったことも幸いして、お面をめぐって、下のきょうだいができるJちゃんと保護者の新しい関係づくりについて話し合うきっかけとなっていきました。

先ほどの花育のように、こちらもある程度扱いやすい素材とできあがりの見本が用意された工作のプログラムでしたが、そこに何を読み取るかに違いが出てきました。鬼のお面の目玉が隠れることに子どもがこだわったところに、ある種のSOSを読み取ったことによって、その子どもの心の内側に寄り添うことができ、親子関係に対する予防的な援助ができたと言えます。
　子どもが今、生きている文脈を無視して、いつでも万能に同じ効力をもつ環境というものは、存在しません。ここまでに挙げた表現に関する二つのプログラムにしても、子ども側のニーズによって、プログラムの体験の意味は多彩なものとなるのです。
　この事例のクラスでは、普段から先生が表現活動を大切にしており、作成過程と展示の工夫から、子どもが気持ちを表現しやすい環境が整えられていたことも、欠かせないポイントだと思います。想像力や気持ちの表現が豊かなクラスは、保育者の環境構成の力によるところが大きいものです。

③ 保護者を中心とした保育相談支援と環境構成

1. 保護者中心／生活援助型の支援と環境構成

　続いて、保護者と直接コミュニケーションをとるところから始める、保育相談支援に生かす環境づくりについて、事例をみていきましょう。

事例3 ●Gちゃんとテーブルクロス（3歳児クラス、5月）

　H園の3歳児クラスには、子どもの養育力を向上させる支援の必要な保護者がいました。子ども（Gちゃん）の栄養状況、衛生面でのお世話もままならない状況のため、家庭支援センターとも連携して、継続的に支援を行っていました。
　この園では、毎日の生活を大切に過ごすことをキーワードに、丁寧な保育を心がけていました。そして、保護者に年に最低一回は保育参加をしてもらう環境をつくっており、日常の保育について理解してもらう機会としていました。
　Gちゃんのお母さんの保育参加の日がやってきました。五月晴れのさわやかな天気となったので、テラスにテーブルを運んで、ランチを楽しむことにしました。保育者のちょっとした配慮で、テーブルにクロスをかけて、みんなで食卓を囲む雰囲気づくりをさりげなくしました。

> Gちゃんは、お母さんと一緒に手をしっかりと洗い、うれしそうに席につきました。そして、「わー、パーティみたいだね。Gは、こういうところで、お食事したかったんだよ」と言いました。みんなも、「パーティ」「おめでとう」などと言いながら、会話が弾みます。Gちゃんのお母さんも気持ちが穏やかになったのか、Gちゃんに語りかけます。
> 「テーブルクロスをかけると、ご飯がおいしそうに見えるね。うちでもやってみようかな」
> また、おかわりをしているGちゃんに驚いて「うちでは、野菜を残してばかりだったけど、こうやってグラタンにしたら食べるんですね」など新しい発見が多々あった様子でした。
> お昼寝の前に、保育者が絵本の読み聞かせを一つしました。パジャマ姿のGちゃんを抱っこして、お母さんも一緒に楽しんでいました。どの子どもも目を輝かせています。保育者の子どもたちを魅了する読み聞かせの技術に感心しきりでした。

● 子どもとのかかわりに新たな発見をもたらすきっかけづくり

一日の保育参加によって家庭の様子がすぐに変わるわけではないのかもしれませんが、保護者が自分で気がつく、というところは大きな意味があると思います。保育者自身が直接手本を示すよりも、ずっと受け入れやすいものになりますし、親子の関係性援助としても効果的です。保育の場に、保護者が接点をもてる環境をどのようにつくっていくか。一つのクラスだけでなく、園全体で積極的に工夫していくと、園と家庭とで相乗的に子どもを育てる環境の質を高めることが可能になります。

2. 保護者中心／心理援助型の支援と環境構成

第9章で詳しく述べられているように、どんなものであれ、保護者の苦情や訴えには、まず真摯に耳を傾け、応えていこうとする姿勢が大切です。しかし、本人が何かつらい事情を抱えていたり、不安やストレスの強い状態にあり、それを保育者に強い要求や攻撃を向けるかたちで発信される場合には、さまざまな困難が伴います。何とかケアしてあげたい、と思いながらも、何度も同じことが繰り返されると、次第に消耗感が強くなり、気持ちを込めて対応していく

ことがつらくなることもあるでしょう。

　実際に、その園にとってたった一つの対応困難なケースから、保育者がバーンアウト[*5]することも決して少なくありません[5)]。このようなとき、普段からの職員のチームワークが大きな力を発揮します。

> **事例4** ●1歳児クラスの保護者（9月）
>
> 　ことの発端は、子どもに昼寝をさせないでほしい、という保護者の強い要求でした。昼寝をすると、夜なかなか眠ってくれないので困るということでした。できるだけ短くしますとは答えたものの、全く昼寝をさせないのは困難です。
> 　そのうち、昼寝をしていないかどうか、毎日昼休みに職場から電話をかけてきて、子どもの声を聞かせろと言ってきます。担任も毎回対応に困り、そのうち、保護者とやり取りすることが怖くなってしまいました。
> 　職員みんなで話し合い、保護者を全力で迎え入れる体勢をとることになりました。お迎えにきた保護者を「おかえりなさい」と、皆が笑顔で次々にあいさつをします。さざ波のように、優しく保護者にアプローチしながら、園全体が保護者の存在を承認して、受け入れていると感じてもらえる環境をつくり出すことに徹したのです。
> 　昼休みの電話は、園長が対応することにしました。やがて保護者は、「子どもが育ってきて言うことをきかなくなり困ってしまう。かんしゃくを起こされてしまうと、どうしてよいかわからなくて、自分が不安でパニックになってしまう」といったことを話すようになりました。
> 　自分の不安を園長に聞いてもらい、早く寝るためには朝早く起きるリズムをつくっていくことや、イヤイヤ期の対応について、経験豊富な園長から助言をもらううちに、だんだんとコミュニケーションがとれるようになっていきました。

●対応の困難な保護者に職員のチームワークで対応する
　一対一の保護者との関係に悩むことが続くと、保育者が安心して保育に取り組めなくなってしまいます。職員のチームワークを普段から大切に育て、助け合える人的な環境をつくることは、何より大切な援助資源となるでしょう。

●電話も保護者を支える相談の重要なツール
　電話も相談活動の一つのツールとして大切です。保護者の都合で、子どもを毎日安定して登園させることができない家庭もあります。ただし、その際、相談時間の枠をある程度つくることは重要です。朝夕の人の出入りが多いときなどに、電話対応に職員がかかりきりでは、保育に支障が出てしまいます。また、

[*5] バーンアウト
燃え尽き症候群ともいいます。それまで一つの物事に没頭していた人が、心身の極度の疲労により燃え尽きたように意欲を失い、社会に適応できなくなることを意味します。p.56のコラムも参照。

とりとめもなく長い時間電話で相談を受けると、さまざまな大切な連絡が滞ってしまうなどのリスクがあるので留意しましょう。このほか、連絡帳や電子メールなども考えられるでしょう。さらに、保育カウンセラーなどの定期的な相談受付を行う園もあります。

相談環境という点で、保護者と直接やり取りできる複数の援助ツールを確保することで、保護者のニーズに応える幅がぐんと広がります。

④ 保育相談支援における保育の環境構成の意義と課題

1. さりげないお手本の強み

本章では比較的、保育者個人の工夫で行える環境構成を主とした事例を紹介してきました。ことさら保護者との相談という構えがなくても、保護者が自然と気づきを得る仕掛けをつくることができるのは、環境構成のもつ強みだと言えます。

保育者が、保護者より上手に子どもとかかわってしまうと、保護者は自分を恥じ、複雑な気持ちに陥りやすくなります。むしろ「自分で気がついたことを保育者と共有してもらう」という文脈のなかでさりげなく支援を進めたほうが、自己肯定感とともに、安心して子どものために新しいチャレンジができるようになっていくものです。

このような援助の仕方は、基本的にストレングスモデルに重きを置いたものだと言えます。すなわち、人の抱える問題というのは、人と環境との相互作用の結果として生じていると考え、そのかかわり合いのなかにあるプラスの側面（その人が本来がもっている「強み」）に着目して援助していこうとするあり方です。

2. 環境構成力を磨く

環境構成において、園舎の構造や園庭等、いわゆるハード面を保育者の一存で変えることは難しいのが実情です。だからといって、その場しのぎのやり方で環境構成をすませてしまうと、しだいに保育者の創造的な活動が乏しくなってしまいます。このように、環境構成力は、保育者のキャリア発達上、常に学

び続ける必要のある技術分野ですが、実践をしながらいろいろな理論を体系的に学べというのも、厳しい課題となってしまうかもしれません。

　環境構成力を磨く第一の機会は、できる限り多くの現場を見て、触れることだと思います。あるいは、さまざまな児童関連施設のホームページなどをこまめに見ておくのも良いでしょう。効率良く、自分のアイディアを広げるきっかけを増やしていくことができるでしょう。あるいは、自分の関心のあるところから、広げてみるのも良いと思います。個人的に大切にしている趣味があれば、それも強みになるでしょう。保育者として、公私ともに生活を楽しみ、興味の幅を広げることが、子どもと保護者に役立つ支援のアイディアの引き出しを豊かにしてくれるはずです。

演習課題　―やってみよう―

・保育相談支援に役立つ環境構成を考えてみよう

①実習先の施設や子どもに関連するさまざまな関連施設のホームページを検索して、保護者との関係づくりに役立つ、保育室の環境づくりとして、取り入れられそうなものを調べてみましょう。保育所、幼稚園、玩具、園庭、本、アートなど、キーワードを組み合わせていろいろと調べてみるとおもしろいでしょう。

....
....
....

②調べたものをグループで共有して、気がついたことを話し合いましょう。

....
....
....

③どんな工夫がありましたか？　グループで良いと思ったアイディアを発表してください。

....
....
....

第4章　保育の環境構成を生かした支援

【引用文献】
1）厚生労働省『保育所保育指針』フレーベル館　2008年　p.5
　　「第1章　総則」
2）同上書　p.6　「第1章　総則」
3）同上
4）増沢高・青木紀久代編『社会的養護における生活臨床と心理臨床』福村出版　2012年
5）青木紀久代監修・社会福祉法人東京都社会福祉協議会編『保育園における苦情対応－対応困難事例とワーク－』東京都社会福祉協議会　2012年

【参考文献】
・青木紀久代・矢野由佳子『実践・発達心理学ワークブック』みらい　2013年
・厚生労働省『保育所保育指針』フレーベル館　2008年
・厚生労働省『保育所保育指針解説書』フレーベル館　2008年
・子育て支援合同委員会監修・「こころを育みこころをつなぐ絵本101選」編集委員会編『こころを育みこころをつなぐ絵本101選（「子育て支援と心理臨床」増刊第1号）』福村出版　2012年
・社会福祉法人全国社会福祉協議会・全国保育協議会・全国保育士会「全国保育士会倫理綱領」2003年
　http：//www.z-hoikushikai.com/kouryou/kouryou.htm
・須永進編著『保育のための相談援助・支援』同文書院　2013年
・全国保育士会編『幼保連携型認定こども園教育・保育要領を読む』全国社会福祉協議会　2014年
・農林水産省「全国花育活動事例集」2007年
　http：//www.maff.go.jp/j/seisan/kaki/flower/f_hanaiku/zirei/

第5章 地域の資源の活用と関係諸機関との連携

●●● 本章のねらい

子どもと家庭への支援がより豊かに展開されるための、地域の資源や専門機関との連携を学びます。そして、子どもや家庭が主体となって必要な支援を選ぶうえでの保育者の役割について考えます。

① はじめに

*1 療育
療育とは、医療、福祉、心理などさまざまな観点から、障がいの内容や年齢に応じたプログラムを行い、本人がもっている力を十分発揮できるような支援を行うこと。市町村の療育機関や医療機関などで受けることができ、ソーシャルワーカーなど専門の担当者がさまざまな悩みや相談に応じています。また、18歳未満の場合は児童相談所で障がいの程度等の判定を受けると療育手帳が交付され、各種の援助措置を受けることができます。

保育における支援は、保育者と家庭との信頼関係に基づいて進められることが望ましいといえます。しかし、療育機関[*1]や児童相談所などの専門機関と連携をはかることによって、より良い支援が展開されることがあります。この章では、園内での支援をより発展的に展開するための、地域の資源や専門機関との連携について考えてみたいと思います。

保育者へ期待される役割が多様化しているなかで、すべてを保育者が担うのではなく、それぞれの専門性を生かした役割分担を考えることも、効果的な支援のための一つの視点といえます。保育者にとっても、他機関との連携を通して子どもの理解が深まったり、自分の保育観を振り返ったり、新たな発見につながることがあります。そして、保育所や認定こども園、幼稚園以外の専門機関を知ることや、保育者以外の専門家とつながることは、保育者の成長にも良い影響を及ぼします。

② 地域の資源・関係機関とは

核家族化が進んだ現代の子育てにおいて、「社会で子どもを育てる」という考えがさまざまなところで打ち出されています。そして、それを実現するための取り組みも始まっています。たとえば、2015（平成27）年度から実施される

第5章 地域の資源の活用と関係諸機関との連携

「子ども・子育て支援新制度」においても、「地域の様々な子育て支援の量の拡充や質の向上」が主な取り組みのなかに位置づけられています[1]。地域とつながるということは、これからの子育てを考えるうえでのキーワードといえるでしょう。

保育所や幼稚園がまさに地域の資源の一つであることはいうまでもありません。保育所保育指針（第6章）では、次のように位置づけられています[2]。

3　地域における子育て支援
(2)市町村の支援を得て、地域の関係機関、団体等との積極的な連携及び協力を図るとともに、子育て支援に関わる地域の人材の積極的な活用を図るよう努めること。
(3)地域の要保護児童への対応など、地域の子どもをめぐる諸課題に対し、要保護児童対策地域協議会など関係機関等と連携、協力して取り組むよう努めること。

幼稚園教育要領（第3章）でも次のように明記されています[3]。

第2　教育課程に係る教育時間の終了後等に行う教育活動などの留意事項
2　幼稚園の運営に当たっては、子育ての支援のために保護者や地域の人々に機能や施設を開放して、園内体制の整備や関係機関との連携及び協力に配慮しつつ、幼児期の教育に関する相談に応じたり、情報を提供したり、幼児と保護者との登園を受け入れたり、保護者同士の交流の機会を提供したりするなど、地域における幼児期の教育のセンターとしての役割を果たすよう努めること。

保育所や幼稚園は、地域における子育ての中核となる専門機関として位置づけられているのです。第1章（p.16）で述べられているように、幼保連携型認定こども園も同様です。そしてほかにも専門機関や子育てを支援する資源があり、これらが効果的に連携をはかることによって、地域の子どもや家庭がより支えられ、社会で子どもを育てることの実現につながっていくのです。

では、どのような専門機関や資源があるのかをみていきましょう（表5－1）。

表5-1　子育てに関する地域の主な専門機関と相談内容

専門機関	相談内容	主な専門家
医療機関	病気や症状に関すること（慢性疾患・アレルギーなど） 発達に関すること（乳幼児健診） 子育ての不安	医師・看護師・臨床心理士
保健センター	発達に関すること（乳幼児健診） 子育ての不安 親同士の交流の支援	保健師・看護師・栄養士・歯科医師・歯科衛生士
児童家庭支援センター	発達に関すること 子育ての不安 親同士の交流の支援 電話相談など	保健師・看護師・保育士・家庭児童相談員・児童福祉司・社会福祉士・臨床心理士など（自治体が認定した者）
教育センター	就学に関すること 学校での適応に関すること	臨床心理士・教職経験者
児童相談所	虐待に関すること 不登校や不適応について	社会福祉士・児童福祉司・臨床心理士
療育機関	発達に関すること（発達検査） 子どもの障がいや特性に応じた支援 グループ指導 就学に関すること	医師・看護師・理学療法士・作業療法士・言語聴覚士・指導員・保育士・臨床心理士
子育てひろば	発達に関すること 子育ての不安 親同士の交流の支援 運営スタッフとの交流・相談	保育士・幼稚園教諭・保健師・看護師・臨床心理士など（運営主体の特性による）

出典：筆者作成

1. 医療機関

　小児科をはじめとした医療機関は、主に身体症状に関する相談の窓口として、身近で利用しやすい専門機関といえます。乳幼児健康診断（乳幼児健診）[*2]も行っているので、発達の相談もできます。専門的な相談というと大学病院など大きな病院をイメージしやすいですが、かかりつけの病院を窓口として専門機関へつながるケースもあります。日常的に診察している医師の意見だと保護者も聞き入れやすく、また、急いで専門機関を受診したほうがよいのかという目安にもなるでしょう。

　保育者から医療機関の受診を勧める場合には、予防接種や風邪などで小児科を受診する際に相談を促すというのが、比較的提案しやすい方法かもしれません。また、園医や園の看護師を通して助言を行うケースもあります。

　医療機関のなかでも、臨床心理士などほかの専門家と連携して診察を行って

[*2] 乳幼児健康診断
母子保健法第12条・13条に基づき、乳幼児の健康の保持促進、疾病などの早期発見、保護者の育児支援を目的として、市町村が無料で実施しています。1歳までの乳児期に二回以上と、1歳6か月および3歳児の健診を実施することになっています。

第5章　地域の資源の活用と関係諸機関との連携

いるところもあります。小児科で臨床心理士が相談に応じているケースや、乳幼児健診のときに小児神経科などを紹介されて発達をより詳しくみてもらうケースもあります。また、数は少ないですが子ども向けの心療内科なども開設されています。母親の育児不安など、心理的な問題に対しては、精神科や心療内科などで精神科医や臨床心理士による専門性の高い支援を受けることができます。しかし料金が発生することや、相談に行きづらい場合もあるので、保健センターや子ども家庭支援センターで適切な医療機関を紹介してもらう方法もあります。園から保健センターなどに問い合わせて、どの機関が適しているのか助言をもらうことも有効です。

2. 保健センター

　保健センター*3では、母子健康手帳*4を発行する段階から母親とのかかわりが始まります。妊娠中の方を対象とした両親学級の開催や、出産後の乳幼児家庭全戸訪問事業（こんにちは赤ちゃん事業）*5による全家庭の訪問や集団による乳幼児健診など、定期的に地域の母子の状況を把握しています。乳幼児健診で再受診が必要になったケースの追跡や、心理相談が必要なケースの支援、子育てに関する講習会や親同士の交流会などさまざまな支援を行っています。地域に根ざした子育て支援機関の一つであり、園以外の支援の場として紹介する身近な専門機関といえるでしょう。

　保健センターで活動しているのは主に保健師や看護師で、そのほか歯科衛生士、栄養士や臨床心理士など、子どもの保健に関する専門家が携わっています。

　医療機関や療育機関を勧めてよいのかわからない、保護者の不安が強くて園の外にも支える場所を求めている、専門機関を紹介したいがどこを紹介したらよいのかわからないといった場合に、保健センターを通して、各専門機関とのネットワークにつながることが期待できます。地域の保健センターでどのような取り組みが行われているのか情報を収集しておくとよいでしょう。

3. 児童家庭支援センター

　0歳から18歳未満までの子どもや家庭を支援する機関で、各自治体が運営しています。そのため、自治体によって「子ども家庭支援センター」など名称が異なることがあり、内容もさまざまです。子育て支援に力を入れているところや、発達相談などの窓口として機能しているところ、乳児院などの児童福祉施

---

*3
正式には「市町村保健センター」といいます。「保健所」が都道府県や政令指定都市など法的に決められた場所のみに設置される地域保健の広域的な拠点であるのに対し、「市町村保健センター」は各市区町村に設置され、地域の住民に対してより身近な保健サービスを行っています。

*4　母子健康手帳
母子保健法第15条では、妊娠した者は速やかに市町村長に妊娠の届出をするようしなければならないとされており、同法第16条では、市町村は、妊娠の届出をした者に対して、母子健康手帳を交付しなければならないとされています。母子健康手帳は、妊娠中や出産の経過だけではなく、生まれた後の定期健診や予防接種なども記入していくため、子どもの大切な成長記録となります。

*5　乳幼児家庭全戸訪問事業
生後4か月までの乳児のいるすべての家庭を保健師や助産師などが訪問し、保護者のさまざま不安や悩みを聞き、子育て支援に関する情報提供などを行います。

設と連携して運営しているところなどがあります。

　児童家庭支援センターで活動する専門家は、自治体が支援員として認定した者で、保健師や保育士、社会福祉士、臨床心理士など多岐にわたります。電話やインターネットによる相談に応じている場合もあり、それぞれの特色に応じた利用方法を工夫することで、支援の幅が広がることが期待できます。

　たとえば、電話相談に応じている場合には、園以外の相談先の一つとして、クラス全体に知らせておくことも有効でしょう。園が利用方法を発信することで、各家庭が相談場所や支援の場所を探す手間を簡潔にし、必要な情報にたどり着くことができます。なかには、こうした間接的な支援を必要としている家庭もあるのです。支援を必要としていることが明らかな人に情報を提供するだけでなく、これから支援が必要になるかもしれない人に伝えることも意識してみると、支援の可能性はますます広がります。

4. 教育センター

　教育センターは、各自治体の教育委員会のなかに設置されており、就学に関する相談や、入学後の適応に関する相談に応じています。教育センターで活動しているのは臨床心理士や教職経験者が多く、地域によっては小中学校のスクールカウンセラーと兼任して連携をはかりやすくしているところもあります。また、不登校の児童・生徒向けの適応指導教室を併設しているところもあります。

　園との接点としては、「就学時健康診断」[*6]で入学後に支援が必要と考えられる場合や、保護者から相談があった場合に、教育センターを紹介されることが多いでしょう。就学相談では知能検査を行ったり、子どもの行動観察や保護者との面談を通して、小学校で安心して過ごせるための支援を行います。さまざまな個性をもった子どもたちを、園では受け入れていても、同じ環境が小学校へ行っても続くわけではありません。できるだけ子どもや保護者が安心して学校へ通えるための準備として、教育センターが力になってくれることを知っておくとよいでしょう。

　また、学区が離れた小学校へ入学するので友だちができるか心配だ、といった入学してから起こるかもしれない不安を保護者が抱えている場合も、教育センターを利用できることを伝えておくとよいと思います。教育センターでは子どもと保護者と別々に相談できる環境を設定していることが多く、子どもはプレイルームで自由に遊びながら自分の思いを相談員に伝えたり表現し、保護者

[*6] 就学時健康診断
　学校保健安全法の第11条において、市町村の教育委員会に実施が義務づけられています。健康診断の項目には、栄養状態や疾病、アレルギー、身体障害の有無をはじめ精神疾患の診断が含まれます。また、適切な検査によって知的障害の発見につとめることとされています。

は別の相談員と個別で面談することが多いので、親子双方が支えられる場所として機能することが期待できます。

　園から小学校への移行は、どの子どもや家庭にとっても大きな環境の変化なので、できるだけスムーズに移行できる環境を整えたいものです。園で過ごしたあとの子どもや家庭の状況も念頭に置いて、卒園までの支援を工夫してほしいと思います。

5. 児童相談所

　児童相談所というと、虐待の対応にあたっているイメージが強いかもしれませんが、さまざまな子育ての相談に応じています。保護者の病気などにより家庭での子育てが難しくなった場合や、発達や障がいに関すること、不登校などの相談にも応じています。

　また、家庭で生活できない子どもを親代わりとなって育てる里親の紹介や支援も行っています。対応にあたっているのは、社会福祉士や児童福祉司など福祉の専門家が中心で、地域の児童・家庭がより良い環境で過ごせるための支援を行っています。地域の保健センターなどとも連携をはかりながら、状況に応じて一時保護、里親への委託、児童養護施設への入所といった措置をとります。

　園の子どもに虐待の可能性が考えられる場合や、家庭での養育が困難なケースが生じた場合などに児童相談所との連携が必要となるでしょう。家庭が自ら児童相談所を利用するケースは少ないかもしれません。児童相談所の利用が必要な家庭ほど、つながるのが難しいこともあります[4]。福祉的な観点から児童相談所の支援が必要と考えられるケースでは、担任の判断だけでなく、主任や園長などと一緒によく話し合って、支援の準備を整えることが必要です。

6. 療育機関

　発達などに遅れや障がいをもつ子どもが園にいる場合、園でできるだけの支援を工夫することは大切ですが、療育機関の力を借りることで、その子の成長がより豊かになることが期待できます。療育機関といっても種類はさまざまで、医療機関に併設されているところや、民間で運営されているところもあります。

　療育機関で支援している内容もさまざまで、重度の障がいの子どもの支援を行っているところや自閉症スペクトラム障害の子ども向けのプログラムを行っているところ、社会性の育ちを支援するプログラムを行っているところ、これ

らを総合的に行っている大規模な療育機関もあります。

保育所や認定こども園、幼稚園に通園しながら療育機関に通うケースを想定してみましょう。週に1回などの頻度で、小グループで「あいさつをする」「人の話を聞く」「ルールを守る」といった社会性の育ちを支援するプログラムに参加するケース、理学療法士や作業療法士による機能訓練（着替えなどの日常生活動作、手先を使った作業など）を受けるケース、言語聴覚士による言語指導を受けるケース、臨床心理士などによる心理療法（遊びを通した自己表現など）を受けるケースなどが想定されます。いずれもその子にとって必要な分野に特化した支援を受けることができます。

療育機関を利用するためには、最初に医師の診察を受けることが必要な場合が多く、その際に発達検査なども行います。こうした最初の手続き（アセスメント）を通して、一人一人に合わせたプログラムを作成します。ただし、それが決定するまでに時間を要することもあります。たとえば、就学に向けた準備のために年長組になってから通い始めても、実際にプログラムがスタートするのは夏を過ぎてから、という場合もあります。療育機関によって支援している内容も異なるので、地域の療育機関について日頃から情報を収集しておくことが、スムーズな連携のために必要といえます。

また、担任している子どもが通う場合には、家庭から療育の内容や感想を聞いたり、可能であれば見学の機会をもつと、保育のなかで実践できることがみつかるかもしれません。療育機関と園と家庭でかかわりに一貫性があると、子どもも安心するので、意識的に情報を共有することが大切です。

ときとして、保護者が療育機関に疑問を抱く場合もあります。プログラムの課題が優しすぎるのではないか（または難しいのではないか）、子どもが通うのを嫌がっている、などです。担任や園が療育機関と家庭との調整役として機能することも必要といえるでしょう。

7. 子育てひろば

子育てひろばは、地域に根ざした子育て支援の場、親子の居場所として活動が展開されています[*7]。運営の主体はさまざまで、保育所や認定こども園、幼稚園で運営しているところも多くあります。また、個人で運営していたり、NPO法人、保育系の大学なども運営しています。いずれも地域のニーズに合わせた内容を考え、運営主体の特色を生かした活動を工夫しています。

たとえば、園が運営する子育てひろばは、保育士や幼稚園教諭など保育の専

---

*7 子育てひろば
ここでいう「子育てひろば」とは、国の公的な事業（地域子育て支援拠点事業）から、私的な独自の取り組みまで含めた総称とします。地域子育て支援拠点事業については第6章（p.86）で詳しく説明します。子育てひろばは、具体的には次のような場を提供することを目的とした活動をさします。
- 乳幼児期の子どもたちが安心して、のびのびと遊べる場
- 子育ての情報を得たり、交換できる場
- 親同士が学び合える場
- 子育ての悩みに寄り添って聞いてくれるスタッフがいる場
- 地域のボランティアをはじめ、様々な人が子育てに関わり、社会全体で子育てを応援する場

（NPO法人子育てひろば全国連絡協議会ホームページより http://kosodatehiroba.com/）

門家をスタッフとして、製作や音楽遊びなどのプログラムを実施したり、園庭などの施設を開放していることが多いようです。個人で運営している子育てひろばでは、趣味の活動（手芸や料理、音楽、スポーツなど）を通して同じ趣味をもつ親子が集まるきっかけとなっています。それぞれの得意分野を生かして自由に活動が展開できる点も、子育てひろばの良いところといえます。そして、臨床心理士などの専門家が携わっているところもありますし、保育士や栄養士、歯科衛生士などの資格をもつ保護者が参加者から支援者となって活動に参加する場合もあります。

　子育てひろばを通して、参加した親子同士での交流が生まれ、運営スタッフとの交流が生まれます。子育てひろばに参加して、日頃感じていることや悩んでいることを聞いてもらって安心する保護者も少なくありません。

　子ども・子育て支援新制度のなかで「地域の様々な子育て支援の量の拡充や質の向上」が重視されているように、地域に根ざした子育て支援の活動は今後さらに豊かになっていくことでしょう。保育所や認定こども園、幼稚園は子育ての専門機関として地域に開かれた場所であり、保育士や幼稚園教諭も地域に開かれた専門家として位置づけられます。保育者に求められる役割はますます増えますが、各家庭に必要な専門家とつながるためのコーディネーターとしての働きが今後期待されるのではないでしょうか。

表5-2　ある子育て支援プログラムの年間スケジュール

日程	テーマと内容	時間
5／10（土）	「こんにちは」	9時30分〜12時
6／14（土）	みんなで散歩	
7／12（土）	水あそび	
9／20（土）	おもちゃづくり	
10／18（土）	運動あそび	
11／8（土）	秋を楽しむ〜お芋ほり	
12／6（土）	クリスマスコンサート	
1／10（土）	正月あそび	
2／14（土）	造形あそび	
3／7（土）	「おおきくなったね」＆親子で楽しむ音楽会	

図5-1　ある子育て支援プログラムの1日の予定

9：30〜　受付
　いつものようにお部屋のなかでも、お外でもたくさん遊んでお過ごしください（その回のプログラムに沿って活動）。
↓
11：10　いっしょにかたづけ
　親子で一緒に片づけましょう。お子さんに「これ、どこにしまおうか？」などと話しながら、ゆっくりした気持ちで取り組みましょう。片づけ終わったら、しっかりと手を洗い、席に着きましょう。
↓
11：20　いっしょにおやつ
　みんなで「いただきます」をします。おやつは保護者の方と半分にしたり、分け合って食べましょう。待つことも分け合うことも大切な経験です。
↓
11：40　いっしょに楽しく
　なにが始まるかな？（手遊び・絵本の読み聞かせなど）。
↓
12：00（終了次第）
　さようなら、また今度。

③ 子育てを支援するその他の資源

これまで紹介した専門機関のほかにも地域の資源はたくさんあります。たとえば、ファミリー・サポート・センター*8、病児保育*9、放課後児童クラブ*10などです。

ファミリー・サポート・センターや病児保育は、園へのお迎えが遅くなる場合や子どもが病気になった場合に利用したいという家庭には心強いサポート源です。保護者がこうした資源の情報を把握していれば、積極的に利用すると思いますが、情報を知らずに大変さを抱えている場合もあるので、折に触れて情報を発信することも大切です。

放課後児童クラブは、小学校へ入学してから利用する家庭が多いと思いますが、障がいをもっている場合や、引っ越しなどで地域が変わる場合には、早めに準備を始めたほうが安心です。

これら以外にも、地域に根ざしたさまざまな資源があります。子育て支援の制度はこれからますます充実することが期待されるので、新たな資源も誕生することでしょう。これらの情報を園全体で収集し、家庭に発信していくことが、すべての家庭の支援につながるといえます。

④ 専門機関とつながるために

子どもや家庭を支援する場が増えるのは素晴らしいことですが、どこを利用したらよいのかわからない、いろいろ見たけれど自分たちにどこが適しているのかわからない、という家庭もあるかもしれません。また、保育者が支援の必要性を強く感じていても、家庭では必要ないと考える場合もあります。専門機関について家庭にどう切り出したらよいのか迷う保育者も少なくありません。専門機関へつながるまでに数年かかるケースもあります。ここで注意したいのは、最終的に決めるのは家庭だということです。専門機関とつながらなくても焦らずに、今の保育でできることを工夫するのもとても大切なことです。

とくに障がいの可能性がある場合など、早くから専門機関へ通えば子どもの発達にも良い影響があるかもしれません。しかし、通わなかったから悪くなる、

---

*8 ファミリー・サポート・センター
子どもを一時的に預かることができる家庭と、利用を希望する家庭が契約を結び、保育所の送迎や放課後の受け入れ、病気のときの一時預かりなどを協力し合うサポートの仕組みです。出産後に家族の手伝いを頼めない場合に利用したり、母親の外出などリフレッシュのために利用する例もあります。主に自治体で運営されており、利用するには事前に登録を行います。

*9 病児保育
子どもが病気で保育所や小学校へ通えない場合に受け入れます。かかりつけ医の連絡票（診断書）を必要とする場合が多く、施設によっては発熱中でも受け入れてくれるところや、熱が下がった病後児を受け入れているところがあります。保育所や医療機関に併設されている場合もあります。

第5章 地域の資源の活用と関係諸機関との連携

とも一概にはいえないのです。保護者が納得しないまま専門機関へ通ってもあまり変化がなく、保護者の気持ちの変化と連動するように子どもの変化がみられるというケースもあります。どれが最善の支援なのかはケースによって異なります。また、結果がすぐわかるものでもありません。各家庭の思いを尊重した支援を心がけてほしいと思います。そして、保育者一人で何とかしようとがんばりすぎず、保育者もいろいろな人を頼って支えてもらってほしいと思います。

連携の大切さはいうまでもありませんが、実際に効果的な連携をはかるのが難しいこともあります。それぞれが良い働きをしているのにうまく情報が共有されないがために、家庭に還元されないのは非常に残念なことです。そこで、利用する子どもや家庭へのよりきめ細やかな情報提供等の支援も必要とされています。これは「利用者支援事業」[*11]と呼ばれ、たとえば横浜市の「保育コンシェルジュ」[*12]は保育サービスに関する専門相談員として、保育所などの保育サービスを利用したい人に情報提供を行っています。こうした新たな取り組みが展開されていくなかで、保育者もこの利用者支援を行う立場になるかもしれません。とはいえ、保育者が一人ですべての情報を網羅して整理するのは大変です。いろいろな人と協力し合って独自の支援マップを作成できるとよいのではないでしょうか。

保育者は家庭にとって一番身近な専門家といえます。また、保育者は子どもを診断したり保護者を指導したりせずに、中立的な立場で接することができる存在です。日頃から地域の情報を収集してさまざまな支援の形をシミュレーションし、子どもが中心となる支援を工夫してほしいと思います。

一方で、家庭が主体となって必要な支援を選べるように配慮しておくことも大切です。情報の収集方法はインターネットなど多様化していますが、園の掲示や配付物、さりげなく置いてあるパンフレットが実は確実に広く届く方法かもしれません。地域に開かれた専門機関の情報は、家庭にも開かれたものであってほしいと思います。そして、家庭が地域や社会とつながるためには、まず保育者が地域や社会とつながることが大切なのです。

子どもたちがより楽しく、生き生きと毎日を過ごせるために専門家や地域と協力し合ってできることを一生懸命考え、取り組んでみたときに、あなた自身も保育者として大きく成長していることでしょう。

[*10] **放課後児童クラブ**
一般には学童保育と呼ばれています。共働きなどで放課後も家庭が留守の場合に利用することができ、児童クラブで自由に遊んだり製作などをして過ごします。市町村で設置されている放課後児童クラブのほかに、民間で運営されているものもあります。
詳しくはp.114のコラムを参照のこと。

[*11] **利用者支援事業**
子ども・子育て支援法第59条第1号に基づき、子どもまたはその保護者の身近な場所で、教育・保育施設や地域の子育て支援事業等の情報提供および必要に応じ相談・助言等を行うとともに、関係機関との連絡調整等を実施する事業をさします。

[*12] **保育コンシェルジュ**
横浜市が独自に行っている利用者支援事業で、就学前の子どもの預け先に関する相談、情報提供等を行っています。具体的には、一時預かりなど個別のニーズに合った保育サービスの情報提供、保育所へ入所できなかった方へのアフターフォローとして代替保育施設の情報案内などを行います。
（横浜市こども青年局ホームページより
http://www.city.yokohama.lg.jp/kodomo/）

図5-2　これから予想される連携のかたち

①子育てで困っていることや要望を相談する（利用者）

> 例）
> - 週2日働きたいが、保育園に入れるのだろうか
> - 保育園のお迎えを頼める人を探している
> - 子どもの発達について相談したい
> - 子育てのことを話せる友だちがほしい

↓

②個別のニーズに合わせた専門機関の案内を行う（利用者支援）

> - 保育のことなら…
>   幼稚園　保育所　認定こども園
>   小規模保育　保育ママ　一時預かり　病児保育などの保育サービス
>
> - 発達のことなら…
>   保健センター　医療機関　療育機関など
>
> - 就学後のことなら…
>   教育センター　放課後児童クラブなど
>
> - 子育て全体のサポートなら…
>   児童家庭支援センター　児童相談所
>   子育てひろば　ファミリー・サポート・センターなど

出典：内閣府資料を基に筆者作成

演習課題　―やってみよう―

・子育てひろばでの相談のロールプレイをやってみよう

①あなたは幼稚園で行っている子育てひろばの担当をしています。子育てひろばには、未就園児と保護者が月に1回集まっています。そこで2歳の男の子の母親から次のような相談を受けました。

> 「ここに来ているほかの子と比べて、うちの子はあまり話さないし、言葉の発達が遅いような気がしています。幼稚園に通う前に、どこか専門の病院などで相談したほうがよいのか迷っています。どう思われますか？」

第5章 地域の資源の活用と関係諸機関との連携

　あなたなら、どのように相談に応じたいと思いますか。また、相談に応じるときにどのような情報があるとよいと思いますか。考えたことを書いてまとめましょう。

....
....
....

②先の①で考えたことを基に、グループで保護者役と子育てひろばの担当者役に分かれて、ロールプレイを行ってみましょう。

....
....
....

③ロールプレイを行って感じたことをグループで話し合い、意見を共有しましょう。そして、保護者が安心できる相談の応じ方について考えてみましょう。

....
....
....

【引用文献】
1）内閣府『子ども・子育て支援新制度　なるほどブック』2014年
2）厚生労働省『保育所保育指針』フレーベル館　2008年　pp.32-33
　　「第6章　保護者に対する支援」
3）文部科学省『幼稚園教育要領』フレーベル館　2008年　p.16
　　「第3章　指導計画及び教育課程に係る教育時間の終了後等に行う教育活動などの留意事項」
4）青木紀久代編『いっしょに考える家族支援』明石書房　2010年

第2部　実践編

支援の実際に学ぶ

第 **6** 章

地域子育て支援における保育相談支援の実際

●●● 本章のねらい

日本において、保育所などに通園せず、家庭でのみ育てられる3歳未満児は実に全体の約8割に上ります。このため、家庭で育つ子どもとその保護者の姿を把握し、支援することは大変重要になっています。本章ではこれらの親子への地域での支援について学びます。

① 地域の子育て支援とは

1. 保育所、認定こども園、幼稚園における子育て支援

地域社会が希薄になるなかで、孤独な子育てをする家庭が増えています。少子化により子どもが減り、近所で子どもが自然発生的に集まることが難しい状況も子育てを難しくしています。家庭で子どもを育てる専業主婦の子育て不安が高いことも指摘されてきました（こども未来財団, 2001）[1]。さらには、親準備性[*1]を十分に育てられぬまま親となり（岡本・古賀, 2004）[2]、子どもとどのようにかかわればよいのかわからない保護者も増加しています。このような社会状況のなか、家庭で育つ子どもを対象とした地域での子育て支援活動はさまざまな展開をみせています。

本書の第1部（p.16やp.71）で述べてきたように、保育者は子どもの保育の専門家であるとともに、地域のさまざまな情報にも通じていることから、在園児のみならず就園前の子どもとその保護者への支援も期待されています。2008（平成20）年に改定された保育所保育指針（第6章）では、「地域の子育ての拠点としての機能」を果たすことが明記されています。同年に改訂された幼稚園教育要領（第3章）においても、「地域における幼児期の教育のセンターとしての役割」を果たすよう努めることが記されています。2006（平成18）年に創設された認定こども園においても、地域の実情に合わせた当該地域の子育て支援の役割が重視されています。

＊1　親準備性
岡本・古賀（2004）は、「子どもが将来、家庭を築き経営していくために必要な子どもの養育、家族の結合、家事労働、介護を含む親としての資質、およびそれが備わった状態」と定義しています。親準備性の発達に影響を及ぼす要因として、父親・母親イメージ、手伝い体験、子どもや高齢者についての学習やふれあい体験などを挙げています。

第6章 地域子育て支援における保育相談支援の実際

　園が行う子育て支援には、大きく二つの機能があります。「地域の子育ての拠点としての機能」と「一時預かり機能」です。

1 地域の子育て拠点としての機能

園は、地域の就園前の親子に対し以下の四つの支援を行います。

- 子育て家庭に対し園の施設などの開放や、未就園親子への体験保育の実施など園のもつ機能の開放
- 子育てなどに関する相談や助言の実施
- 子育て家庭の交流の場づくりとその交流の促進
- 地域の子育て支援に関する情報の提供

　園の事情に合わせて多様な内容の支援が提供されていますが、実施頻度が高く利用する親子が多いのが、園庭開放です。外で安心して遊べる場所が少ない現在、園庭は外遊びの貴重な場となっています。ここでの遊びを通して、子どもが身体を使った遊びを楽しめることはもちろん、保護者が年齢にあった遊び方や子どもとのかかわり方を体験的に学べる場となっています。また、保護者同士の交流や保育者への相談など、子どもが遊ぶなかでさまざまな支援が展開されています。

2 一時預かり機能

　もう一つの支援機能として、一時預かり機能が挙げられます。保育所や認定こども園における一時預かりは、保護者の病気、出産、パート就労、育児疲れなどにより、家庭での保育が一時的に困難になった場合に対応するものです。核家族化や祖父母の高齢化、あるいは祖父母の就労などにより、近くで子どもをほんの少しの間ですらみてくれる人がいない状況で子育てをしている家庭も少なくありません。したがって、買い物や美容院に行くといったリフレッシュ目的での利用（レスパイトケア）にも対応します。ただでさえ保育者の業務が多いなか、一時預かり事業を充実させていくのは大変なことですが、保護者からのニーズの高い支援分野です。

　幼稚園、認定こども園における預かり保育は、「教育課程に係る教育時間の終了後等に希望する者を対象に行う教育活動」に位置づけられています。つま

りこれは、降園時間後に在園児を対象に行う延長保育です。

2012（平成24）年に成立した「子ども・子育て関連3法」*2により、園における一時預かり、預かり保育は、すべて「一時預かり事業」の名称のもとで行われることになります。

2. 地域子育て支援拠点事業

3歳未満児の約8割が家庭で過ごすという現状から[3]、在宅で育つ親子への支援において「地域子育て支援拠点」（以下、子育てひろばと称します）も大きな役割を果たしています。地域子育て支援拠点は、地域の親子にとって身近な居場所を提供しながら、子育て・子育ちの中核的機能を担うことが期待されています（渡辺, 2011）[4]。1990年代半ばから主に保育所に併設されてきた「地域子育て支援センター」、市町村等による保育所併設ではない単独の支援施設や子育て当事者による草の根的な運動から発展してきた「つどいの広場」という*3、成り立ちの異なる両事業が再編・統合されたのが、2007（平成19）年に誕生した「地域子育て支援拠点事業」です。子ども・子育て関連3法でも、この事業をさらに充実させることが盛り込まれました*4。

1 地域子育て支援拠点事業の基本事業

各子育てひろばの運営主体は、それぞれのルーツにより、市町村・社会福祉法人・NPOなど多様です。場所も、公共施設、保育所、空き店舗、商業施設、マンション、児童館などさまざまです。そして、そこで働く支援者も、保育者、児童厚生員、子育て経験者、などさまざまですが、基本事業は以下の通りです。

・子育て親子の交流の場の提供と交流の促進
・子育てなどに関する相談、援助の実施
・地域の子育て関連情報の提供
・子育ておよび子育て支援に関する講習等の実施

子どもの問題、保護者の問題、親子の問題が多様化する現在、地域の子育て拠点の場での支援者のスキルアップや、関係機関との連携の強化が求められています。

---

*2　子ども・子育て関連3法
「子ども・子育て支援法」、「就学前の子どもに関する教育、保育等の総合的な提供の推進に関する法律の一部を改正する法律」、「子ども・子育て支援法及び就学前の子どもに関する教育、保育等の総合的な提供の推進に関する法律の一部を改正する法律の施行に伴う関係法律の整備等に関する法律」の三つをさします。

*3　「地域子育て支援センター」は1995（平成7）年に、「つどいの広場」は2002（平成24）年に、それぞれ事業として制度化されました。

*4　これまで「ひろば型、センター型、児童館型」の分類のもとで実施されていた同事業は、実施形態の多様化の状況や、さらなる事業推進の観点から、「一般型、連携型、地域機能強化型」に再編されました。

第6章 地域子育て支援における保育相談支援の実際

2 地域子育て支援拠点事業の特徴

　保育所や認定こども園、幼稚園に通園する親子とは違い、子育てひろばにやってくる親子は、家から保護者が子どもを連れ添って来所し、親子一緒に時間を過ごすということが大きな特徴です。主に専業主婦の母親とその子どもが来所しますが、最近では、次子妊娠中で産休中や育休中の母親とその子どもの利用もみられています。3年保育が主流となり、2歳児対象のプレ幼稚園や満3歳児入園を実施する幼稚園が多い地域の子育てひろばにおいては、2歳未満の子どもとその保護者の利用が多くなっているようです。生後1～2か月くらいの子どもを連れた保護者が頻繁に来所するとの話も、方々の子育てひろばの支援者から度々耳にします。

　子育てひろばでどのような支援の取り組みがなされているのかみてみましょう（図6-1）。

図6-1　地域子育て支援の拠点における取り組み

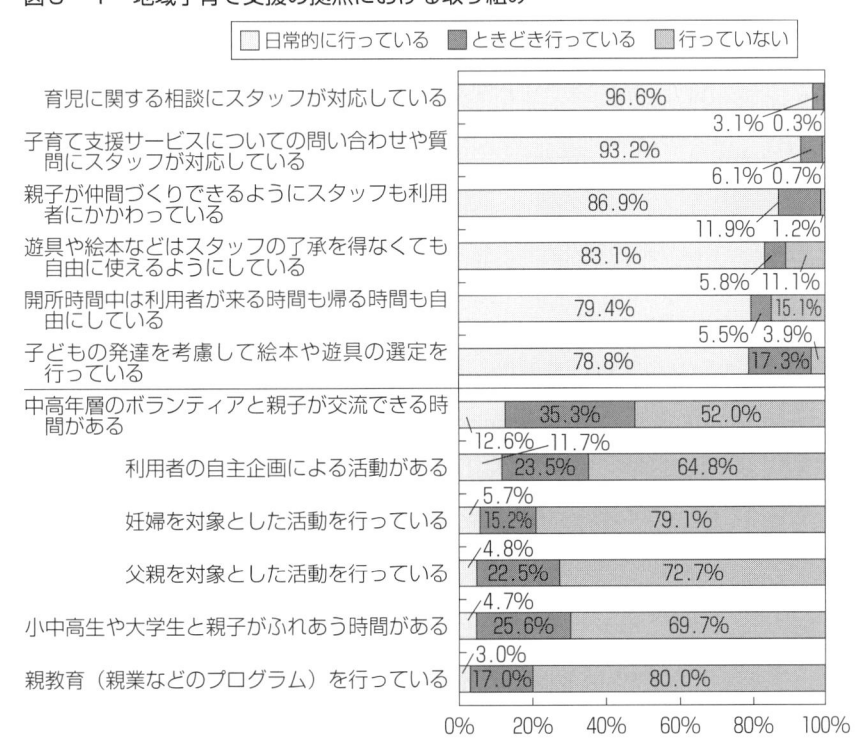

凡例：□日常的に行っている　■ときどき行っている　▨行っていない

項目	日常的に行っている	ときどき行っている	行っていない
育児に関する相談にスタッフが対応している	96.6%	3.1%	0.3%
子育て支援サービスについての問い合わせや質問にスタッフが対応している	93.2%	6.1%	0.7%
親子が仲間づくりできるようにスタッフも利用者にかかわっている	86.9%	11.9%	1.2%
遊具や絵本などはスタッフの了承を得なくても自由に使えるようにしている	83.1%	5.8%	11.1%
開所時間中は利用者が来る時間も帰る時間も自由にしている	79.4%	5.5%	15.1%
子どもの発達を考慮して絵本や遊具の選定を行っている	78.8%	17.3%	3.9%
中高年層のボランティアと親子が交流できる時間がある	12.6%	35.3%	52.0%
利用者の自主企画による活動がある	11.7%	23.5%	64.8%
妊婦を対象とした活動を行っている	5.7%	15.2%	79.1%
父親を対象とした活動を行っている	4.8%	22.5%	72.7%
小中高生や大学生と親子がふれあう時間がある	4.7%	25.6%	69.7%
親教育（親業などのプログラム）を行っている	3.0%	17.0%	80.0%

注：上記のグラフは、26の調査項目のうち、上位6項目と下位6項目の比較。
出典：渡辺顕一郎・杉山恵理子他「拠点型地域子育て支援におけるプログラム活動のあり方に関する研究（主任研究者：渡辺顕一郎）」財団法人こども未来財団『平成17年度児童関連サービス調査研究等事業報告書』2006年

＊5　親教育プログラム
親教育とは、「子育てをテーマとし、子育てに必要と考えられる知識や情報を提供すること／子育てにまつわる個別の困難さや疑問について対応法を伝授すること／これらの体験を通して親が自己信頼を回復し、子育てを含めた日常生活を前向きに取り組めるようにすること」を目指して行われるものです。構造化され、主としてグループを対象に行われる親への教育的支援は、親教育プログラムと称されます。

　利用者への相談や情報提供については、大半の施設が取り組んでいることがわかります。一方で、親教育プログラム＊5や学生・生徒との交流、父親を対象とした取り組みは少ないことがわかります。子育てひろばにおける支援の効果について利用者である母親を対象に行った研究では（斉藤, 2008）[5]、母親が子育てをポジティブにとらえられるようになったこと、母親がエンパワーされたこと、育児ネットワークを構築できたことが挙げられていました。

　先に述べた子育てひろばの特徴（親子が一緒に過ごす）のほかに、保育所などの在園児とその保護者への支援と異なるもう一つ大きな点は、親子が好きな時に来所し、開所時間の範囲であれば好きなだけいる、ということです。毎日来る親子もいれば、一度来たきりでさっぱり来なくなる親子もいます。何曜日に来ると決めて来所する親子もいれば、全くそのような決まりはなく来所する親子もいます。つまり、一度来所したとしても、次回の来所日時の予測が難しいなかでの支援ということに大きな特徴があります。

　保育相談支援という観点から子育てひろばの特徴を以下にまとめてみます。まずは、親子の生活に根差した日常の場ゆえ、保護者にとっては専門機関に比べると抵抗なく来所できる場所であるということが挙げられます。支援者側にとっては、親子の実際のやりとりの様子がよく見えるため、予防的な取り組みを行うには最適の場所と言えるでしょう。ただし、支援者側が、この親子は気になるから支援しようと思っても、継続して来所するかどうかは不明であるという点や、在園児なら事前に得られるような背景情報（家族情報など）に関しては、保護者が話してくれるまで得られないところに支援の難しさがあります。このような特徴をふまえたうえで、地域子育て支援の場での保育相談支援について次節では学んでいきましょう。

② 地域の子育て支援における保育相談支援の特徴

1. 保護者の相談はどのように始まるのか

　はじめに、保護者からどのような相談を受けるのかについてみていきましょう。1歳までは授乳、離乳食などに関する相談が多く、1歳半頃からは卒乳、断乳、夜泣き、発達面での気がかり（言葉や歩行）、他児に手が出ることなどの相談が多くみられます。2歳半頃からトイレットトレーニング、生活リズム、

第6章 地域子育て支援における保育相談支援の実際

少食、偏食、遊び食べなどといった生活習慣の自立やしつけに関すること、かんしゃくへの対応、発達面での気がかり、他児とのトラブルに関すること、きょうだいへの対応などの相談が多くなります。幼稚園選びや復職を視野に入れた保育所選びもよくある相談です。

さて、子育てひろばでの保護者との相談とはどのように始まるのでしょうか。子育てひろばでの保護者との相談は、多くの場合、子どもが遊ぶかたわらでの雑談から始まります。たとえばこのような具合です。

> 保育者が「○○ちゃん背が伸びましたね」と声をかけると、お母さんは「最近、いろんな人にそう言われて…」と返答するものの、浮かぬ顔をしています。子どもの成長は、たいていの場合、保護者にとって喜びです。保育者は何かあったのかな、と感じます。そこで、「大きくなるのはうれしいけれど、大きくなったらなったで、新しい悩みも出てくるでしょう？」と返すと、「そうなんです！最近、自分の主張をお友だちの間でもすごく通したがって、手が出ることも多くって。この間、お友だちを突きとばしちゃってその子がひっくり返って…。子どもがたくさんいるところに連れて行くのが怖くなってしまって…。でも、子どもがひろばに来たいって言うから今日来たんですけど、私はもう心配で心配で…」。

このように、子どもが遊ぶのを一緒に見ながら、あるいは、ともに遊びながら、子どもの様子や日々の生活のことを話しているうちに、保護者の心配事が語られ、しだいに相談になっていくということがよくあります。保護者が、「この保育者には話せるな」という感触を得た場合には、その後、保護者の方から相談してくることが増えてくるでしょう。

保護者の話を傾聴し、日々の育児努力を労いながら、保護者がとらえきれていない子どもの良いところや持ち味を伝えていきます。複数回、その子どもの様子をひろばで見ているのであれば、そのなかで見えてくる子どもの小さな育ちを伝えていくことも重要です。このことは保護者をエンパワーしますし、保護者自身が、その子の時間軸のなかで子どもの成長を細かくみることができるようになる助けとなります。

同時進行で、家族構成、援助資源[6]、経済状況、保護者の精神的な余裕、子どもの状態などを侵入的にならず情報収集していきます。必要であれば、その情報を考慮して、今、この保護者が少しがんばればできる現実的かつ具体的な対応を伝えていきます。心理、医学、福祉、法律などに関するより専門的な知識が必要だと思われる相談については、それぞれの専門家につないでいくことになります（つなぎ方の注意についてはp.94にて後述します）。

*6 援助資源
子育ての文脈では、主たる養育者の子育てを助け、支え、励ましてくれる家族、親族、近隣住民、子育て仲間などをさします。

2. 子どもとどう過ごしてよいのかわからない保護者への支援

　子育てひろばで過ごす親子を見ていると、「このお母さん、子どもと何をして遊べばいいのかわからないのでは」と思われる方を目にすることが度々あります。子どもとどうかかわったらよいのかわからないために、結果的に、一日5時間以上もDVDを見せたり、延々とスマートフォンで遊ばせてしまったりする保護者は実は少なくありません。大人にとって便利で快適な社会、効率重視の社会と、五感や身体を使うことによる十分な試行錯誤の機会を保障していくような手間をかけることが大切な子育てとの間には、大きなギャップがあります。親準備性を十分に育てる機会に恵まれず親となる現代の保護者にとって、このようなギャップに適応していくことは容易ではありません。

　とりわけ、前言語期[*7]の子どもと何をしたらよいのかわからないというのは、決して少なくはない悩みなのです（土谷・加藤・中野・竹田, 2002）[6]。保育者は子どもの発達段階や興味を考慮して、親子で一緒に楽しめる遊びを用意しておくことで、保護者に家での遊び方やかかわり方のモデルを示すことができます。「こんなことでいいのか」、「こんなことが子どもは楽しいのか」、「私にもできる」と思ってもらえるようにするのがポイントです。どこかへ連れて行くことや、何か特別なイベントに参加させることこそが、子どものためになる遊びだと誤解している保護者もいます。子育てひろばでの遊びが家でも続けられるよう、親子に遊びのヒントをたくさん持ち帰ってもらえるように工夫しましょう。

　また、子どもがかんしゃくを起こした場合の年齢に応じた気持ちの落ち着かせ方なども、保育者がモデルとなることで対応法を伝えることができます。そのような対応が上手な保護者が同じ子育てひろばにいれば、さりげなくその様子への注目を促すことで、観察学習できる保護者もいるでしょう。

3. 生活習慣の自立への支援

　排泄、食事、生活リズム、着替えといった生活習慣に関する悩みについても、保育者はその専門性を発揮することができます。子どもの発達欲求を満たすことには、生活習慣の自立を助けることも含まれます。「ほかの同月齢のお友だちは自分で着替えているのに、この子はいつも『やってやって』とぐずり自分でやろうとしない」という保護者からの相談について考えてみましょう。

　まずは、子どもの洋服を見直してみます。大人が見て素敵だと思う子ども服

---

*7　前言語期
生まれてから初語が出てくるまでの期間のことをさします。初語とは、赤ちゃんが初めて話す意味のある言葉で、1歳前後にあらわれます。

と、子どもが快適で着脱しやすい服は違います。まずは子どもが脱ぎ着しやすい服を選び、子どもが自分一人でする部分を少しずつつくっていき、できると励ます、ということを繰り返すよう保護者に助言します。子育てひろばでも、着替えや靴の脱ぎ履きで子どもの誇らしげな顔が見られたら、保護者と一緒に子どもを褒めるとともに、この成果を保護者のがんばりや工夫に還元していきます。保護者はこのような保育者とのやりとりを通じて、子どもが自分でやりたい気持ちを引き出したり、一人でできるように工夫を凝らして励まし見守ることが子育てにおいては大事だと学ぶのです。

保護者が生活習慣の自立やしつけについて考え始める時期は、子どもの反抗や自己主張が出てきたり、そうかと思えば以前よりもぐずぐずと保護者に甘えたがったりと、対応が難しい時期に重なります[*8]。子どもがぐずったり、わめいたりして自己主張されると困るので、保護者の方でやってしまっているという場合もあるでしょう。そのような場合には、子どもの自己主張をしっかりと受け止めながら、保護者の考えも伝え、ときに保護者が折れたり、ときに子どもが我慢したりしながら、双方の協調点を見出していくことが大切であることを伝えていきたいものです。そして、このことは、生活習慣のみならず、子どもの心や親子関係を育てることにもつながるという点も、伝えておきたいポイントです。生活習慣の自立に関心が薄い保護者が多ければ、その重要性に関する講演会のようなものを開催するのもよいでしょう。

4.保護者の仲間づくりの促進方法と注意点

子育てひろばにおける大きな目的の一つとして、保護者同士の仲間づくりの支援があります。「ママ友をつくりたい」、「この子のお友だちをつくってあげたい」、「子どもと二人だと煮詰まっちゃって」…。表現の仕方はさまざまですが、多くの方がつながりを求めて子育てひろばにやってきます。ですから、保護者同士をつなぐための仕掛けを用意することは保育者として重要です。

来所したらガムテープに名前を書き、名札のように貼ることをルール化しているところは多いようです。子どもの誕生日や年齢、きょうだい構成、居住エリア、保護者の趣味などの共通性を利用して、保護者同士が自然と近づけるようにする工夫もよくみられます。積極的、社交的な保護者は、こちらが何か仕掛けなくても自ら仲間づくりをせっせと始めます。子育て仲間が欲しいけれどなかなか声をかけられないという保護者には、共通性があって相性の良さそうな保護者をさりげなく紹介したり、世話好きそうな保護者にお願いしたりする

*8
マーラー(Mahler, M.S)らは、子どもが親から分離個体化する過程を研究するなかで、このような時期を「再接近期」と名づけ重要視しました。子どもの甘えたい気持ちと、世話されることを嫌がる態度の双方を保護者は受け入れながら、自立の方向へとおだやかに押し出してあげることが望ましいとされています[7]。

「さいたま市子育て支援センター　さいのこ」
のダンボールハウス

ことで関係を広げていけるよう手助けします。

　保護者がお客さんになり、何かしてもらうことを待つばかりではなく、主体的に動く仕掛けづくりも必要です。

　たとえば、ある子育てひろばでは、「ひろばにダンボールハウスがあったらいいな」という保護者の発案に対し、保育者が保護者同士で作成することを提案し、保護者たちによる素敵なダンボールハウスができました（写真）。共同作業を行うことを通して保護者同士のつながりも深まります。そのハウスで楽しそうに遊ぶ子どもたちを見て、子育てひろばを大切に思う気持ちが湧き、保護者はより主体的に子育てひろばで、そして地域で過ごすようになっていくのです。

　なかには、家で子どもと二人きりも息がつまるけれど、保護者同士のつき合いも気が進まない、という方がいます。そのような保護者の場合には、無理やり保護者同士のなかに溶け込ませようとするのではなく、まずは、保育者との関係づくりから始めるとよいでしょう。保護者の日々のがんばりを認め、励まし、必要な助言をしてくれるあたたかな存在は、このような保護者にとって新鮮で心地よい対人関係の経験となるはずです。

5. かかわりにくい保護者への支援

　たいてい不機嫌そうで、子どもをよく叱っているような保護者には、ほかの保護者たちはもちろんのこと、保育者もなかなか近づきにくいものです。しかし、このような保護者こそ、育児に関する不安が高いのです（武田（六角），2012)[8]。本当は助けを必要としている保護者と言えるでしょう。子どもの良いところを

みつけたり、保護者ががんばっているところを探し出したりして、さりげなく声をかけてみましょう。子どもをよく見て、小さな成長をしっかり保護者に伝え、保護者の日々のがんばりに還元していきましょう。どのような保護者も、上手く子育てをしたい、子どもがしっかりと育って欲しい、子どもと良い関係でいたい、良いお母さんだと思われたいという願いを心のどこかにもっています*9。その自分の奥底にある願いがなかなか上手くいかないので、イライラしているのです。

「私、この子が本当にうっとうしいんですよね」とおっしゃるお母さんがいました。しかし、その言葉とは裏腹に子どもには「MOM♡」と書いたTシャツをよく着せていました。必死に子育てをしているお母さんの心の叫びが伝わってきます。このように、言葉だけではなく、行動からお母さんのがんばりや子どもに対する思いを探し出して、まずは努力を認めて労うことです。きっとお母さんは、子育てひろばに足を運び始めるでしょう。保護者が、今日は一歩も家から出たくない、と引きこもりがちになる場合でも、子どもの方が「ひろばに行きたい！」とせがむと、重い腰を上げることができるときがあります。子どもにとって子育てひろばが楽しい場所となるために、子どもの発達や興味に合わせた環境構成を考え、遊びを展開するという保育者の専門性を生かせるはずです。ここは、非難されない、受け入れてくれる、子どもが楽しそうにしている、そのようなことを感じてもらえると、子育てひろばのリピーターになります。かかわりにくい親子の場合、まずは通い続けてもらうことから支援は始まるのです（武田（六角），2012)10)。

6．親子の関係性への支援

子育てひろばの特徴として、親子が揃って通い、時間を過ごすことを最初に挙げました。だからこそできる支援が、親子の関係性への支援です。母子の関係性において極めて大切なアタッチメント（愛着)*10という観点から子育てひろばに来る親子を見てみましょう。

子育てひろばに来る親子は、たいてい3歳以下の未就園児です。このくらいの年齢だと、何か嫌なことがあったり、痛いことがあったりした時には、保護者がそばにいるのでしたら、保護者のもとに駆け寄ったり、泣いて保護者の助けを呼んだりするのが普通です。ところが、泣きもせず、保護者のところに駆け寄りもせず、という子どもがいます。走っていたらすってんころり。頭をゴツンとぶつけたような場合でも、何事もなかったかのようにまた遊び出しま

*9
とくに第一子目の母親は、出産後数か月から数年かけてこのような心的課題に取り組みます。子どもから日々絶え間ない刺激を受けながら、子どもをもつ前とは違う新しい私になっていくことを乳幼児精神医学者のスターン（Stern,D.N）は「母性のコンステレーション」と言い表しています9)。

*10 アタッチメント（愛着）
ボールビイ（Bowlby,J）によると、アタッチメントシステムは、生得的な動機と行動のシステムで、子どものなかで不安時に活性化されます11)。保護者に接近したり、身体接触を求めたりすることで、安全、保護、安心感を得ようとするものです。ひとたび安心感を得ると、アタッチメントシステムは緩和され、探索システムが活性化され、子どもは探索行動に向かって好奇心を満たします。両システムは正反対の働きをもっていますが、相互に関連しあう状態で存在しています。

す。保護者にとっては、手間のかからない自慢の子どもかもしれません。しかし、このままでよいのでしょうか。本来ならば、困った時にはアタッチメントシステムが活性化して保護者のもとに戻り、安心感を得たら、今度は探索システムが活性化し、また外の世界で遊び出すという循環のなかで、安心して生活を送らせたいものです。前述のような場面に遭遇したときに、保育者はその子を保護者のもとに連れて行って、「痛かったんだよね。お母さんのところに来たら安心したね」といったように、子どもの内なる声を代弁して保護者に伝えます。「○○ちゃん、お母さんがね、"困ったら、いつでもおいで！"って」と、保護者の内なる声も代弁して子どもに伝えます。このようにして、困ったときに保護者に助けを求められるよう親子を接近させる機会を繰り返しつくっていくのです。

　これとは逆に、いつ来ても子どもが保護者から片時も離れず、へばりついている場合もあります。いわゆる分離が全くできない状態です。かといって、保護者と遊んでいると楽しそうかというとそうでもないのです。母子ともに不安げな表情をしています。子どもが保護者から離れると、親子ともども不安な気持ちになるので、子どもは保護者のもとから離れられないのです。このようなとき、保育者はさりげなく、この親子の遊びに加わり、侵入的にならないように注意しながら、母親以外の人と遊ぶことの楽しさを少しずつ体験させていきます。

　このような親子関係の分離と接近を助ける「渡し守」(Cramer, 1989)[12]のような支援は、心理職と組んで行うとより効果的です。また、これらの支援とともに、アタッチメントの理論や子どもの発達の道筋を伝える心理職による親教育も提供されるとより望ましいでしょう。

7. 他職種との連携

　子育てひろばには保育者などの主となる専門職以外に、心理職、保健師、栄養士といった外部の専門職が月に数度来所するしくみを整えているところがあります。これらの職種が子育てひろば内部の支援スタッフの一員となっているところもあるでしょう。ここでは、臨床心理士をはじめとする心理職との連携を中心に述べます。

　専門職に相談することへの敷居を低くするために、気軽に話しかけられるよう子育てひろばに出てきてもらったり、座談会や講演会を設けたりして、より気軽に相談しやすい体制づくりを整えているところもあります。ある子育てひ

ろばでは、心理職も親子と遊んだり、問題のない保護者にも心配な保護者にもさりげなく声をかけたりして、心理職と話すことが特別なことではない、という雰囲気づくりをしています。専門家へ相談しにいくことが、保護者にとって烙印を押されるような体験になっては駄目なのです。最初に出会った専門職の印象は、保護者のその後の支援の求め方に影響を及ぼします。

　保育者から見て発達が気になるお子さんがいたとしましょう。保護者からも心配だと相談を受けていれば、子育てひろばにいる心理職やその他専門機関につなぎ、保護者の了解のもと、連携していくということが可能になります。一方で、保育者は発達が気になるけれど、保護者から一切相談はないという場合にはどのようにするのがよいのでしょうか。このような場合においても、親というのは、薄々、何かこの子はほかの子と違う、と感じていることが多いように思います。子どものことを一番よく知っているのは保護者なのです。
「やっぱり変だ」、「いや、大丈夫だ」、「夫の子ども時代もそうだと義母が言っていた」、「どうしてこんなに育てにくいんだろう」、「今日は調子がいい。やっぱり大丈夫だ」…。日々、このような気持ちの間で揺れ動きながら、子育てをしているように見受けます。保育者が勇み足になるのではなく、発達の問題のあるなしに焦点づけず、保護者が現時点で受け止められる範囲で支援を進めていくことが重要です。育児の具体的な工夫について一緒に考えていくなかで、保育者との関係づくりに努めます。その後、子どもの特性や対応が少しつかめてきて、保護者が子どもの特性をもっと理解したい、より詳しい対応を知りたいと思えるようになった頃、心理職などの専門家や専門機関での相談を勧めていきます。その際も、親の気持ちは前述のように揺れている部分が依然としてあるのだ、ということを忘れないでください。発達の問題に関しては、乳幼児健診の発達支援の専門職と子育てひろばのスタッフとの間で連携が成立している場合には、より双方向での支援が行いやすいでしょう。

　ここまで学んで気づかれた方もいると思いますが、親子が困っていることの芽に気づき、そこにさりげなく寄り添うことで、問題が深刻化するのを防ぐという予防的な側面において大きな力を発揮するのが、子育てひろばでの保育相談支援と言えます。子育てひろばが地域のなかで親子をゆったりと抱える安全基地となるためには、支援者自身も抱えられていることが必要です。したがって、対応が困難な事例についてコンサルテーションを受けられるよう、他専門職との関係づくりを普段から心がけておくとよいでしょう。

③ 実践事例から考える

　子育てひろばは、屋内施設内にあるところがほとんどですが、保育所などの園庭開放は、外遊びができる点が大きな魅力となっています。大人の生活は手を使わず、ボタン一つで何でもできる現在、子どもに身体と五感をフルに働かせる遊びの機会を保障すること、その大切さを保護者に認識してもらうことは、保育者の大きな役割です。

　たとえば、3歳未満児の砂遊びでは、子どもだけでの構成的な遊びはまだ難しく、砂と戯れてその感触を楽しんだり、水を加えて変化を楽しんだり、型抜きをしたりといったことが中心です。したがって、このことの何が楽しいのか、これが何になるのか、衣服が汚れるばかりで洗濯が面倒なので避けたい、と考える保護者も少なくありません。

> **事例1** ●「砂遊びって何の意味があるんですか？」
> 　　　　　と質問してきたAさん（9月）
>
> 　2歳になったばかりのお子さんをもつAさんは、砂に水を入れて、ただただビチャビチャとこねくり回しているわが子を見て、「砂遊びって、何か意味があるんですか？」となかばムッとしながら保育者に質問してきました。保育者は、砂遊びの意義、身体や五感を使った遊びの意義をAさんに伝え、自宅でもできる遊びについてもアドバイスしました。「お母さんの力を貸してください！お子さんも楽しそうですよ」と、エンパワーしながら、子どもにとって感覚遊びの発達面、情緒面でのメリットについて、その後も好機をとらえて伝えていくことを繰り返していきました。しだいにこのお母さんは納得され、「子どもがやりたいことを思いっきりやらせてあげた方が、子どももスッキリするんですね」と、自分も汚れてもよい服装で来るようになりました。

●解説
　子どもとふれあうことなく、わが子の子育てで初めて子どもに触れるといった親準備性の低い保護者にとって、言葉でのやり取りが本格化する前のお子さんとのかかわりはとくに難しいように見受けます。子どもの健やかな発達のために必要なこととその理由をわかりやすく順序だてて伝えると、実践してくれ

第6章 地域子育て支援における保育相談支援の実際

るようになることがあります。子どもの立場に立って必要な遊びやかかわりを保護者に伝えていくことは、保育者の専門性を存分に生かせる支援の領域です。

子育てひろばという場所は家庭と違い、多くの子どもや大人、たくさんのおもちゃや掲示物と刺激が多い環境です。そのような環境では、落ち着かなかったり、他児とトラブルになったりということもしばしばあります。自由遊びが基本ですが、開所中、節目節目で手遊びをしたり、読み聞かせをしたりという時間を設けているところが多いようです。多くの親子がそれらを楽しむ一方で、なかには、皆でやる一斉活動に全く興味を示さない子どもがいます。保護者にとっては、それが悩みの種となるようです。

> **事例2** ●しばしば子どもを激しく叱責しているBさん（11月）
>
> 　同じような年齢の子どもたちが楽しそうに、親子で手遊びや身体遊びや製作を楽しんでいるのに、Cちゃん（2歳10か月、女児）は空きスペースで走り回っています。お母さん（Bさん）は一生懸命Cちゃんの興味を引こうと働きかけますが、Cちゃんは全くの無視です。ついにBさんの怒りが爆発し、「どうしていつもこうなの！」とパチンとCちゃんを平手打ち。Cちゃんは火がついたように泣き出します。ますますBさんは怒ります。そんなBさんの横に保育者はそっと寄り添います。「Bさん、みんなと同じことをさせてあげたいと思いますよね。でも、本当はこんなふうにたたいて言うことを聞かせるなんてことはしたくないのでしょう？」と。Bさんを人のいないスペースへ誘うと、Bさんの目から涙がとめどなく溢れてきます。「私の言っていることを聞いていない感じがする。私がいなくても平気みたい。ほかの子とはどこか違う気がする」というBさんの心配が語られました。Bさんもよく知っていた顔馴染みの心理職につなぎ、話を聴いてもらうことにしました。心理職によると、Bさんの話を聴くなかで、Bさんのわが子の発達面での特性についての理解がかなり進んでいることがわかり、またBさんの希望もあったため、自治体の療育相談を勧めたそうです。心理職と協議し、保育者からは、ひろばで立ち上げた同じような悩みをもつ保護者グループを紹介することにしました。

●解説

　激しく叱責する保護者には支援者とはいえ、なかなか近づきにくいものです。その瞬間に寄り添うことが難しければ、少し時間をおいてからでもそっと話しかけてみてください。たたかざるをえないほど苦しんでいる保護者を受け止め

ることから支援は始まります。

　子育てひろばで、同じ年齢の子どもをたくさん見ると、わが子の特性がよりくっきりと見えてくることで、なかには落ち込む保護者がいます。この事例では、保護者の子どもの発達面に関する特性の理解が進んでいたため、早期に専門機関につなげていますが、もっと時間がかかる場合もたくさんあります。このような事例では、子育てひろばで利用者にも顔馴染みの心理職がいると効果的な連携ができます。また、似た悩みをもつ保護者の存在は大きな助けとなります。そのようなグループを子育てひろば内でつくることや、子育てひろば外でのグループ情報を得ておくことも重要です。援助資源が乏しいなかで孤独な子育てをしており、保護者が精神的な余裕をなくしているような場合には、保育所などの一時預かりの利用を勧めてもよいでしょう。

演習課題　—やってみよう—

1）トイレットトレーニングについて話し合ってみよう

　以下のトイレットトレーニングをめぐる近年の状況を読み、グループで話し合ってみましょう。

> 　育児は手間のかかることが多いのですが、3歳頃までの育児のメインイベントの一つにトイレットトレーニングがあります。近年、おむつはずしは長期化する傾向にあり、幼稚園入園時に外れていないことも珍しくはなくなってきました。トイレットトレーニングには、親子の関係性の問題や子どもの心理面の発達など、大切な意味が含まれています。ときに子どもの主張と保護者の主張が異なるなか、互いに折り合いをつけていくプロセスが必要となりますが、これを面倒に感じる保護者が少なくありません。
> 　子どもの発達に問題はないけれども、もうすぐ3歳半になる息子に対してトイレットトレーニングを一向に開始する様子がないお母さんから、「トイレットトレーニングは面倒なので、幼稚園に入ってから先生にとってもらうのでいいですかね」、と話しかけられた場合、あなたはどのように対応しますか？

2）相談のロールプレイをやってみよう

次に挙げるよくある相談内容について、あなたならどのような対応をしますか？　ロールプレイを通して考えてみましょう。

> 　インターネットや書籍などで「発達障害」という言葉がよく登場するようになり、子育て中の保護者のなかにも、「発達障害」という用語を知る人が多くなってきました。そのようななか、子育てひろばの保育者に、「うちの子、発達障害でしょうか」との相談が投げかけられることがしばしばあります。このような相談を受けた場合の対応を考えてみましょう。まずは、以下の設定に従い、保護者役、保育者役に別れてロールプレイをしてみます。ロールプレイが終わったら、それぞれの役を演じてみた感想と対応のポイントをまとめてみましょう。
> （設定）
> 母親役：1歳10か月の息子ひろと（仮名）の発達が心配。インターネットでみつけた発達障害チェックリストをやってみると、あてはまるものが多かった。
> 保育者役：本児を見ていると確かに母親が不安になるのはわかる。しかし、自分自身、本児が発達障害なのかどうかは今一つはっきりとわからない。

3）事例を読み、支援について考えてみよう

事例3　●自立しすぎのDちゃん（2歳8か月、5月）

> 　Dちゃんは2歳の女の子。子育てひろばに到着するやいなや保育者にべったりと甘えてきます。お母さんがそばにいるにもかかわらず、保育者の手をひっぱって一緒に遊ぼうと誘ってきたり、お膝に乗りたがったりします。転んだりほかのお友だちに自分が今使っていたものをとられても、誰に助けを求めることもなく、自己主張をしたり泣いたりすることもなく、何事もなかったかのように過ごしているので、ひろばで他児とトラブルになることはありません。お母さんは、「この子、私よりKさん（保育者）[11]の方が好きみたいです。D、ほらKさんと遊んでおいで」と言い残し、生まれたばかりの赤ちゃんを連れて、ほかのお母さんとのおしゃべりの方に向かいました。

このような時、この親子に対してどのような対応が考えられるでしょうか。以下の手順に沿ってグループで話し合ってみましょう。

[11] 園の子育てひろばの保育者は「○○先生」、それ以外の子育てひろばにいる保育者は「○○さん」と呼ばれることが多いようです。

①Dちゃんにとってお母さんはどのような存在でしょうか。
……………………………………………………………………………………
……………………………………………………………………………………
……………………………………………………………………………………

②お母さんにとってDちゃんはどのような存在でしょうか。
……………………………………………………………………………………
……………………………………………………………………………………
……………………………………………………………………………………

③Dちゃんにとって保育者はどのような存在でしょうか。
……………………………………………………………………………………
……………………………………………………………………………………
……………………………………………………………………………………

④この親子の関係性はどのようなものでしょうか。
……………………………………………………………………………………
……………………………………………………………………………………
……………………………………………………………………………………

⑤保育者の対応としてどのようなことが考えられますか。
……………………………………………………………………………………
……………………………………………………………………………………
……………………………………………………………………………………

【引用文献】

1）財団法人こども未来財団「平成12年度子育てに関する意識調査事業調査報告書」2001年
2）岡本祐子・古賀真紀子「青年の「親準備性」概念の再検討とその発達に関連する要因の分析」『広島大学心理学研究』第4号　2004年　pp.159－172
3）内閣府『平成25年度子ども・若者白書』2013年
　　http://www8.cao.go.jp/youth/whitepaper/h25honpen/pdf/b1_03_01_01.pdf
4）渡辺顕一郎・橋本真紀編『詳解　地域子育て支援拠点ガイドラインの手引　子ども家庭福祉の制度・実践をふまえて』中央法規出版　2011年
5）斉藤進「地域の子育て資源に関する研究(1)　－子育てひろばの機能に関する一考察－」『日本子ども家庭総合研究所紀要』第45集　2008年　pp.325－330
6）土谷みち子・加藤邦子・中野由美子・竹田真木「幼児期の家庭教育への援助－保育者のとらえる子育て支援の方向性－」『保育学研究』40(1)　2002年　pp.12－20
7）Mahler, M. S., Pine, F., and Bergman, A.（高橋雅士・織田正美・浜畑紀訳）『乳幼児の心理的誕生－母子共生と個体化－』黎明書房　1981年（Mahler, M. S., Pine, F., and Bergman, A. *The Psychological Birth of Human Infant*, 1975）
8）武田（六角）洋子「保育者と心理職の協働による乳幼児とその親への予防的支援－何があれば子育て支援の場に親子は通い続けるのか－」『家庭教育研究所紀要』34　2012年　pp.115－127
9）Stern, D.N.（馬場禮子・青木紀久代訳）『親―乳幼児心理療法－母性のコンステレーション－』岩崎学術出版社　2000年（Stern, D. N. *The motherhood constellation : a unified view of parent-infant psychotherapy*, 1995）
10）前掲書8）と同上
11）Bowlby, J.（黒田実郎・大羽蓁・岡田洋子訳）『母子関係の理論Ⅰ　愛着行動』岩崎学術

第6章　地域子育て支援における保育相談支援の実際

　　　出版社　1976年（Bowlby, J. *Attachment and loss : Vol 1 Attachment*, 1969）
12）Cramer, B.（小此木啓吾・福崎裕子訳）『ママと赤ちゃんの心理療法』朝日新聞社　1994年（Cramer, B. *Profession bebe*　1989）

【参考文献】
・加藤邦子・飯長喜一郎編『子育て世代、応援します！－保育と幼児教育の場で取り組む"親支援"プログラム』ぎょうせい　2006年
・厚生労働省『保育所保育指針解説書』フレーベル館　2008年
・内閣府・文部科学省・厚生労働省『幼保連携型認定こども園教育・保育要領』フレーベル館　2014年
・文部科学省『幼稚園教育要領解説』フレーベル館　2008年
・渡辺顕一郎・橋本真紀編『詳解　地域子育て支援拠点ガイドラインの手引　子ども家庭福祉の制度・実践をふまえて』中央法規出版　2011年
・Stern, D. N., ・Stern, N., &　Freeland, A.（北村婦美訳）『母親になるということ：新しい私の誕生』創元社2012年（Stern, D.・Stern, N., & Freeland, A. *The Birth of a Mother : How the Motherhood Experience Changes You Forever* 1998）

第7章 養育力向上を目指した支援の実際

●●● 本章のねらい

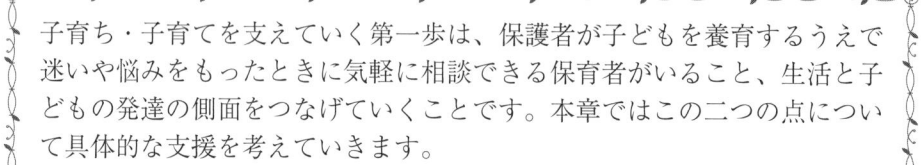

子育ち・子育てを支えていく第一歩は、保護者が子どもを養育するうえで迷いや悩みをもったときに気軽に相談できる保育者がいること、生活と子どもの発達の側面をつなげていくことです。本章ではこの二つの点について具体的な支援を考えていきます。

① 多様な養育困難に対応する保育相談支援

1. 保護者の養育力の支援の基本

1 生活援助と発達援助

　養育の支援は、子どもが安全に暮らし、大人への信頼感を育み、発達を促せるような生活の場を保障していくための支援です。保護者が子どもを育てていくなかで、どのような困り感をもっているかを把握し、早めに対応することによって、不適切な養育（マルトリートメント）を予防し、生活の場を保障していくことができます。

　具体的な支援方法・内容について考えるために、保育士の専門性（p.39の表2-3）をふまえつつ、ここでは「生活援助」と「発達援助」の二つを取り上げます。生活援助とは、子どもが生きて、活動できるように暮らしを支えることです。具体的には衣食住（衣服を着る、食べる、清潔を保ち住まうこと）などにかかわる基本的な技術について援助することをさします。これに対して、発達援助とは、見通しをもって長期的な展望に立ち、子どもの育ちを援助することです。遺伝を含む生まれもった個性や育った環境など、さまざまな相互作用のなかで育まれるダイナミックな子どもの発達にかかわる援助です。

　まず、一人一人の子どもの状況とその家庭のあり方をよく理解する必要があります。保護者の困り感、保護者と子どもの生活の実態について、具体的にと

らえることを「養育に関するアセスメント」*1といいます。保護者の養育の良い面、改善が必要な側面、子どもの発達の状況、親子の相互関係について、記録します。困り感だけに焦点をあてるのではなく、親子について生かしたい特徴（強み）はどこにあるか、これを「自信」の中核として働きかけていくことで、困難な状況を乗り越え、保護者の養育力向上につなげます。

養育に関するアセスメントを実施することによって、家庭だけでなく、保育の場でも、その対象となる子どもに対応していくヒントが見つかることがあります。生活の理解をふまえた発達援助につながっていきます。

*1 アセスメント
相談を受ける場合には、相談者が抱いている困り感やその背景について理解しておくこと、支援目標や支援プロセスについて、あらかじめ見通しをもつことが求められます。生活と発達に関する情報を整理した見立てを記録しておきます。第2章のp.36も参照。

2 「家庭との連携及び協力を図る」働きかけ

幼保連携型認定こども園教育・保育要領（第3章）では、子どもの養育を家庭と協働して進めることを次のように示しています[1]。

> 園児の発達の個人差、入園した年齢の違いなどによる集団生活の経験年数の差、家庭環境等を踏まえ、園児一人一人の発達の特性や課題に十分留意すること。特に満3歳未満の園児については、大人への依存度が極めて高い等の特性があることから、個別的な対応を図ること。また園児の集団生活への円滑な接続について、家庭との連携及び協力を図る等十分留意すること。

「家庭との連携及び協力を図る」ような働きかけとは、保護者の顕在的ニーズおよび潜在的ニーズ*2に合わせて、コミュニケーションをとること、相談に応じること、ガイダンスすること、保育中の子どもの発達の姿をていねいに伝えること、保育者が養育のモデルになること、環境構成に配慮することです。これらにより子育ち・子育ての支援につなげます。

そのためには、養育者としての保護者の態度や子育てに対する知識、子ども理解、養育スキルの実態、または養育がうまくいかない精神的原因や行動的要因、状況要因などについて、あらかじめ情報を集めておきます。日頃から一人一人の保護者や親子関係をよく観察し、話を聞き、子どもから情報を得ることも必要です。その際、保護者から「先生に話を聞いてもらえた」と感じてもらえるような工夫をすると、保護者の安心につながります。ところが現場では、「まちがっていると決めつけられて、自信がなくなった」、「根堀り葉掘り聞かれて、責められているような気持ちになった」、「どうしてこんなことを先生が聞くのか、納得できない」などの保護者の不満を聞くことがあります。保育者

*2
ニーズとは、人間が社会生活を営むために欠かすことができない必要性のこと。生活を営んでいく能力の養成の意味が含まれています。なお、顕在とは目に見えるかたちをとって表れていることです。潜在とは見えにくく、わかりにくいもので、本人もまだはっきりと自覚していないものも含みます。

が保護者と良い関係を維持しつつ、状況を理解する工夫が必要です。

家庭にはさまざまな背景があります。子どもの生活面・発達面に関して、保護者が子どもにとってはいけないこととわかっていても、親子を取り巻く環境や状況によっては、不適切な養育をしてしまう場合があります。一方、「子どもにとって良い、悪い」という判断基準が乏しいがゆえに、養育力が低下していると考えられることもあります。

前者の場合は、保護者の内面に寄り添う支援が必要になります。後者の場合は、子育ち・子育ての内容や方法など、具体的な養育的働きかけや発達の意味についてガイダンスする必要があります。

2. 保護者の話に耳を傾けて養育のアセスメントを行う

保育相談支援では、保護者との関係を築きながら、アセスメントをしなければうまくいきません。保護者が「先生に話を聞いてもらえてよかった」と感じるとともに、養育の良い面（強み）に自信を担保しつつ、自ら改善していけるように、まずは保護者を肯定的に受け止めたうえで、子育てのスキル、親子関係、自己イメージ、ストレスの状況について把握しておきましょう。

② 家庭と保育所・施設と連携して行う生活援助

現実の生活の場というフィールドに根差して具体的に行う生活援助について考えてみましょう。子育ちの環境が大きく変化している現代は、子どもにとってスピードが速く、ゆっくり体験する時間の余裕がありません。同時に、保護者も忙しい毎日に追われています。そうしたなか、保育者が日々の「生活」で展開されている具体的なやり取りに注目し、言葉にしていくことによって、保護者は子どもの発達の姿や特徴に気づくようになります。さらに、保護者の自身の養育についても自覚するようになります。保育者は、保護者の強みと苦手な側面を理解し、苦手な面を補い、強みを生かして取り組めるように支援することが大切です。家庭と園がチームとして養育力を向上させ、生活援助を達成するために、次の四つのポイントを取り上げてみます。

第7章　養育力向上を目指した支援の実際

1．子どもの睡眠と目覚め

　保護者にとって、朝は何かと忙しく、大人のペースで進めがちですが、子どもの生活の区切りとして、睡眠と目覚めは大きな部分を占めています。穏やかな一日の始めを迎えることができているかを確認しておくことが必要です。子どもの規則正しい生活リズムの継続性を保つために、家庭と園や施設が連携できる有効な注目ポイントです。

　生活の単なる繰り返しと考えられがちですが、生活リズムが安定することで、朝の目覚めが一日の生活の始まりの起点となり、朝の目覚めに配慮した生活の組み立てが子どもの睡眠・食・遊びなどに良い影響を及ぼします。子どもの睡眠と目覚めに配慮することは、養育の効力感[*3]が得られることにつながります。

＊3　養育の効力感
子どもの養育を効果的に適切に実行する能力やスキルのこと。

2．体験するなかで育つ清潔

　清潔にしていると気持ちがよいということを、親子という二者関係のなかだけで身につけることは難しいものです。衣服の着替え、身だしなみ、歯みがき、手洗い、うがい、鼻をかむ、口を拭く、汗を拭く、洗顔、洗髪、爪を切る、整理整頓…など、養育力を高めるには日頃の生活のなかにある機会を生かしましょう。

　たとえば、食事の前の手洗いについて、友だちの真似をして洗って拭くことができたこと、小さい友だちに教えてあげられたこと、協力して掃除や片づけができたことなど、園や施設で取り組んだこと、できたこと、努力していることなどを保護者に伝えることで、体験することの意味や重要性が共通理解できます。

　清潔は、きめ細やかな世話を受けること、清潔に関する話題や対話があることで身についていきます。清潔に関するさまざまな体験がやがて、気持ちよく過ごすために、主体的に取り組もうという意欲につながると考えられます。

3．食を通した人間関係

　「食」について、食欲を生理的に満たし健康を維持するためだけでなく、親子が関係性を築き心の成長にもつながる養育場面としてとらえてみます。親子関係は、子どもの個性や特性に合わせて保護者が対応することによって築かれるものですが、「食」についてもさまざまな悩みが挙げられています。

図7-1　4歳未満の子どもをもつ母親（2,722名）の食の悩みの変遷

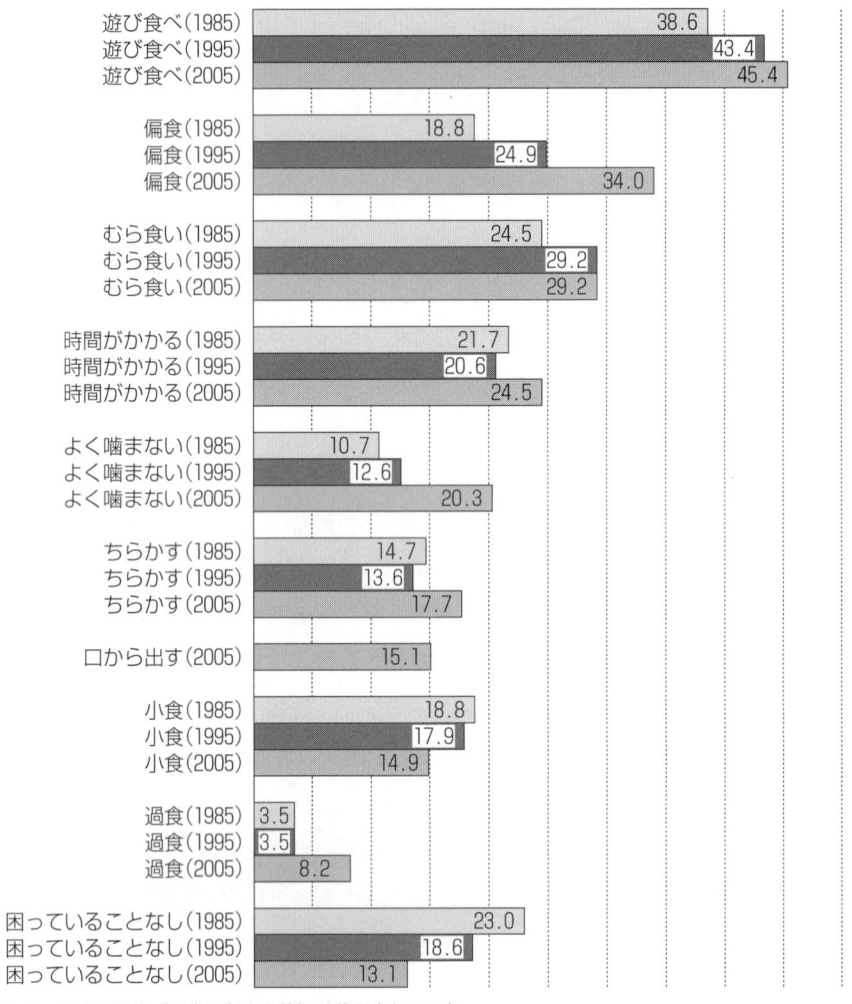

項目	割合(%)
遊び食べ（1985）	38.6
遊び食べ（1995）	43.4
遊び食べ（2005）	45.4
偏食（1985）	18.8
偏食（1995）	24.9
偏食（2005）	34.0
むら食い（1985）	24.5
むら食い（1995）	29.2
むら食い（2005）	29.2
時間がかかる（1985）	21.7
時間がかかる（1995）	20.6
時間がかかる（2005）	24.5
よく噛まない（1985）	10.7
よく噛まない（1995）	12.6
よく噛まない（2005）	20.3
ちらかす（1985）	14.7
ちらかす（1995）	13.6
ちらかす（2005）	17.7
口から出す（2005）	15.1
小食（1985）	18.8
小食（1995）	17.9
小食（2005）	14.9
過食（1985）	3.5
過食（1995）	3.5
過食（2005）	8.2
困っていることなし（1985）	23.0
困っていることなし（1995）	18.6
困っていることなし（2005）	13.1

出典：厚生労働省「平成17年度乳幼児栄養調査」2006年

　乳幼児栄養調査（図7-1）は、全国の4歳未満の子どもを育てている母親を対象に食の悩みについて、1985（昭和60）年、1995（平成7）年、2005（平成17）年と10年ごとに実施されてきました。4歳未満の子どもをもつ母親が、食に関して「困っていることはない」と回答した割合は1985年では23％だったのに対して、2005年では13％にまで減少しています。また、最も多い「遊び食べ」で困っている母親はこの20年間でさらに増えており、2005年ではほぼ半数の母親がこのような子どもの食事の行動に困っていることを示しています。

　ほかには、「偏食」「むら食い」「時間がかかる」「はしやスプーン、フォークの使用がうまくいかずちらかす」「過食」「小食」などの相談は、乳幼児期を通

第7章　養育力向上を目指した支援の実際

してみられます。

　このような「食」に関する保護者の悩みについて注意しなくてはならないのは、食事のマナーやルールが理解できない4歳未満の子どもに対して、遊ばずに食べるようになることが果たして母親の養育力向上といえるかどうか、という点です。「生活＝遊び」という段階の子どもにとって、食事の時間であって遊びではないということを理解するには時間がかかります。保護者は「食べてほしい」という気持ちが強く、子どもは「遊びたい」気持ちが強い。両者のギャップがはっきりしています。

　しかし、その一方で、デイリープログラムに基づく保育所などの集団場面では、友だちや先生を見て、モデリング[*4]によって子どもが新たな力を獲得することがあります。たとえば、自分が嫌いな野菜を友だちがおいしそうに食べている姿を見て思わず自分も口にしてみる、といった具合です。

　そこで、食事場面での困り感自体はすぐに解決されないかもしれませんが、保育所でみんなと一緒に食事をしている場を保護者に参観してもらったり、食事のときの子どもの様子をきめ細かく伝えたりすることが、保護者の養育力向上のための保育相談支援の実際となります。また、先述の乳幼児栄養調査のなかで「離乳食で困ったこと」への回答をみると、「食べるものの種類が偏っている」（28.5％）、「食べる量が少ない」（20.6％）、とあり、離乳食完了前も偏食や小食など同様の悩みを抱えていることがわかります。こうしたことから、子どもは離乳食の頃からの食生活の延長線上にあることを伝え、離乳食の頃の子どもの発達の様子を振り返ってもらうことも一つの方法です。

　加えて、親子関係の基本を一緒に確認してみることも大切です。子どもと目線を合わせてコミュニケーションを図ること、食事を一緒に食べること、大人が良いモデルになること、味覚だけでなく視覚・聴覚・触覚・嗅覚など五感をフルに使って楽しめるような工夫することなどが挙げられます。

＊4　モデリング
目的とされる行動を行う他者を観察し、その行動を模倣することによって、適切な行動パターンを行うようになること。

4. 排泄の自立

　子どもの排泄の自立は、膀胱（ぼうこう）の容量、括約筋（かつやくきん）の機能、神経系の伝達機能、などさまざまな身体器官の発達を待たなければなりません。2歳頃になると、しぐさや言葉で排泄の事後あるいは事前に、周りの大人に不快感を訴えることができるようになります。たんなる排泄の自立だけでなく、自己調整をどう育てるか、子どもの発達的側面について、保護者と一緒に考えていく支援が必要になります。

107

③ 養育力の向上と発達援助のつながり

＊5 ジェイ・ベルスキー（1952-）
カリフォルニア大学教授。人間の発達と家族・地域など、取り巻く環境との関連について多くの研究を発表しています。日本では『英国の貧困児童家庭の福祉政策』（明石書店, 2013年）、『子供をもつと夫婦に何が起こるか』（草思社, 1995年）などの著書が翻訳されています。

　保護者の養育が、子どもの発達に直接的な影響を及ぼしていることを、ベルスキー（Belsky, J., 1984）＊5が「養育のプロセスモデル」として発表しています（図7-2）。この図を手がかりにして、保護者の養育と子どもの発達とのつながりについて、イメージして考えてみたいと思います。こうしたモデルを使うねらいは、テーマを分節化して考えることにあります。保育の現場は混沌としており、慌ただしく過ぎていきます。そこでモデル図を使ってテーマを小さく分けて考えていくと、解決の糸口がみえてくることがあるのです。

　まず、保護者の「養育」の内容には、子育て支援など社会的なサポートが得られるかどうか、夫婦関係は良好かどうか、仕事が多忙かなどの要因、保護者自身のパーソナリティ、子どもの特徴（気質や個性）が影響を及ぼします。さらに、保護者がどのように育ってきたかという「生育歴」は、そのパーソナリティ（人格）に影響を与えます。一方、パーソナリティは、夫婦関係、仕事、子育て支援をうまく利用できるか・できないかということに影響するのです。

　ベルスキーの図に、保育相談支援の立場から相互関連のつながりを示す矢印を点線（……▶）で筆者が加筆しました。つまり、子育て支援を利用することが、子どもの発達や保護者のパーソナリティに影響することもあるし、子どもの発達を援助することにより、保護者の養育向上に関連することがあるのです。

　先述の幼保連携型認定こども園教育・保育要領には「…満3歳未満の園児については、大人への依存度が極めて高い等の特性があることから、個別的な対

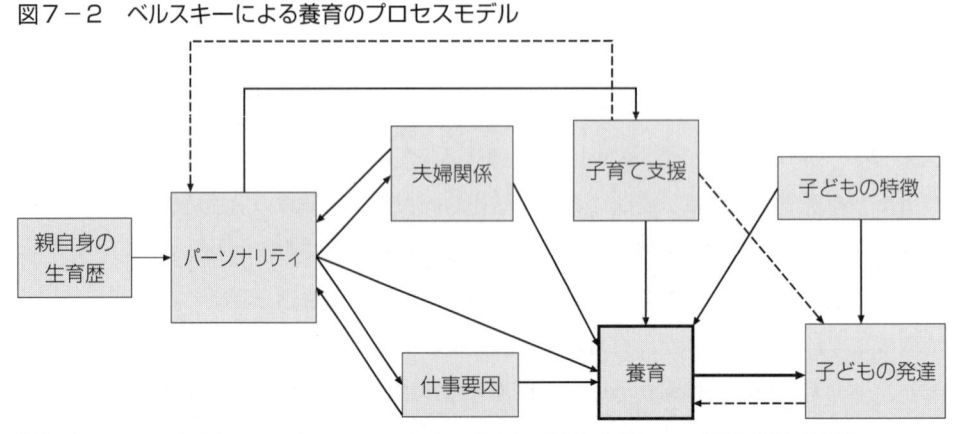

図7-2　ベルスキーによる養育のプロセスモデル

出典：Process model of the determinatnts of parenting（Belsky, 1984）を基に、‥▶（点線矢印）を加筆

応を図ること。また園児の集団生活への円滑な接続に…」と留意点が明記されています（p.103）。子どもの発達は、乳児であるほど養育の影響を受けやすく、大人への依存度が高いのです。保育による子どもへの直接的な発達援助と、保育相談支援による保護者の養育向上という間接的な発達援助によって、子どもは育っていきます。保育の現場で、子ども一人一人の発達課題に取り組むだけでなく、家庭との連携および協力を図り、大人同士の関係を築いて支援する必要があります。養育力向上に向けてきっかけづくりを工夫してみましょう。

④ 実践事例から考える

1. 潜在的ニーズへの具体的な支援方法・内容

　本章のはじめに、「養育に関するアセスメント」で保護者の養育について、改善が必要な側面、子どもの状況、親子の相互関係について、事例の状況、保護者の困り感、保護者と子どもの実態を具体的にとらえて理解することを述べました。その際、支援が必要であっても、保護者が困り感を示さない場合があることを忘れてはいけません。そのような場合には、どのように支援に結びつけたらよいか、適切な支援のきっかけについて考えておくことが必要になります。

　子どもの発達援助を目指した保護者支援では、保護者から支援を求められてはいないものの、早めに養育を支援することが必要になることがあります。これを養育支援の「潜在的ニーズ」といいます。本人が自覚していない場合でも、ピンポイントで働きかけることによって、保護者の養育力向上につなげることが期待できます。

　次の事例は、保護者の養育に関して「潜在的ニーズ」はあるものの、保護者自身が子どもの発達や特徴に気づいていないケースです。事例を読んで、保護者支援の実際について考えていきましょう。

> **事例 1** ●A保育園に通う0歳児のTくん（7月）
>
> Tくん（0歳児）のお母さん（Aさん）は仕事が忙しく、なかなか休むことができません。入園してから3か月頃に、一日休んで登園してきましたが、Tくんは表情が硬く、不安定な様子なので、担当保育士がお母さんに事情を聞きました。すると、「昨日はTの体調が悪かったので、病児保育施設に預けましたが、おりこうだったみたいで、施設の先生に『一日穏やかに過ごし、手こずることもありませんでした』と言われて、ほんとに助かりました」とのことでした。担当保育士からみると、Tくんが緊張していたことが想像されますが、お母さんはいつもと違うTくんの様子に気づいていないようです。

この事例（小川, 2011)[2]の「養育に関するアセスメント」をまとめてみます。

①**保護者のもっている養育の強み**
　子どもの状況に合わせて、預ける施設を準備できており、子育て支援をうまく利用できること、そこでの子どもの姿を心配して情報を得ることができること、担当保育士とのコミュニケーションがとれること。

②**改善が必要な点**
　子どもは緊張して不安定な状況にあったと考えられるが、その状況や気持ちに気づけていないこと、子どもに対する感受性が乏しく、Tくんが依存できる対象になっていないこと。

　このことから、①の強みを自信の中核として支援し、②の点を検討していきます。事例では、担当保育士は潜在的ニーズがあると見立てて、まずコミュニケーションをとっています。事情を聞くことによって、保護者が昨日の子どもの様子を思い出しながら、子どもの気持ちに対する気づきを後押ししています。保護者と対話しながら、保育者がTくんを抱っこすることで、養育のモデルになることも必要です。

　また、保育時間が終了し、お迎えに来たときにその日の保育の子どもの姿をていねいに伝えることによって、潜在的ニーズが顕在的ニーズに移行することも考えられます。保護者から疑問がもちかけられた時点で、ガイダンスや相談に発展することによって子育ち・子育ての支援につなげる可能性があるという見通しも記録しておきましょう。

2. 保護者支援の解説

　保護者の「養育」には、仕事要因、子育て支援をうまく利用できる・利用できないということ、夫婦関係、保護者自身のパーソナリティ、子どもの特徴（気質や個性）が影響を及ぼすことを図7−2のモデル（p.108）によって示しました。このモデルをふまえると、この事例における養育の状況がどのような構造になっているかについて説明できます（図7−3）。

①Tくんの体調が悪くても休むことができないという保護者の「仕事要因」
②「子育て支援」を利用できるという強み
③子どもの気持ちになかなか気づけないという「保護者のパーソナリティ」
④Tくんが発する大人へのシグナルが弱い可能性（「子どもの特徴」）

　事例では、保護者が自分の感じたことを保育者に伝えるという大人同士の関係が築かれていることを強みとして活用しながら、お母さんを求める力の弱いTくんとお母さんとの親子関係を築くことが必要になります。発達援助を目標として、保護者の子どもの気持ちを読み取る力を支援することにしましょう。

　第6章（p.93）でもふれましたが、乳幼児期の子どもが安全の基地として特定の大人を利用できるようになることは、愛着（アタッチメント）の形成にかかわる大変重要な発達です。子どもがストレスを抱えた時に、特定の大人（アタッチメント対象）をどのように利用するかという愛着の働きをアタッチメントシステムともいいます。青木（2013）によるとアタッチメントシステムとは、「子どもが、痛み、恐怖、親との分離、見知らぬ場面などにより活性化するシ

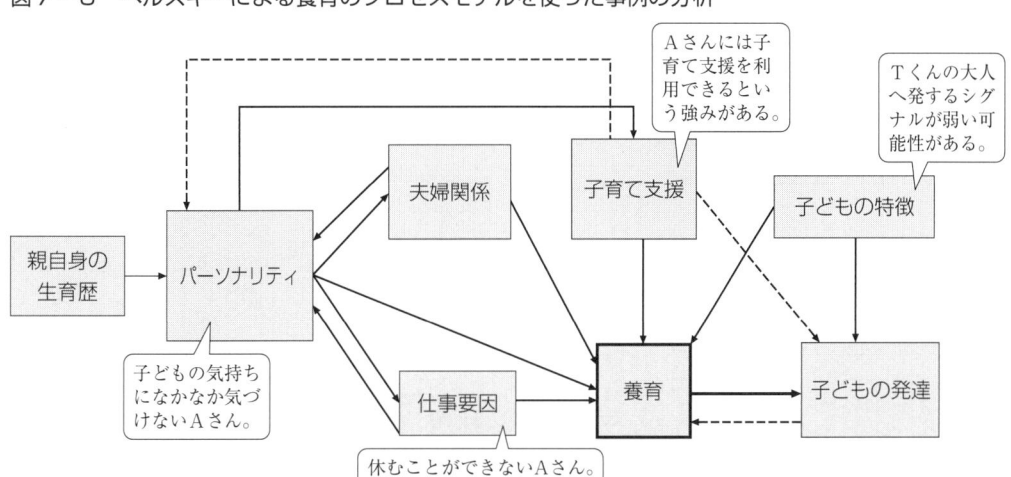

図7−3　ベルスキーによる養育のプロセスモデルを使った事例の分析

出典：Process model of the determinatnts of parenting（Belsky, 1984）を基に、→（点線矢印）等を加筆

ステムで、乳幼児を2つの目標に向かわせる。1つはアタッチメント対象（養育者、親）に接近するというような外的な目標であり、2つは安心感を得るというような内的な目標である。感受性のあるアタッチメント対象は、接近してくる乳幼児に慰めを与える。こうして目標が達成されると、アタッチメントシステムは脱活性化して、乳幼児は再び親から少しずつ離れて、外界を探索できるようになる」と説明されています[3]。

　ここで言う「アタッチメント対象」とは、Tくんにとって、お母さんということになります。Tくんが不安な気持ちにあるときにアタッチメントシステムが活性化して助けを求めるけれど、お母さんの感受性が乏しいために、適切な慰めを与えることができない状況にあると考えられます。このまま放置すると、Tくんはお母さんや大人に「不安だから助けて」というシグナルを発信しなくなってしまい、ますますお母さんの感受性が乏しくなってしまう可能性が生じることが考えられます。

　さらに、十分な安心感が得られていないので、保護者から分離して外界を探索しようとする動機が乏しくなって、子育て支援を活用しようと働きかけても、Tくんは楽しめない、という悪循環に陥る可能性もあるのです。ちなみにこの事例では、保育士の保育相談支援によって、やがて安定した親子関係に変化していきました。

演習課題　―やってみよう―

・事例を読み、支援について考えてみよう

　次の事例を読み、本章で学んだ「養育に関するアセスメント」と「具体的な支援方法・内容」についてまとめてみましょう。

> **事例2**　●2歳になって遊び食べが目立つようになったSちゃん（6月）
>
> 　B保育園に通うSちゃんは、今まで何でも好き嫌いなく食べていたのですが、この頃はその日の気分によって食べたり、食べなかったりが目立つようになりました。お母さんは、3月生まれで、しかも小さく産まれたSちゃんに食べてもらおうと一生懸命です。でも、朝の忙しい時間に限って、Sちゃんがなかなか目覚

> められなかったり、機嫌が悪くてぐずぐずしていたり、食べ始めたかなと思ったら食卓から離れて遊び始めてしまったりと手こずっています。
> 　先生からは「朝食はしっかり食べさせてきてください」と言われていますが、最近はお母さんがんばるほど、逆にかたくなに食べようとしないと感じています。わざとこぼして困らせるようにしているように見えてしまいます。
> 　ある日、お迎えにきたお母さんが、帰りの準備をしているSちゃんを見守りながら、担当の保育士に近づき、「食事の時間がゆううつです…」と話し始めました。

①「保護者の養育に関するアセスメント」を書き留めてみましょう。
………………………………………………………………………………………
………………………………………………………………………………………
………………………………………………………………………………………

②「具体的な支援方法・内容」を考えて、生活援助・発達援助をまとめてグループで話し合ってみましょう。

・生活援助について
………………………………………………………………………………………
………………………………………………………………………………………
………………………………………………………………………………………

・発達援助について
………………………………………………………………………………………
………………………………………………………………………………………
………………………………………………………………………………………

【引用文献】

1）内閣府・文部科学省・厚生労働省『幼保連携型認定こども園教育・保育要領』フレーベル館　2014年　p.29　「第3章　指導計画に当たって配慮すべき事項」
2）小川晶「保育所における高学歴・高齢出産母子に対する支援－母親と保育者の関係構築を基軸として－」「保育学研究」Vol.49, No.1　2011年　pp.51－62
3）青木豊「乳幼児の生活内でのアタッチメント形成支援」相澤仁・奥山眞紀子編『生活の中の養育・支援の実際』明石書店　2013年　pp.53－60

【参考文献】

・厚生労働省「平成17年度乳幼児栄養調査」2006年
　http://www.mhlw.go.jp/houdou/2006/06/h0629-1.html
・内閣府・文部科学省・厚生労働省『幼保連携型認定こども園教育・保育要領』フレーベル館　2014年

コラム2　学童保育における保育相談支援

　小学生に対する保育事業として、学童保育があります。放課後や土曜日など保護者が仕事をしている時間帯に、保護者に代わって小学生を預かり保育する事業のことで、正式には放課後児童健全育成事業といいます。「放課後クラブ」や「育成室」など、学童保育を設置・運営する団体によってその名称は異なりますが、保育内容としては主に自由遊びや集団活動プログラムのほか、おやつや宿題の時間が共通して設けられています。集団保育を行うという点で、いわば保育所の延長に学童保育があるともいえます。

"第二の家庭"学童保育で働く指導員の役割

　学童保育で保育にあたるのが学童保育指導員（以下、指導員）です。学童保育は"第二の家庭"ともいえ、指導員は、子どもの安全を確保し生活のなかで子どもの育ちを支えていきます。その意味で、保護者と同じ立場で子どもに対応しています。指導員は、保護者が学童にお迎えにくるときや、連絡帳などで、保護者が抱える子育ての悩みや相談を受けることがよくあります。たとえば、「学校ではお友だちとあまり遊んでいないようで…学童ではどうですか」、「どうも言葉が遅れている気がして、何か障がいでもあるのでしょうか」といったようにです。相談内容の多くは、子どもの社会面や学習面・発達面の気がかりなどです。そのようなとき、学童保育ではとくに、家庭・学校・学童という三つの場で生きる子どもの姿を統合し、保護者とともに、子どもの状態や育ちを理解していくことが求められます。というのも、学校では授業や集団活動にがんばって適応してきた子どもが、学童にくると、その家庭的な雰囲気のなかで緊張の糸が緩み、思い切り発散したり指導員に甘えたりするということがしばしば起きるからです。指導員は、学童での子どもの姿と、学童以外の場での様子とを重ねて、子どもの心や育ちについて想像力を働かせて考えます。低学年の子どもたちは、まだ十分に、自分の状態や気持ちを言葉で語ることができま

せん。だからこそ、このことがとくに大切になります。その点で、小学校の先生と日頃から子どものことを話題にしたり、相談したりできることも必要となるでしょう。

　そのように気を配っても、保護者のなかには関係を結ぶことが難しいと感じる場合があります。たとえば、ある学童保育所で、1年生で入所した当初からほかの子への暴力や暴言が激しい子どもがいました。指導員が気になって、母親にそのことを伝えて家庭での様子をたずねると、母親は「子どもを預かるのが学童の仕事でしょう！家庭ではどんなことをしようと関係ないじゃない！」とすごい剣幕で怒りだしました。母親は、自分の育児を責められたように感じてしまったのです。実は、一人で子育てをしながら求職中でもあったこの母親は、家でなかなかゆったりした気持ちで子どもとかかわることができていませんでした。そのため、すぐに子どもに手が出てしまい、子どもも同じように学童でほかの子に発散していました。

　経済的に苦しかったり、育児で頼れる人が周囲にいない、あるいは保護者が病気を抱えているなど、保護者自身が子育てに対して精神的に余裕のない場合に、保護者と信頼関係が築けないように感じることがあります。そのようなときは、一人で対応せず、さまざまな指導員がその保護者とかかわり気に掛けることで保護者が安心感を得られたり、指導員間でも情報共有がなされ、保護者に対する理解が深められたりします。保護者の相談ニーズや相談のしやすさに応じて、役職にとらわれずに役割分担して保護者対応することも有効です。いずれにしても、指導員皆でその保護者と子どもの状態を理解し、対応を検討しながら親子を支えていくチームワークが重要です。

　近年、共働きの親が増えてきたこともあり、少子化の一方で学童保育の利用児童は都心部を中心に増加傾向にあります。2015年現在、指導員になるための特別な専門資格は全国的に定められてはいません。保育士資格や幼稚園教諭の免許をもった人たちが、学童の現場で多く指導員として働いています。今後、保育者の活動の場として、学童保育はますます広がりをもつものと考えられます。

第8章

保護者同士の関係を改善するための支援の実際

●●● 本章のねらい

保育者がかかわる保護者同士の問題について考えます。重要なのは保育者として「子どもの最善の利益」となるよう配慮しつつ、それぞれの価値観をもち、意見や欲求を伝えてくる保護者間の関係調整を図ることです。

① 保護者同士の関係を改善するための支援

1. 保護者同士の関係

1 「ママ友」の関係と問題

子どもを通じて知り合った母親同士の友人関係をさす「ママ友」という言葉は一般的に使われるようになってきました。まず、保護者同士の関係について、「ママ友」をキーワードに考えてみましょう。

①「ママ友」とは

「ママ友」は、子どもが同じ園に通っている、家が近く同じ年の子どもがいるなど、子どもを接点とした友人関係です。お互いを名前や苗字ではなく「〇〇ちゃん(子どもの名前)のママ」と呼ぶことからもわかるように、あくまでも子どもを介した関係であることが特徴です。酒井(2013)は、育児期の妻にとって、地域で子どもを通じたつき合いのあることが、子育て意識[*1]を健全に保つことにかかわる要因の一つであると述べています[1)]。子育て中の母親にとって、「ママ友」との間で子育ての情報を交換し、悩みを共有することは、健全な子育て意識を保つために役立つことだと言えるでしょう。

②「ママ友」の問題

「ママ友」の関係は、園や地域など、極めて限定された世界のなかで似たよ

[*1] 子育て意識とは、育児への肯定感と否定感のこと。ベネッセの調査(2013)[2)]では、肯定感については「子育てに自信が持てるようになった」と「子どもを育てることに充実感を味わっている」の2項目を、否定感については「子どもがうまく育っているか不安になる」と「子育てのためにいつでも時間に追われていて苦しい」の2項目でたずねています。

第8章　保護者同士の関係を改善するための支援の実際

うな価値観をもつことがつき合いの前提となるため、ささいな行き違いが大きなトラブルへと発展してしまうことがあります。また「ママ友」との関係でもめ事が生じた場合でも、子どものために我慢して無理な関係を続けてしまうこともあるかもしれません。

最近ではコミュニケーションの手段として、メール、インターネットやSNS[*2]など、多様なデジタルメディア[*3]の利用が一般的になってきました（図8－1）。メールを使って事務的な連絡事項の伝達だけなら問題にはなりませんが、場合

[*2]
SNS（social networking service）とは、mixi、Facebook、Twitter、LINEなどに代表される、インターネット上の社会的ネットワークを構築するサービスのこと。

[*3]
デジタルメディア（Digital media）とは、デジタル化された情報を伝える媒体を指します。コンピュータ、携帯電話、タブレット、電子書籍、デジタルカメラ、デジタルテレビ、ゲーム機器などが含まれます。必要な情報だけを選んで受容することができます。

図8－1　ママ友との連絡手段

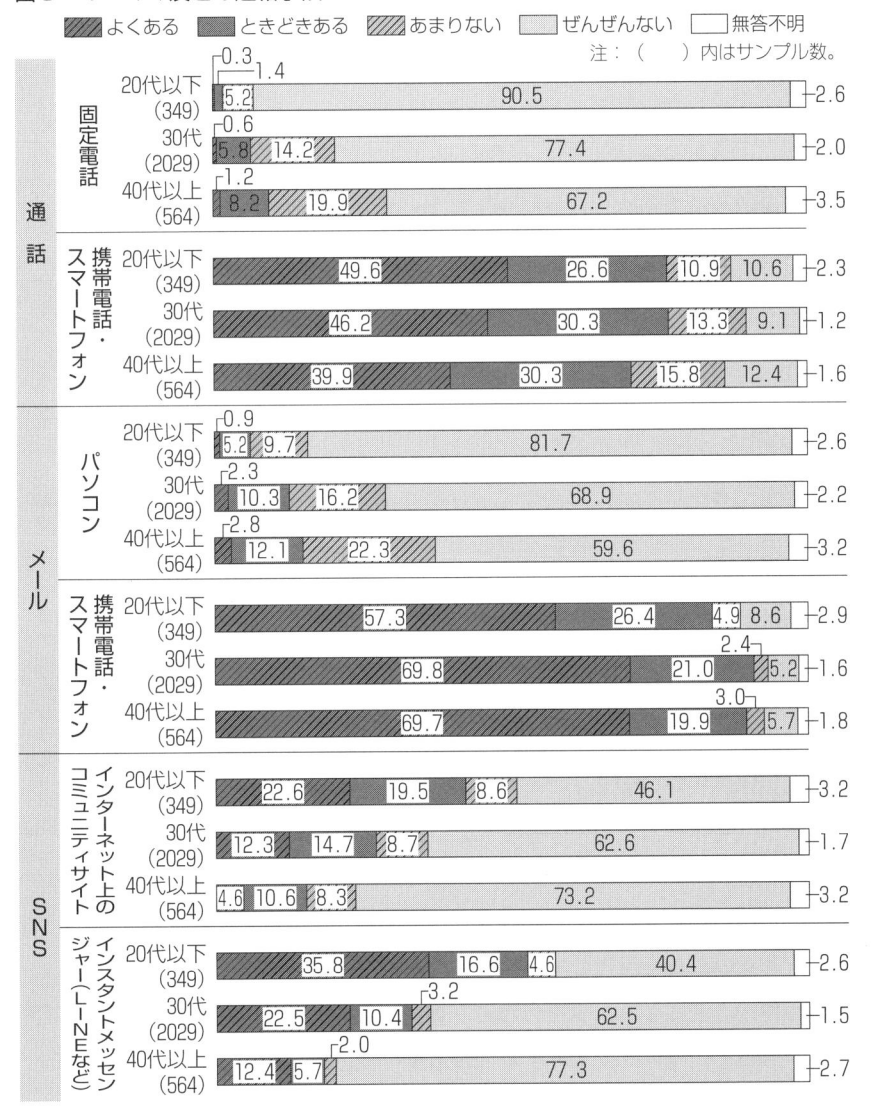

凡例：よくある／ときどきある／あまりない／ぜんぜんない／無答不明
注：（　）内はサンプル数。

通話
- 固定電話
  - 20代以下（349）：0.3／1.4／5.2／90.5／2.6
  - 30代（2029）：0.6／5.8／14.2／77.4／2.0
  - 40代以上（564）：1.2／8.2／19.9／67.2／3.5
- 携帯電話・スマートフォン
  - 20代以下（349）：49.6／26.6／10.9／10.6／2.3
  - 30代（2029）：46.2／30.3／13.3／9.1／1.2
  - 40代以上（564）：39.9／30.3／15.8／12.4／1.6

メール
- パソコン
  - 20代以下（349）：0.9／5.2／9.7／81.7／2.6
  - 30代（2029）：2.3／10.3／16.2／68.9／2.2
  - 40代以上（564）：2.8／12.1／22.3／59.6／3.2
- 携帯電話・スマートフォン
  - 20代以下（349）：57.3／26.4／4.9／8.6／2.9
  - 30代（2029）：69.8／21.0／2.4／5.2／1.6
  - 40代以上（564）：69.7／19.9／3.0／5.7／1.8

SNS
- インターネット上のコミュニティサイト
  - 20代以下（349）：22.6／19.5／8.6／46.1／3.2
  - 30代（2029）：12.3／14.7／8.7／62.6／1.7
  - 40代以上（564）：4.6／10.6／8.3／73.2／3.2
- インスタントメッセンジャー（LINEなど）
  - 20代以下（349）：35.8／16.6／4.6／40.4／2.6
  - 30代（2029）：22.5／10.4／3.2／62.5／1.5
  - 40代以上（564）：12.4／5.7／2.0／77.3／2.7

出典：ベネッセ教育総合研究所『乳幼児の親子のメディア活用調査　報告書［2013年］』2014年
http://berd.benesse.jp/up_images/research/nyuyoji_media_all.pdf

によっては相手の気持ちや意図を取り違えて齟齬をきたすこともあります。さらに、不安や誤解を招きやすいうわさも以前は口コミで徐々に伝わっていきましたが、現在ではSNSを通じて一瞬にして伝播していきます。そこに個人の思惑も加わると流言やデマとなって伝わり、「ママ友」同士の関係はさらに複雑で表面化しない葛藤を招いてしまうこともあるでしょう。

園の保護者同士の関係も「ママ友」と同様に、表面的には良好に見えたとしてもトラブルや問題が生じやすいことを理解しておくことが必要です。

2 保護者同士に起こる問題の傾向

保護者同士の問題は、大きく分けて子どもに起因するもの、保護者に起因するものが考えられます。井梅・藤後（2014）は、ママ友間のトラブルに関するアンケート調査の結果を次のようにまとめています[3]。

「スポーツの習い事場面」では、係りや当番のこと、子どもの能力的な部分によるもの、養育方針、メールによるトラブルなどがあり、「学校、保育所・幼稚園」では、子ども同士のトラブルによる保護者関係の悪化、PTA役員に関すること、複数のママ友間のトラブルなどを挙げています。また、トラブルがあったと回答した保護者の場合、子育て不安・負担感が高く、対人関係も不安定であるという結果が示されています。つまり、きっかけは子どもに関するトラブルであったとしても、そこに保護者自身の性格傾向や対人関係の特徴が影響することで、多様で複雑な様相を呈することが考えられます。

2. 保護者同士の問題の背景

1 保護者の生活状況と価値観の多様化

長瀬は『保育白書 2013年版』において、保護者の生活状況や価値観の多様化について触れています[4]。そのなかで、保育者からみて関係づくりが難しい保護者の例として、保育をアウトソーシング[*4]と考え、消費者意識が強く、自分や子どもの利益を優先して保育所に対して過度な要求をする保護者がいる一方、お便りも読まない、顔を合わせる機会もなく子どもに無関心にみえる保護者もいるなど、両極端にもみえる保護者像を取り上げています。

このような保護者の生活状況や価値観の多様化が、保育所と家庭の連携の難しさを招いており、同意や納得をつくり出し難いばかりか、不満や苦情を生じ

---

*4
アウトソーシングとは、本来は企業が自社の業務を外部の専門業者に外注・委託することを意味します。専門的なスキルを必要とし、コストがかかる仕事を、外部に委託することによって効率化とコスト削減を図ることができます。

てしまう現状があります。こうした保護者と園との関係は、保護者同士にも同様に生じていると思われます。例として、相手との違いに配慮することなく自分の利益や価値観を優先させて自己主張を繰り返す「ママ友」と、うまく折り合い同意を得ることは大変難しいことでしょう。

2 保護者の就労状況の違いと「ママ友」関係

先に述べたように、「ママ友」関係で重視されるのは、自分と似たような環境に置かれ似たような価値観をもっていること、つまり"同質感"です。實川と砂上（2012）は、専業主婦の母親は子育てに関する親役割の同質感を相手に求め、就労している母親は仕事に関する就労の同質感を求めていると述べています[5]。つまり母親自身のアイデンティティや価値観、人生観によっても、相手に求めるものや「ママ友」ネットワークの広がりにも違いがあると考えられます。

就労状況の違いはおのずと「ママ友」同士の交流の機会や親密さにも影響を及ぼします。平日の日中に働く母親は、昼間の専業主婦の集まりに参加することができずに疎外感を抱くかもしれません。つまり、就労状況が異なる保護者が集まる認定こども園の方が、「ママ友」関係の難しさや保護者間の問題が生じやすい状況にあるといえるのかもしれません。そのため、認定こども園は保護者の生活状況に配慮した行事の実施や交流の場を設定するなどの工夫を行っています（図8－2）。

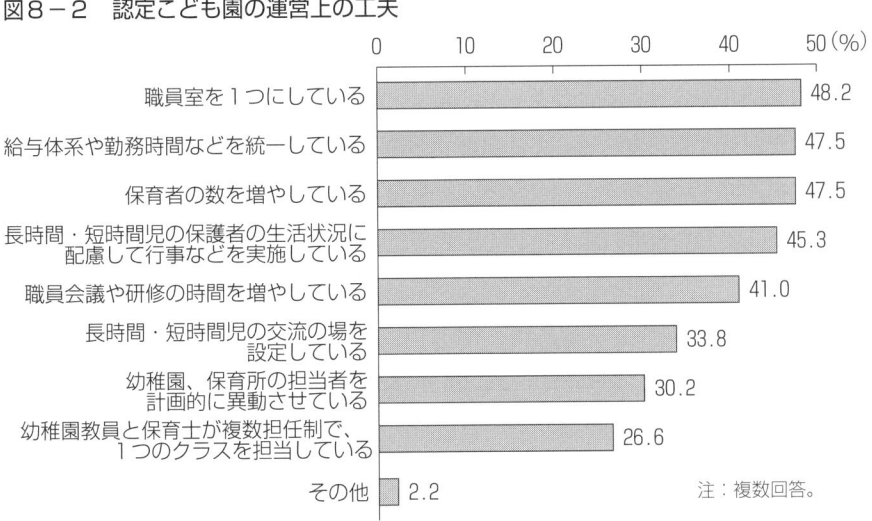

図8－2　認定こども園の運営上の工夫

項目	%
職員室を1つにしている	48.2
給与体系や勤務時間などを統一している	47.5
保育者の数を増やしている	47.5
長時間・短時間児の保護者の生活状況に配慮して行事などを実施している	45.3
職員会議や研修の時間を増やしている	41.0
長時間・短時間児の交流の場を設定している	33.8
幼稚園、保育所の担当者を計画的に異動させている	30.2
幼稚園教員と保育士が複数担任制で、1つのクラスを担当している	26.6
その他	2.2

注：複数回答。

出典：ベネッセ教育総合研究所『第2回　幼児教育・保育についての基本調査　報告書［2012年］』2012年
http://berd.benesse.jp/up_images/textarea/09_2.pdf

3 個人的な悩みを受け入れる

　発達の問題や子どもの性格、しつけに関する相談は一年を通じて保育相談の場にもち込まれます。年度初めは園という環境への適応が問題となって、登園しぶりや友だち関係の話題が多い傾向がみられますが、一年の後半にさしかかる頃になると、夫婦関係や嫁姑問題、保護者自身の問題など、よりプライベートな問題が増えていきます。この時期は母親自身の緊張も緩み、心身の疲れが出て育児不安も高まるため、今まで気づかなかったことも目につくようになるのでしょう。子どもも母親の不安を感じ取って、夜尿やチック、吃音(きつおん)などの習癖[*5]が出現することもあり、さらにそれが母親の悩みの種になっていきます。

　保護者の個人的な悩みであっても、子どもの心身に多大な影響を及ぼします。外部の専門機関との連携の可能性を考慮しながら、「子どもの親」ではなく、「一人の生活者」としての保護者の声に親身になって耳を傾けることが重要です。

[*5] 習癖とは、きょうだいの誕生や入園など、生活の変化を体験し、心の葛藤が高まった反応としての問題行動がくせとして定着したもの。

3. 保育相談支援の特徴と難しさ

　保育相談は日常生活と切り離しがたい場で相談を行わなければなりません。また、保育者はカウンセラーではないので、相談を受ける専門家でもありません。そこに保育相談の難しさがあります。

　一方で、保育者は子どもを擁護する立場にあるため、子どもに問題がある場合、「もっとしっかりしてほしい」「子どものことはすべてわかっているべき」と保護者に不満や怒りを抱いて、保護者の話を否定的に受け止めてしまうことがあるかもしれません。しかし、困ったときに保護者が望んでいるのは、「自分の気持ちを受け止めてわかってくれる人」の存在です。秦野（2012）は、保育者だからこそ保育を通して「保護者と子どもを一緒に包み込むような」保護者支援が可能であり、子どもにとって最善の利益のために保護者とどのように向き合うのかを冷静に考えることが重要だと述べています[6]。

② 関係性の視点を活用した相談支援の理論とアプローチ

　保育相談は個別相談が中心になりますが、ときには家族やクラスなどの集団へのアプローチも必要となります。集団に接する際も保育相談支援の基本的な

技術である「共感」「傾聴」「受容」「信頼関係」が前提となります。それをふまえたうえで、本節では集団にかかわる際に役立つファシリテーションの方法やシステム理論とそれを活用した家族療法の考え方を紹介します。

1. ファシリテーション

1 ファシリテーションとは

　園のなかで、保護者同士が顔を合わせる機会はいくつかあります。毎日の送迎もその一つですが、送迎時には限られた人としか顔を合わせないかもしれません。そのため、クラスの保護者が顔を合わせて交流する保護者会などは、お互いを知り親睦を深める良い機会です。しかし多くの園で行われている保護者会は、後援会的な組織として園主導型で実施されているのではないでしょうか。

　ファシリテーション（facilitation）は物事を容易にできるようにすることを意味する言葉です。ファシリテーションは保護者会やクラス懇談会のときなどに、保護者同士の人間関係を調整する有効な手法です。保護者からの個別の相談は一対一の対話になりますが、グループになると保育者はリーダー的な立場で参加し、保護者から出された問題に対して、保育の専門家としての答えや解決策を求められることが多いでしょう。一方、ファシリテーションの場合、保育者は問題を解決するのではなく、あくまでもファシリテーター（進行役）としてグループに関与し、保護者同士が活発に交流することで主体的に問題解決に向かうよう手助けします。

2 ファシリテーションの実際

　それでは実際に保育者はどのように手助けすればよいのでしょうか。

　ファシリテーションが目指すのは、他者とのぶつかり合いや相互作用を通して相手との違いを知り、固定化した思考の枠組みを変えていくことです。

　保護者会などでは、安心して話ができ、グループ全体が問題解決に向かって自由に意見や知恵を出し合えるような雰囲気をつくります。最初にわかりやすく具体的なテーマを設定し、話し合いの目的を明確に示してください。話し合いが始まると、保育者は会を先導するのではなく、保護者間での話し合いの推移を見守りましょう。ただし、たんなる傍観者ではなく、必要な情報を提供したり、ときには課題や問題解決のための舵取りを引き受けたりなど、グループ

の調整役として話し合いに立ち会います。そうすることで価値観や考え方が異なる親同士であっても、共通する子育ての悩みや知恵を出し合いながら活発に交流し、しだいに打ち解けて互いを認め合うことができるようになるでしょう。

2. バウンダリーとシステム理論

　人と人との関係について理解をさらに深めるために、システム理論を紹介します。キーワードは「バウンダリー」です。バウンダリー（boundary）とは、境目や境界、限界を意味します。対人関係においては、人と人との間の心理的な境界をさしています。そして、バウンダリーを含むシステム理論の考え方は、人との適正な距離を考えるときや、集団とかかわる際の手助けとなります。

1　システム理論とは

　システム（集合体）とは複数の要素が相互に影響を与えながらまとまりを構成し機能していることを意味します。世の中のさまざまなものがシステムとしてとらえることができます。たとえば、地球の生態系や社会といった大きなものから、身近な学校や友だちグループ、あるいは人体や呼吸のしくみ、さらには機械などもシステムとしてみることができます。家族も環境との相互作用をもつシステムであり、子ども・親・配偶者が相互に作用し合う要素によって全体が構成された複合体です（図8-3）。そしてその独自性はバウンダリー（境

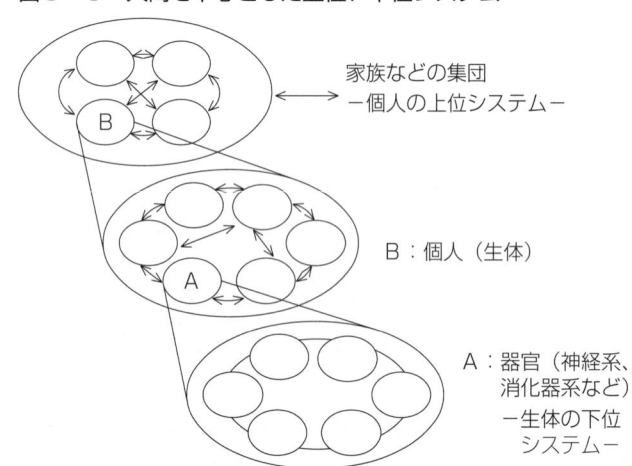

図8-3　人間を中心とした上位、下位システム

家族などの集団
－個人の上位システム－

B：個人（生体）

A：器官（神経系、消化器系など）
－生体の下位システム－

出典：平木典子『家族カウンセリング入門―家族臨床援助―』
　　　財団法人安田生命社会事業団　1996年　p.17

界）によって維持されていると考えます。

　システム理論の特徴は、その物事が起こっている環境を含めて、コンテクスト（文脈）や相互作用で理解します。一つの部分にある変化が起こると、それがシステム全体に波及していくと考えます。システム内でさまざまな相互作用が存在し、あらゆる出来事が互いに関連をもちながら円環的に繰り返されているととらえるのです。つまりそれは、境界を引き直すことによって、これまでとは異なる新たな関係が始まる可能性があるということです。

2 システム理論と家族療法の相談支援への応用

　たとえば、おもちゃを片づけない子どものことが問題になっているとします。その子どもに対して母親が「片づけなさい」と怒る、そんな母親に対して「うるさい」と腹を立てた父親との間で夫婦げんかが始まる、それを見た子どもがさらに片づけへの意欲を失う、またそれに母親が「片づけなさい」と怒る…とパターンが繰り返されては解決には至りません。

　システム理論を取り入れた家族療法[*6]では、このような円環的なパターンや相互作用を生む「関係性」に着目します。特定の誰かを責めるのではなく、システム内で問題や悪循環を維持するような行動パターンがあるかどうか、それを変えるためにはどうすればよいのかを考えます。つまり、原因探しや犯人探しをする思考を変えていくアプローチといえます。

*6
家族療法とは、家族全体や家族関係を対象とする心理療法のこと。家族を一つのシステムととらえ、このシステムの機能不全が家族の問題行動や症状として現れると考えます。

片づけない子どもに対して母親が「片づけなさい」と怒る → 母親に対して「うるさい」と父親が腹を立て、夫婦げんかが始まる → それを見た子どもが…… → さらに片づけへの意欲を失う

3 バウンダリーとその問題

先に述べたように、一つのシステムの変化はほかのシステムにも同様の変化を起こしますが、それはバウンダリーと関係しています。私たちは初めて会った人にはなじみがなく、最初はお互いに硬いバウンダリーを築くでしょう。そのような内と外、自分と他者がバウンダリーによって完全に分かれた状態が続くと変化は起こりません。たとえば、自分自身が不安な状態にある場合、硬いバウンダリーによって外との交流が断たれていると、変化の可能性は閉ざされて不安はむしろ高まっていくかもしれません。

反対にバウンダリーがもろく弱い場合にも問題が起こります。たとえば、母親の過保護・過干渉や過度の甘やかしによって母子密着が起こると、母子のバウンダリーは消え、子どもの内的世界を侵害して自立を阻むことがあります。また、依存的な傾向が強い人の場合、他者にバウンダリーを越えた共感や理解を求め、自分＝他者という融合的な関係に他者を巻き込んでいきます。

4 相談に生かすバウンダリー概念

①バウンダリーを読む

相談場面の問題もバウンダリーの問題としてみることができます。バウンダリーがもろく依存的な保護者は、問題を自分で解決するのではなく、誰かに問題を引き受けてほしい、自分と同じように感じてほしい、という思いを強くもっています。そのためバウンダリーを越えてだれかれ構わず無理な相談をもちかけて、周囲の人々を巻き込んでいきます。気づいたときには問題の解決に至っていないばかりか、本人を含めて周囲の人々の関係性は纏綿状態[*7]に陥っていることがあります。

②バウンダリーを意識し、関係性を整理する

とくに複数の保護者を対象に相談を受けるときには、保育者自身が巻き込まれないように、距離をもって中立で客観的な立場から全体をとらえます。振り回されて自他のバウンダリーを失い、誰かを非難のターゲットにしたり、排除したりすることのないよう気をつけましょう。さまざまなバウンダリーを意識してそれを相手とも確認しながら話を進め、関係性を整理していきましょう。纏綿状態をときほぐし、保護者間の適切な心理的距離や関係をみつけることが、問題の解決に結びついていきます。保護者によっていろいろな意見の相違や人

[*7] 纏綿とは、まとわりつき、からみついた状態を意味します。家族療法における纏綿状態（enmeshed, enmeshment）とは、情緒的にもつれ合い、絡み合った関係にあることをさします。

第8章　保護者同士の関係を改善するための支援の実際

③ 実践事例から考える

> **事例1** ●けがをめぐる認識の違い（4才児クラス、9月）
>
> 　4歳になるAちゃんとBちゃんは幼稚園の同じクラスの友だちです。ささいなことでけんかになって、ときには手が出ることもありますが、とても仲が良く一緒に遊んでいました。二人の母親も同じ園に通う子どもをもつ親同士ということで仲良くしていました。
> 　ある日、おもちゃの取り合いがトラブルの発端になって、AちゃんがBちゃんを突き飛ばし、Bちゃんが頭にけがをしました。おもちゃの取り合いは珍しいことではなかったため、この日も担任は「いつものこと」と、遠巻きに二人のやり取りをみていました。ところがほんの一瞬目を離したすきにAちゃんがBちゃんを突き飛ばしたのでした。血がにじんだ程度のけがだったので、担任は心配ないと判断して園内で簡単に処置をしました。
> 　担任はAちゃんとBちゃんの連絡帳に事実を簡単に記入しました。さらに降園時にBちゃんのお母さん（Bさん）に事情を伝えて、特段の心配はない旨を伝えました。最初Bさんは驚いたようでしたが、担任の説明には納得して、いつも通りに笑顔で降園しました。また、担任はお迎えに来たAちゃんのお母さん（Aさん）にも事情を伝えたのですが、Aさんは「子どもの間に起こったことだし、こんなことよくあることじゃないですか」と特段気にかけていない様子でした。
> 　ところが翌朝、Bちゃんのご両親が憤慨した様子で園を訪ねてきました。園庭で出迎えた担任に対して、「昨日のけがですが、Aさんから謝りの電話もないなんて常識では考えられませんよね。Aさんとは今まで仲良くしてきたのに信じられません。治療費も負担してもらいたいですし、とにかく一言謝るべきじゃないですか、そう思いませんか？」と不満をぶちまけました。

●解説

親の価値観と多様性

　日常の保育場面では、子ども同士のささいなもめ事は決して珍しいことでは

ないため、保育者やAさんのように「よくあること」として軽くとらえてしまいがちです。しかし、けがの場合は細心の注意が必要です。どちらにも非がなくても、双方の保護者が「加害者－被害者」の関係になって、それぞれの立場から自分の正当性を主張し、保育者や他の保護者に味方になってもらおうとする場合があります。この事例でもBさんは保育者に味方になってもらおうと思っているようです。しかし、BさんとAさんの間で、子ども同士のいざこざについてのとらえ方は大きく異なっている可能性が考えられます。

保護者への情報と共に保育の方針や保育観を伝える

　保育者のけがの対応はどうだったのでしょうか。担任の判断が妥当だったのか、保護者への伝え方や内容に足りない点はなかったのでしょうか。ベネッセ次世代育成研究所の調査（2011）によれば、約7割の保護者が保育施設に対して「家庭への連絡・報告をきちんとしてくれる」点を最も重視しています[7]。保護者は園での子どもの様子をとても知りたがっています。保護者に情報を伝えることは、たとえけがなど否定的にとらえられがちな事柄であっても、園の保育の方針や保育観、子どもの発達に関する知識などを保護者に伝える機会になります。上手に活用していきましょう。

親子を包み込む保護者支援：子どもの発達の視点の共有

　少子化の昨今では、けんかやいざこざは園だからこそ体験できることともいえます。関係性が希薄な場合はトラブルは起きません。事例のように、3歳頃にはみられなかったいざこざも、4歳頃になると、遊びや活動のなかでそれぞれの意見や自己を主張する機会が増え、感情的な行き違いが多くみられるようになってきます。これは子どもの「発達」による違いといえます。いざこざの背景にある子どもの発達について保護者に説明することで、けがのような否定的にとらえられる出来事も、子どもの成長にとって重要な意味があることを伝える機会になります。また、保育者と保護者が子どもの成長の喜びを共有することで問題が解決に向かうこともあります。このようなプロセスが、保育を通して保護者と子どもを一緒に包み込むような保護者支援といえるでしょう。

事例2 ●ママ友グループの対立（5歳児クラス、7月）

　認定こども園に通うCちゃんとDちゃんは同じクラスの仲良しです。Cちゃんの母親は仕事をしており、Dちゃんの母親は専業主婦でしたが、頻繁に自宅を行き来するなど、気の合う「ママ友」として親しい間柄のようでした。
　しかし、あるとき子どもの習い事の水泳に関するちょっとした意見のすれ違い

から、お互いを避けるような様子がみられるようになりました。また、同じクラスの保護者が利用しているSNSに、DさんがCさんの不満を書き込んだことから、遊びに行く計画に入れてもらえないなど、しだいにCさんは同じクラスのママ友から仲間はずれにされるようになってしまいました。

　一方、仕事をしている保護者のなかにはCさんを擁護する人も現れ、クラス全体の保護者が専業主婦と働いている母親のグループに分裂し、SNSを通してお互いを非難するようになってしまいました。

　担任はそれぞれのグループからもちかけられた相談や訴えにできる限り中立に耳を傾け、細かく丁寧に応えるよう心がけていました。最初はそれで何とか収まっていたのですが、最近ではちょっとしたすれ違いも相手グループへの非難の応酬に発展してしまい、担任が相談に応じても、誰かの気持ちに添うと誰かを暗に非難するような形になりかねない危険も感じるようになりました。また、そのような雰囲気を感じた子どもの間でも、けんかやいざこざが増えるようになりました。

　担任は、このままの状態が続いた場合、親同士の対立が子どもや保育にも影響してしまう恐れを抱くようになりました。そこで、多くの保護者が休みを取れる土曜日に保護者会を設定して、クラスでSNSの利用について話し合うことにしました。

●解説

認定こども園での保護者間のトラブル

　この事例は、保護者の就業状況が異なる認定こども園で起こりがちなトラブルだといえます。担任が危惧するように、親同士の対立は知らず知らずの間に子どもにも伝わっていき、子ども同士も対立してしまうことがあります。親同士のことだからと静観していると、保育にも影響が及ぶ場合もあるでしょう。

習い事に関する保護者間のトラブル

　ほかの家庭と同じように習い事をさせたいと思う保護者も多いと思われますが、実際には料金や子どもの送迎が問題になります。たとえば保護者の就業時間と送迎の時間が重なっている場合は、専業主婦の母親が送迎を買って出ることもあります。しかし毎回のことになると負担も大きく、送迎を依頼する側も気を遣ってしまいます。このように習い事の送迎は一つの例ですが、母親の就業状況の違いは、子どもの生活や関係性にも影響を及ぼします。

保護者グループのバウンダリー

　事例のようなグループの対立は、それぞれのバウンダリーが硬直した状態とみることもできます。そうなると互いを理解し、支え合う関係にはなれません。しかし、個々をみた場合、就業状況の違いによらない考え方や価値観をもつ保

護者も存在しているはずです。どのような違いがあっても、子育てをする保護者同士がお互いを認め合い、助け合って補い合える関係を構築できるよう模索することが大切です。硬直したバウンダリーを維持しているパターンを変化させるきっかけがないか、考えてみましょう。

ファシリテーション

　保育者がクラス懇談会のファシリテーターとなり、保護者同士がざっくばらんに不満や考えを出し合いながら、お互いを理解できる場を設定することも問題解決に役立ちます。そのためには保育者自身が、異なる状況にある保護者のさまざまな価値観や考え方を受け入れ、それぞれの子育ての大変さや苦労に共感し、理解しておくことが前提となります。

デジタルメディアの利用

　SNSをはじめとするデジタルメディアの活用は、忙しい保護者や保育者双方にとって大変便利ですが、事例のような問題も起こっています。園の保護者が中心に利用するSNSなどについては、最初に園としての考えや方針を伝え、注意を喚起しておくことも必要かもしれません。

演習課題　―やってみよう―

・事例を読み、支援について考えてみよう

> **事例3** ●「輪に入れない親子」（5月）
>
> 　2歳のEちゃんのお母さんから、降園時に次のような相談がありました。
> 　Eちゃん一家は保育所からかなり離れた住宅街に住んでいます。
> 「仕事が休みの日は家の近所の公園に遊びに出かけます。休みが不定期なので、定期的に公園に出かけることができなくて、同じような年齢の子どもをもつお母さんと公園で出会っても、なかなか顔なじみになれないんです。最近引っ越してきて、まだ様子がわからないし、知り合いもいないですね。保育所のお母さんたちも顔見知り程度で。そのせいなのか、Eにもなかなかお友だちができなくって。公園で会うお母さんたちは近くに住んでいる専業主婦みたいなんです。仕事の話はダメだから、話題に困っちゃうんじゃないかと思うとなかなか話しかけられなくって。Eもその日は仲良く遊べたとしても、次に行けるのが2週間

第8章　保護者同士の関係を改善するための支援の実際

後だったりすると、忘れられちゃいますよね。なかなか輪に入れない感じ、疎外感っていうんでしょうか、なんだかそんな雰囲気を感じてしまって。先生、どうしたら公園でお友だちができるんでしょうか」

　あなたが保育者の立場だったら、Eちゃんのお母さんとどのような話をしますか。

……………………………………………………………………………………
……………………………………………………………………………………
……………………………………………………………………………………
……………………………………………………………………………………

【引用文献】

1）酒井厚「第4章　地域との関わり」『妊娠出産子育て基本調査報告書　妊娠期から2歳までの子どもを持つ夫婦を対象に』研究所報　vol.9　ベネッセ次世代育成研究所　2013年　pp.72-86
2）同上
3）井梅由美子・藤後悦子「成人期女性の対人関係のトラブルとストレス—子育て期の子どもを介した対人関係に着目して—」『東京未来大学研究紀要』Vol.7　2014年　pp.177-187
4）長瀬美子「2　新制度の「保育」観を問う　子ども・子育ての実態から求められる保育の課題」　全国保育団体連絡会保育研究所編『保育白書』ちいさななかま社　2013年　pp.134-138
5）實川慎子・砂上史子「就労する母親の「ママ友」関係の形成と展開—主婦との比較による友人ネットワークの分析—」『千葉大学教育学部研究紀要』第60巻　2012年　pp.183-190
6）秦野悦子「第2特集　保護者との信頼関係を築く全国の園の23のポイント」　ベネッセ次世代育成研究室『これからの幼児教育　2012年度　夏号【特集】これからの園運営を考える』ベネッセコーポレーション　2012年
http://berd.benesse.jp/up_images/magazine/booklet_16_4.pdf
7）大日向雅美監修「子どもを預ける場としての重視点②　2009年～2011年　首都圏"待機児童"レポート　保育園入園申請者についての調査より」ベネッセ次世代育成研究所『子育てトレンド調査レポート　第5回』ベネッセコーポレーション　2012年　p.7
http://berd.benesse.jp/up_images/research/research21_1.pdf

【参考文献】

・伊志嶺美津子編著『50のキーワードでわかる保育相談＆育児相談』フレーベル館　2006年
・小林育子『演習　保育相談支援』萌文書林　2010年
・平岡篤武「第5章　家族療法」　相澤仁・宮島清編『やさしくわかる社会的養護5　家族支援と子育て支援　ファミリーソーシャルワークの方法と実践』明石書店　2013年　pp.87-90
・全国保育団体連絡会保育研究所編『保育白書』ちいさななかま社　2013年

第9章 苦情対応から始まる支援の実際

●●● 本章のねらい

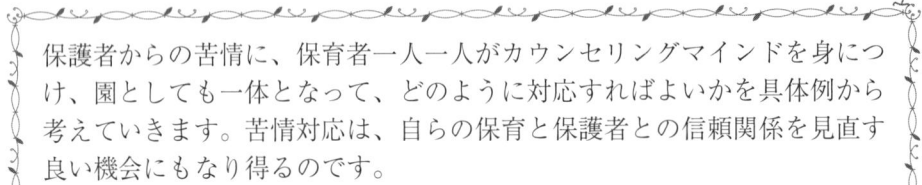

保護者からの苦情に、保育者一人一人がカウンセリングマインドを身につけ、園としても一体となって、どのように対応すればよいかを具体例から考えていきます。苦情対応は、自らの保育と保護者との信頼関係を見直す良い機会にもなり得るのです。

① 保育所における苦情の現状

近年、保育所でみられる苦情について、統計資料から具体的に状況をみていきましょう。

1. 苦情件数

全国保育協議会が2006（平成18）年および2011（平成23）年に、会員保育所およそ2万件を対象として行った実態調査[1)2)]より、年間の苦情件数を比較してみます。「0件」が23.3％から24.9％に、「1～2件」が31.9％から36.2％に、「3～4件」が16.6％から17.6％に、「5～9件」が11.8％から11.0％に、「10件以上」が5.7％から4.3％に、平均が3.0件から2.7件へと変化しています（図9－1）。

図9－1 苦情件数の比較

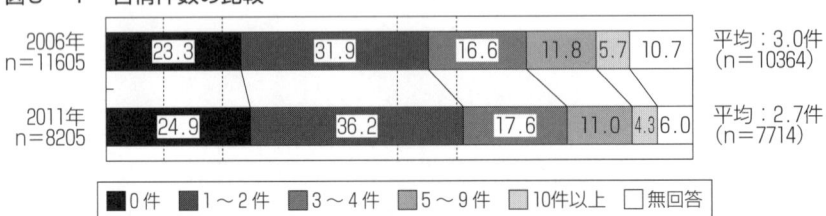

	0件	1～2件	3～4件	5～9件	10件以上	無回答	平均
2006年 n=11605	23.3	31.9	16.6	11.8	5.7	10.7	3.0件（n=10364）
2011年 n=8205	24.9	36.2	17.6	11.0	4.3	6.0	2.7件（n=7714）

出典：社会福祉法人全国社会福祉協議会全国保育協議会「全国の保育所実態調査報告書」2008・2011年

2. 苦情内容

苦情の内容は、2006年・2011年とも「職員の対応」が、それぞれ50.7％・46.5％と最も割合が高く、ついで「園児のけが、病気」が、それぞれ28.0％・21.7％、「保育所の行事」が、それぞれ24.4％・20.3％と続いています。（図9－2）

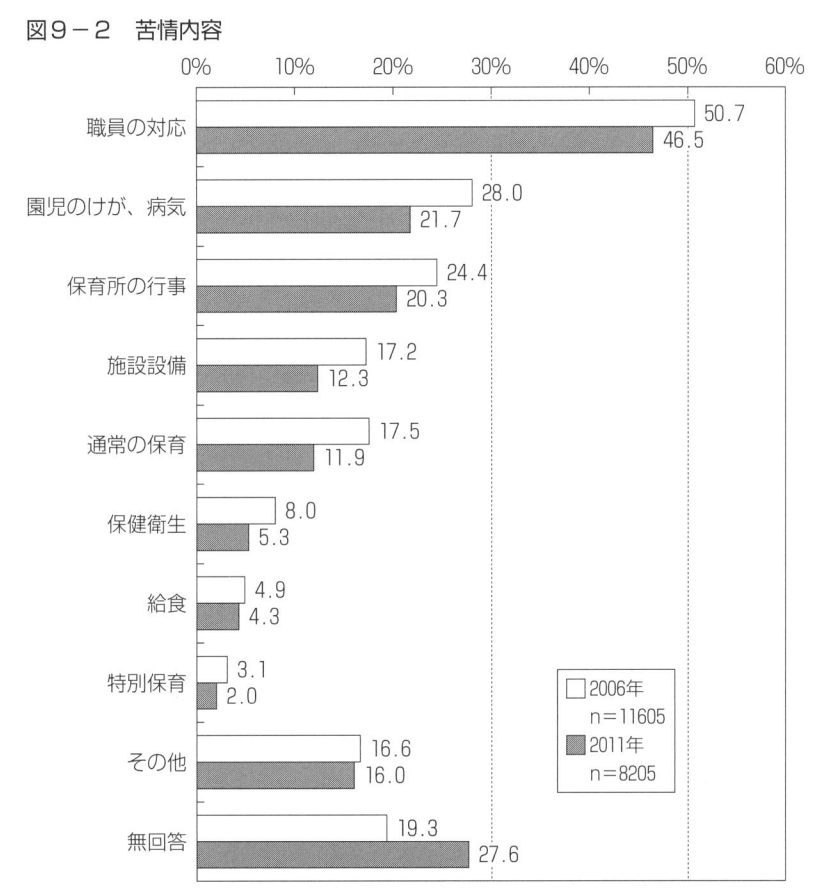

図9－2　苦情内容

項目	2006年	2011年
職員の対応	50.7	46.5
園児のけが、病気	28.0	21.7
保育所の行事	24.4	20.3
施設設備	17.2	12.3
通常の保育	17.5	11.9
保健衛生	8.0	5.3
給食	4.9	4.3
特別保育	3.1	2.0
その他	16.6	16.0
無回答	19.3	27.6

2006年　n＝11605
2011年　n＝8205

出典：社会福祉法人全国社会福祉協議会全国保育協議会「全国の保育所実態調査報告書」2008・2011年

3. 苦情をよせた人

苦情をよせた人については、2006年の調査結果しかありませんが、「母親」が73.4％で最も割合が高く、ついで「父親」が19.6％、「園周辺の住民」が14.6％となっています（図9－3）。

図9-3 苦情をよせた人

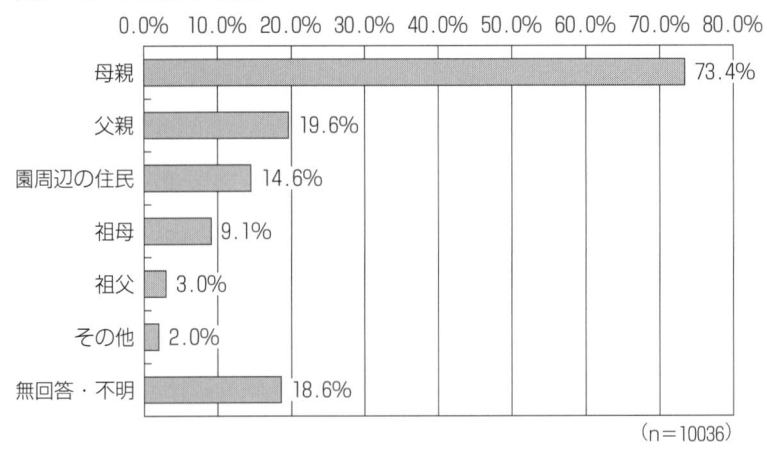

区分	割合
母親	73.4%
父親	19.6%
園周辺の住民	14.6%
祖母	9.1%
祖父	3.0%
その他	2.0%
無回答・不明	18.6%

(n＝10036)

出典：社会福祉法人全国社会福祉協議会全国保育協議会「全国の保育所実態調査報告書」2008年

4. 苦情の解決方法

苦情の解決方法をみると、2006年・2011年とも「保育所内で対応し、解決」が、それぞれ73.6%・71.0%と最も割合が高くなっています（図9-4）。

図9-4 苦情の解決方法

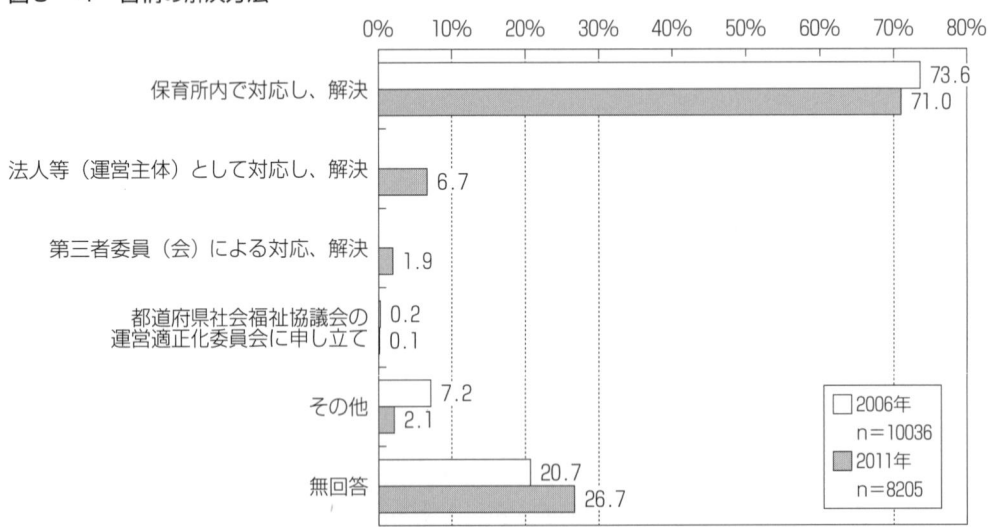

区分	2006年	2011年
保育所内で対応し、解決	73.6	71.0
法人等（運営主体）として対応し、解決	—	6.7
第三者委員（会）による対応、解決	—	1.9
都道府県社会福祉協議会の運営適正化委員会に申し立て	0.2	0.1
その他	7.2	2.1
無回答	20.7	26.7

2006年 n＝10036
2011年 n＝8205

※選択肢…2006年は「保育所内で解決」「都道府県社協の運営適正化委員会に申し立て」「その他」の3つのみ
出典：社会福祉法人全国社会福祉協議会全国保育協議会「全国の保育所実態調査報告書」2008年・2011年

5. 苦情として受け付けなかった経験

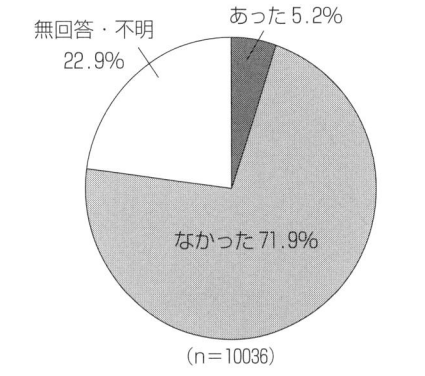

2006年の調査結果から、よせられた苦情のなかで、苦情として受け付けなかった経験をみると、「なかった」が71.9％、「あった」も5.2％という結果でした（図9－5）。この苦情として受け付けなかった事例について、自由に記述をしてもらった回答から内容をみると、「担任、または主任、園長との話し合いで解決したため、苦情としては受け付けなかった」、「保護者の勝手な要望（保育所の方針とは相容れないこと、本当は保護者がするべき事項であった）」等、多岐にわたっていました。後者はいわゆる「モンスターペアレント」と呼ばれる保護者の言い分であると考えられます。

図9－5　苦情として受け付けなかった経験

無回答・不明 22.9％
あった 5.2％
なかった 71.9％
（n＝10036）

出典：社会福祉法人全国社会福祉協議会全国保育協議会「全国の保育所実態調査報告書」2008年

6. 現代の保育所における苦情について

以上、保育所における苦情について、数値から現状をみてきました。一園あたりの年間平均苦情件数が、5年間ほとんど変わらずに3件程度。この値を多いとみるか少ないとみるか、判断の難しいところです。しかし、このように全国の保育所の苦情に関するデータを収集している点からも、現代の保育において、苦情対応が職務の一つであるということが重要にとらえられていることがわかります。

また、苦情の対象のほぼ半数が「職員の対応」であることは、実際のところ、保育者にとっては大変悩ましいことであり、保育を行ううえでの困難さもうかがえます。保育所保育指針解説書（第1章）に、「保育は保護者と共に子どもを育てる営みであり、子どもの24時間の生活を視野に入れ、保護者の気持ちに寄り添いながら家庭との連携を密にして行わなければならない」[3]と示されています。しかし、その基本となる保護者との信頼関係が十分に築けていないことが表面化して、「職員の対応」への不満や苦情になっていることが想像されます。他方、苦情として受け付けることのできない保護者の勝手な要望の存在は、保育者と保護者の間に、保育のみならず一般常識についても意識のズレが生じている状況を示しており、信頼関係の構築の困難さがうかがえます。

2008（平成20）年の保育所保育指針の改定では、保育所の役割が明確化されました。その役割の一つとして、「保育所は、入所する子どもを保育するとと

もに、家庭や地域の様々な社会資源との連携を図りながら、入所する子どもの保護者に対する支援及び地域の子育て家庭に対する支援等を行う役割を担うものである」（第1章）[4]と明記されています。さらに、保育所の社会的責任として「保育所は、入所する子ども等の個人情報を適切に取り扱うとともに、保護者の苦情などに対し、その解決を図るよう努めなければならない」（第1章）[5]とも規定されています。

保護者支援も保育の目標の一つである現在、苦情を円満に解決し、保護者との信頼関係のもとに、協同して保育にあたることは、保育者の重要な役割です。

② 苦情への対応

1. 苦情への心構え

苦情とは、保育者や保育に対する保護者からの不平・不満ですから、保育者にとっては、歓迎できないことも多いかもしれません。また、とくに新人保育士にとって保護者からの苦情はとても緊張するものだと思います。けれども、保護者もまた、苦情を言わずにおられないほど困っているということに、目を向けてみてください。苦情を言う立場としても、「こんなことを言ったら嫌われるのでは…」と心苦しく感じていることが多いのです。それでも申し出てくるのは、「わが子のために、より良い園になってほしい」という気持ちが根底にあるからだといえます。本章の冒頭でもふれましたが、苦情対応は信頼関係を見直すチャンスなのです。

注意すべき点は、子どもの専門職である保育者と同じように、保護者が子ども理解をしているわけではないことと、家庭と園では子どもの姿もおのずと異なることです。こうした家庭と保育現場との違いを念頭に、保育において最も重要な子どもの最大の利益を保障するためにも、「苦情イコール保育者泣かせ、迷惑なこと」と否定的にとらえずに、保護者との信頼関係を見直し、自らの保育を高める機会と、肯定的に受け止めることが重要です。

具体的には、まず保護者の話を聞く姿勢をきちんと示すことが大切です。そのためには立ち話で済まさず、話を聞く場所を用意しましょう。静かな個室に案内すれば、保護者は保育者がきちんと向き合ってくれていると感じますし、お互いに一呼吸おくことができます。

話を聞く態度で気をつけたいのは、相手に「でも〜」「それは〜」と口をはさんでしまうことです。つい抗弁したい気持ちになっても、言われたほうは自分を否定されたり、反対されている気持ちになるので控えましょう。一方で、話を早く終わらせようと、安易に「大丈夫ですよ」などと安請け合いするのも問題です。保護者の話を一つ一つ丁寧に聞いていきましょう。保護者が感情的になっているときは、怒りが落ち着くまで冷静に待つことが大切です。

2. カウンセリングマインドを生かす

第3章（p.53〜54）でみたように、近年、保育においてカウンセリングマインドがとても重要視されるようになってきています。

地域の保護者支援・子育て支援の担い手であり、また苦情解決も職務である保育者にとって必須の、「カウンセリング」とは何でしょうか。それにはさまざまな定義がありますが、一般的に「言語的・非言語的コミュニケーションを通して、専門的な立場から個人が悩みを解決し、心理的な成長を遂げるように援助することである」[6]といえるでしょう。そして、カウンセリングマインドとは、カウンセリングで大切とされる心構えや姿勢、認識の仕方などをふまえて他者とかかわったり問題と取り組んだりするあり方をいいます[7]。

カウンセリングには数多くの理論があります。そのうちの一つ、ロジャーズのカウンセリング理論における、カウンセラーの態度の必要条件は「無条件の肯定的配慮（積極的関心）」「共感的理解」「自己一致」の三点です。人間の成長する力を信じ、治療ではなく援助を行う点において、ロジャーズのカウンセリング理論と保育は共通性をもっているといえます。

保育者は、カウンセリングマインドをもって子どもの保育にあたるのはもちろんのこと、保育所に対して何らかの問題を抱えている保護者の苦情対応に際しても、同じ心構えや態度をもって接することが望ましいのです。その一方で、保育者が一人で抱え込み過ぎてバーンアウト[*1]に陥らないように園全体で協力体制を築くことも必要となります。

*1 詳しくはp.56のコラムを参照。

3. 園としての苦情対応の体制づくり

苦情対応に際しては、保育者一人で抱えこんだり、保育者個人の考えだけで対応することは避けましょう。園全体として保育に対する共通理念をもち、保護者に対しては、その理念から外れることのない、保育者同士が一致した態度

で対応します。具体的には以下のポイントが挙げられます[8]。

○園としての保護者の苦情対応で大切なのは保育者全員の共通理解です。職員会議ではもちろん、日頃から小さなことでも報告し合うよう心掛けます。
○自分一人で解決しようとしないで、先輩保育者、主任、園長に早い段階で連絡・相談をしましょう。そのためには、保育者同士が情報を共有できるしくみが必要となります。また、苦情を「記録」に残しておくと情報を共有しやすく、省察にも利用できます。さらに、後輩保育者の参考にもなります。
○常識的に考えて、とても対応できないような苦情の場合、園の団体や行政関係などに相談することも必要となります。
○研修などで、苦情対応や話を聞くロールプレイを日頃から研鑽しておくことが大事です。
○苦情の予防として、入園式や保育参観などの保護者が多く集まる場所で園の保育方針を伝えるとともに、子どもに起こりそうなトラブルや事故等への対応について前もって話をしておくとよいでしょう。

③ 実践事例から考える

事例1 ●「自営業では、保育園に子どもを預けてはいけないんですか？」（3歳児クラス、5月）

　夫の実家で飲食店を営んでいるAさん（33歳）は、元気な男の子（Bくん）のお母さんです。昨年度末に、義理のご両親と同居して家業を営むために、こちらに引っ越しをしてきて、4月に入園したばかりでした。親子とも新しい環境での生活が始まるため、園側も気をつけて様子をみていましたが、地域にもお友だちにもすっかり馴染んだようで、毎日楽しく登園するBくんの姿に、担任も安心した頃のことでした。
　Aさんが、お迎えの時にやや厳しい表情で担任保育者に「ちょっとうかがいたいことがあるんですが、いいですか？」と聞いてきたので、保育者も「何かあるな」と感じて、「いいですよ、今ちょっとお話しできることですか？それとも、別に時間をとりましょうか？」と答えました。Aさんの希望で、翌日、子どもたちのお散歩の時間に面談室で話をすることになりました。
　面談室で、保育者が「どういったお話でしょうか？」と穏やかに聞いた途端、「自営業の家の子は、保育園に入ってはダメなんですか!?自営業の親は、子どもを保育園に預けちゃいけないんですか!?」と泣き出しそうな顔で、大きな声を出

しました。保育者は突然のことに驚きつつも、冷静さを心掛け、「そんなことは、まったくありませんよ。どうしてそんな…」と言いかけました。すると、その言葉を遮るように「だって、いつも先生は子どもに『Bくんのお母さん、おうちにいていいねー』って言ってるじゃないですか!!」と激しい口調で言いました。

　それからは堰を切ったように、Bくんから「なんでお母さんはおうちにいるの？お友だちのお母さんは、外にはたらきに行くんだって」と聞かれて困っていること、保育園のお散歩中に、知らない先生にまで大きな声で「ほら〜、Bくんのお店だよ〜」と子どもたちに知らされて不愉快なこと、そんな様子を見て義父母もよい顔をしていないこと、店の用事で近所に買い物に出たときなどに園の先生に会うと何となく気まずく、「これでも仕事中なんです！」と言いたくなること、ほかの保護者からも「自営はいいわよね、仕事中にちょっと休憩や買い物もできるじゃない？」などと気軽に言われるのも苦痛であること等々、しゃべり続けました。「とにかく、親が家にいる、家にいるって、なんでなにかにつけ言われるんですか？自営は外に出る仕事じゃないから、保育園に預ける必要ないって、責められている気持ちになります！」と言って、ようやく一息つきました。

　その間、保育士はひたすらAさんの気持ちに寄り添いながら、話を聞くことに徹しました。そして、Aさん家族が地域や子どもたちに早く溶け込むように、との思いから、家の仕事を紹介しようと口にした言葉が一人歩きをして、義父母に気を遣いながら慣れない仕事をし、まだ親しい友人もいないAさんを追い込んでしまったことに気づかされました。

　また、自営業の家庭の多くは園の近隣にあり、時間の融通なども利きやすい場合もあるため、他の家庭から特別視される可能性にも、無配慮でした。保育者は「本当に、配慮のないことを口にして、申し訳ありませんでした」と深々と頭を下げながら、Aさんのこれまでの気持ちを考え、また保育者としての自分を情けなく思い、涙があふれそうでした。

　頭を下げたままの保育者をみて、Aさんもちょっと困ったような顔になり、「そんな……文句を言いたかったんじゃないんです。すみません。でも、私もみんなに『家にいる』って何度も言われて、責められているようで、何か一人でどうしていいのかわからなくなって……」と、小さな声で言いました。

　保育者は顔をあげて、「そうですよね。私たちが気軽に言い過ぎました。Aさんには、しつこく感じられましたよね。Aさんが困っている時にご相談にのるのが私たちの役目なのに、逆にAさんを困らせてしまって、申し訳ありませんでした。今日は、私たちが気づけなかったことを教えてくださって、本当にありがとうございました」と言い、また心から頭を下げました。

　「いえ、言っていいのかずっと迷っていたんですけど、先生方を怒らせてしまったら、とか考えて。でも、話し出したらとまらなくて……。そう言って頂けてホッとしました」と、Aさんは、初めて恥ずかしそうな笑顔をみせました。

● **解説**

　この事例では、まず保育者は立ち話で済む話か、じっくり聞く必要のある話か、Ａさんに確認をしています。最初から中途半端に話を聞く態度では、相手はさらに不信感をもつでしょう。相手の話を聞くために、しっかり時間を割くだけでも「真剣に対応してくれる気がある」と相手は受け取り、不満も軽減するかもしれません。その後、保育者はＡさんの話を聞くことに徹しています。話を聞いている最中、保育者は、自分のことを誤解されたり、否定されたりすると、つい「ちがいます、そういう意味じゃなくて」「そんなことは言っていません」「考えすぎですよ」などと、口をはさみたくなることもあるでしょう。けれども、反論したい自分の気持ちではなく、相手の気持ちを相手の身になって聞くことが大切です。相手の言葉に対して、否定や提案もせずに、話に共感することで「ありのままの自分を受け止めてくれる」という信頼を得ることにつながります。

　Ａさんの話を聞いていくと「自営業の家の子どもは保育園に預けてはいけないのだろうか」という言葉どおりの疑問や不満をもっているのではないようです。店が近くにあるために、知らない人にまで話題にされる不安や不快感、義父母への気遣い、いつも家にいて暇だと誤解されている不満、まだ親しくないためそれらを否定できない苛立ち、それらが複合して大きなストレスとなり苦しい、とくに「家にいる」ことで責められていると感じているということが、真の訴えであることがわかります。人の話を聞くということは、ただ言葉の表面を聞くのではなく、その言葉のなかにある心を聞くことです。その心の声を聴いて保育者は、「お母さん、おうちにいていいねー」という言葉が、どれほどＡさんを傷つけたか理解できたのです。

　そして、自分の過ちに気づいたら、言い訳をせずに心からお詫びをしています。相手は言い訳を聞きたいのではなく、自分の気持ちがきちんと伝わったかどうか知りたいのです。その際、泣きたいほど相手の気持ちに共感するのは大切ですが、自分の気持ちに流されて冷静さを欠いては、自己一致しているとはいえません。それから、「しつこく言われて、お困りでしたよね」と自分が理解した内容をまとめて、相手に伝えることで、相手は真意が伝わったと安心できます。

　最後に保育者は、この苦情を保育の気づきにつながる情報提供ととらえて、率直にお礼を言っています。お礼を言われることで、相手の苦情や不満といったネガティブな感情が、ポジティブに終結することができます。

　また、このような問題はラポール（信頼関係）[*2]が形成されている時期だっ

[*2]
p. 17やp. 49を参照。

たら、起こらなかったかもしれません。たとえば、保育者とAさんが「今日、お散歩のときお宅の前を通ったら、おばあちゃんがお仕事中なのに手を振ってくれて、Bくん大喜びだったんですよ」「あら、私も見たかった！」と笑って雑談ができる関係になっていたら、問題にはならなかったはずです。でも、この話し合いによってAさんから最初の信頼を得られたわけですから、その関係を大切に、信頼の絆を強める足がかりとしましょう。

　昨今はモンスターペアレントと呼ばれる、安易に不当な要求をする保護者が存在する一方で、クレーマー扱いされることを恐れ、またそのために子どもに不利益が生じることを心配し、不満や苦情があっても口にせずに我慢している保護者も実は多いのです。気軽に文句を言うのではなく、悩み抜いて、「でもどうしても！」と切羽詰った思いで、いわば勇気を奮って苦情を言いにくる保護者には、その気持ちに寄り添った対応が必要です。

演習課題　―やってみよう―

1）苦情を聞くロールプレイをやってみよう

　無条件の肯定的配慮（受容）と共感的理解をしながら、苦情を聞くロールプレイをやってみましょう。次の事例をロールプレイの設定とします。

事例2　●お友だちにかみつかれちゃって…
　　　　　（2歳児クラス、6月）

　1歳10か月の自分の子どもが、最近よくほかの子どもにかみつかれているようです。お迎えに行くと、保育者から「今日、お昼寝の前にお友だちにかみつかれちゃって、ちょっと赤くなっています。すみません」と謝られます。園の方針とのことで、かみついた子どもが誰か教えてくれません。かみつかれたという報告のみです。けれど、自分の子どもはかむ癖はないし、かまれることばかりで腹立たしく感じるようになりました。かむ子は特定できるし、保育者はちゃんと注意しているのか疑問になり、その親にもきちんとしつけるよう言うべきだと考えます。そして昨日、あざのようにかまれたあとが残っていることに気づき、こんなになるまで保育者も放っておいたのかとカッとなり、登園時に保育者に苦情を言います。

---

①二人一組になります。
②保護者役と保育者役を決めましょう。
③保護者役は、保護者になりきって、苦情をいいます。
④保育者役は、反論や否定、提案などはせずに、あいづちや簡単な繰り返しをする程度に言葉をとどめ、聞き手に徹してください。
⑤2分たったら、役を交代します。
⑥終了後、お互いの気持ちや感じたこと、気づいたことを話し合い、まとめてください。

....
....
....

2）次の事例を読み、対応について考えてみよう

> **事例3** ●「保育園内でのけがは、いつでも保育者が注意するべきです！」（5歳児クラス、10月）
>
> 　Cさんは、5歳児クラスの女の子Dちゃんと2歳児クラスEくんのお母さんです。毎日お迎えに来ると、まずEくんのクラスに行ってから、自分で帰りの支度をして待っているDちゃんを引き取って、帰ります。その後、園庭で二人を遊ばせながら、ほかのお母さんたちとおしゃべりをするのが楽しみなようです。
> 　この日も、Cさんはお迎えに来て子どもたちと、園の玄関で保育者に「さようなら」の挨拶をして、園庭に出ました。そこには、一足先にお迎えに来た、Dちゃんの仲良しのFちゃんとお母さんが居ました。Dちゃんたちは手をつないでブランコに走り出し、その後をEくんもヨチヨチとついていきました。お母さんたちも荷物を置いて、おしゃべりに花が咲きます。
> 　そのとき「ゴン！」という鈍い音がしたと同時に、「ウワーン!!」と大きな泣き声が聞こえました。Eくんが、おねえちゃんたちに近づこうとして、ブランコを囲っている鉄柵におでこをぶつけて、しりもちをついて泣いていました。CさんはすぐにかけよってEくんを抱きかかえました。保育者も外に走り出て、様子を見に行きました。おでこは赤く腫れていたので、すぐに職員室で冷やして、看護師が呼ばれました。看護師が来たときには、だいぶ腫れも治まり、すぐに病院に行かずに様子をみてよいだろう、との判断でした。
> 　保育者たちが少しホッとすると、いきなりCさんが「なんで、先生たちはちゃんとみていてくれなかったんですか!?」と怒り出しました。担任が驚いて、「お迎えにいらした後でしたし…」と言いかけると、「まだ園内にいたでしょう？子どもが園内にいれば、保育者はけがのないよう注意してみているべきですよね!?」と一層、厳しい声になりました。

① Cさんは、どういう気持ちでこんなことを言い出したのか、共感的に考えてみましょう。

....
....
....

② 保育者は、この後どのような対応をすればよいでしょうか。実際にやってみてください。

....
....
....

③ 現代の保護者が苦情を言う理由と社会的な背景を、グループごとに話し合って、まとめてください。

....
....
....

【引用文献】

1) 社会福祉法人全国社会福祉協議会全国保育協議会「全国の保育所実態調査報告書2008」2008年5月　http://zenhokyo.gr.jp/pdf/0805cyousa.pdf
2) 社会福祉法人全国社会福祉協議会全国保育協議会「全国の保育所実態調査報告書2011」2012年9月　http://www.zenhokyo.gr.jp/cyousa/201209.pdf
3) 厚生労働省『保育所保育指針解説書』フレーベル館　2008年　p.17　「第1章　総則」
4) 厚生労働省『保育所保育指針』フレーベル館　2008年　p.4　「第1章　総則」
5) 同上書　p.7　「第1章　総則」
6) 無藤隆・森敏昭・遠藤由美・玉瀬耕治『心理学』有斐閣　2004年
7) 福島脩美・田上不二夫・沢崎達夫・諸富祥彦編『カウンセリングプロセスハンドブック』金子書房　2006年
8) 徳田克己監修・指導、西舘有沙指導『保護者からのクレームを活かそう』全2巻（DVD）株式会社新宿スタジオ　2009年

【参考文献】

・厚生労働省『保育所保育指針』フレーベル館　2008年
・佐治守夫・保坂亨・岡村達也『カウンセリングを学ぶ―理論・体験・実習』東京大学出版会　1996年
・文部科学省『幼稚園教育要領平成20年告示』フレーベル館　2008年
・Carl Rogers 1957 The Necessary and Sufficient Condition of Therapeutic Personality Change. *Journal of Counseling Psychology*, Vol. 21(2), 95–103（伊東博・村山正治訳『ロジャーズ選集（上）』誠信書房　2001年）

第10章 障がいのある子どもをもつ保護者への支援の実際

●●● 本章のねらい

障がいのある子どもをもつ保護者の抱える困難を理解し、保育者の専門性を生かして、保護者が自信をもってわが子に向き合い、子育ての喜びを感じられるような支援を行うための方法について考えます。

① 障がいのある子どもの子育て

> *1 障害者の権利に関する条約
> 障がい者の人権および基本的自由を確保し、権利の実現のための措置等について定める国際条約。2006年12月に国連総会において採択され、日本においては2014年1月に批准されました。「第24条 教育」において、締約国はあらゆる段階の教育について障がい者を包含する教育制度（インクルーシブ教育）を確保することが義務づけられています。

日本は2014（平成26）年に「障害者の権利に関する条約」[*1]を批准しました。今後は保育所や幼稚園でのインクルージョン[*2]がますます当たり前のことになっていくことでしょう。保育者には、保護者や療育機関の専門職と連携しながら、日々の保育を通して子どもの発達援助を行っていくことと同時に、障がいのある子どもをもつ保護者が安心して子育てをするための、包括的な生活援助を行う視点が求められています。

ここではまず、障がいのある子どもをもつ保護者が抱える困難について理解し、どのような支援を必要としているかについて考えていきましょう。

1. 見通しのもちにくい子育て

子どもに障がいがあってもなくても、たいていの子育てには多くの苦労が伴います。夜中の授乳、寝ぐずり、嘔吐、夜泣き、かんしゃく…。しかし、定型発達[*3]の子どもであれば、そういった行動もいずれ落ち着き、永遠に続くものではないことがわかっています。そして、子どもが、親しみに満ちた反応と確実な成長を通して与えてくれる喜びは、多くの親に一瞬にして子育ての苦労を忘れさせる力をもっています。

しかし、障がいのある子どもの場合、一人一人の発達の速さやパターンが固有で「成長への見通しがもちにくい」ということが特徴として挙げられます。このことによって保護者は、今の大変さが永遠に続くような錯覚にとらわれます。

たとえば、「このままずっと歩けないのだろうか」、「このままずっと話せないのだろうか」、「このままずっとこだわりが続くのだろうか」といった具合に。重度の自閉症スペクトラム障害をもつお子さんを育ててきたある保護者は、発達の見通しがもてず、不安でいっぱいになっていた時代を、「出口の見えないトンネルのなかを手探りで進んでいるような気持ちがしていた」と振り返ります。

　実際には、障がいのある子どもであっても、ほとんどの子どもはそれぞれのペースで確実な成長を遂げていき、できなかったことができるようになり、わからなかったことがわかるようになり、永遠に同じ問題が同じように続くことはありません。一般的な発達の指標を目安にできないために、見通しのもちにくい子育てを余儀なくされ、孤立しがちな保護者を支えるためには、保護者とともに実際の子育てにかかわり、子どもの成長を確認し、次の段階への見通しを示す支援が必要です。

2.「親らしさ」を引き出す力の弱さ

　初めて親になったとき、誰でも最初は子どもにどう接してよいかわからず、抱き方もあやし方もぎこちないものです。それでも何度かぐずっている子どもを抱き上げてなだめているうちに、子どもが安心して落ち着く抱き方を覚え、子どもにじっと見つめられてついつい笑顔になり、子どもが笑顔を返してくれることであやし方を覚えていきます。

　しかし、障がいがあるために人への関心の示し方が希薄であったり、反応が独特であったりする子どものなかには、抱いても泣き止まず（抱くとさらに体を反り返らせて泣く子どももいます）、あやしても笑わず（視線すら合わないこともあります）、保護者がなかなか親らしい対応を獲得できない場合があります。子どもの反応が読み取りにくいので、保護者はうまく子どもの要求に応えられず、子どもはさらに不機嫌や怒りを示す場面が増えていきます。結果的に保護者は「子どものためにこんなにがんばっているのに…」という無力感にさいなまれます。

　多くの保育者は、子どもがかわいいと感じられることが当たり前だと考えています。そして、わが子に対して冷淡に見える態度をとったり、「子どもがかわいいと思えない」と口にしたりする保護者を目の前にすると、つい「実の親なのに…」と批判的な気持ちになります。しかし、なかには子どもの意図や反応が読み取りにくいために、なかなか「親らしさ」を発揮できない保護者もいることを忘れないでください。

*2　インクルージョン（inclusion）
「包含」を意味し、教育や保育の場で、障がいのある子どもをはじめとして、さまざまな支援ニーズをもつ子どもが、それぞれ必要な支援を受けながら一緒に教育や保育を受けること。「統合教育・統合保育（インテグレーション）」が障がいのある子どもと、ない子どもを二分したうえで、両者を可能な限り統合しようとするものであるのに対して、インクルージョンにおいては、障がいの有無を問わず、教育や保育の場に多様な子どもがいるのが当たり前という考え方が前提となっています。

*3　定型発達
子どもの発達の様態に、自閉症スペクトラム障害や発達障害にみられるような遅れや偏りを伴わず、一般的な発達時期、発達順序の範囲におさまる場合を「定型発達」と呼びます。従来、「障がい児」の対義語としては「健常児」という言葉が用いられていますが、障がいの有無というより、発達過程が「定型的」か「非定型的」かに注目した見方です。

② 保育者による、障がいのある子どもをもつ保護者への支援

ここでは、保育者がその専門性を生かして障がいのある子どもをもつ保護者を支援する際の具体的なポイントについて学んでいきたいと思います。

子どもの障がいについては「早期発見」、「早期療育」が望ましいとされます。発達の早期に障がいを発見し、適切な治療や支援を開始することで、その程度を軽くすることができる場合があります。また、不適切な対応によって起こってくる二次的障がいを未然に防ぐことができる場合もあります。療育機関や相談機関では、子どもの障がいや保護者が抱える困難の種類や程度に応じて、専門職（医師、看護師、臨床心理士、ソーシャルワーカー、ST、PT、OT[*4]）がさまざまな支援を行います。しかし、そういった療育機関が必ずしも身近にあるとは限りませんし、子どもの問題が保護者によって認識され、療育機関の受診につながってからでないと支援は始められません。

一方、保育者による支援は、保護者が子どもの問題に気がつく以前から始まっていることもあります。また、保育者は保護者と同様に日々の生活のなかで直接子どもの援助を行っていくわけですから、最も身近で、障がいのある子どもを育てる家族の日常を支える役割を担っていると言えるのではないでしょうか。

1. 障がいを受容する過程に寄り添う支援

保護者がわが子の障がいに気づき、受け止めるプロセスを理解することは、その気持ちに共感し、支援を開始する第一歩と言えるかもしれません。ここでは、比較的早期に障がいがあることが明らかになる場合と、少しずつ障がいがあることが明らかになっていく場合に分けて、保護者が子どもの障がいを受け止め、向き合っていく過程についてみていきます。

1 比較的早期に障がいが発見される場合

出生と同時に障がいが発見されるものとしては、口唇口蓋裂、先天性四肢欠損症などがあります。また、出生後１年以内に発見されるものとしては、脳性麻痺、盲、高度難聴、ダウン症[*5]などがあります。一般的に、多くの妊婦が抱える妊娠期間中の不安や身体的負担、出産に伴う苦痛は、出産し、わが子と対

[*4] ST、PT、OT
ST（Speech Therapist：言語聴覚士）、PT（Physical Therapist：理学療法士）、OT（Occupational Therapist：作業療法士）は、それぞれ言語、運動、生活動作の発達並びにリハビリテーションに関する専門家。療育機関においては、医師の指示のもとに専門性を生かして子どもたちの発達状態のアセスメントや発達支援を行います。

[*5] ダウン症
1866年にイギリスの眼科医J.L.H. ダウン氏の論文での発表が始まりとされ、体細胞の21番目の染色体が３本あるためにさまざまな症状が起こること。特有の顔立ち、知的障害、低身長、筋力の弱さなどが特徴としてみられるほか、先天性心疾患、消化器疾患等が高率で起こります。発症率はおよそ800人に１人程度とされ、妊婦の年齢が高くなるにつれて発症率が高くなることがわかっています。

面した瞬間に大きな喜びに変わります。しかし、対面した子どもに一見してそれとわかる障がいがあった場合、母親のショックと悲嘆は大きく、「なぜ」という問いが頭を離れず、後悔の念にとらわれることが多くあります。「どうして健康に産んであげられなかったのだろう」と自分を責めたり、家族や親戚に対して申し訳ないという気持ちをもったりすることもあります。

ドローターら（Drotar,D.,et.al, 1975）は、先天性の障がいのある子どもをもった親の心理反応として仮説的に次のような経過を示しました（図10－1）。

図10－1　障がいのある子どもをもった親の心情の変化

| 第一段階 ショック | → | 第二段階 不安や否認 | → | 第三段階 悲しみや怒り | → | 第四段階 適応 | → | 第五段階 再起 |

出典：Drotar, D., et. al.：The adaptation of parents to the birth of an infant with a congenital malformation；a hypothetical model, *Pediatrics*, 56(5), 1975　pp.710－717を基に筆者作成

このモデルは具体的な場面に即して、次のように考えることができます。

・**第一段階…ショック**

まず保護者は、子どもに障がいがあることがわかると同時に、大きなショックを受けます。一時は何も考えられず、感じられず、つきつけられた事実の重さに心を閉ざしてしまう状態になることもあります。

・**第二段階…不安や否認**

時間を経て、徐々にショック状況から立ち直り始めますが、障がいを認めたくないという思いが大きく膨らみ「これは現実に起こっていることではない夢のなかのことだ」とか「これは事実ではない」と思いこもうとする場合すらあります。あるいは「障がいが治る」と言ってくれる場所を探してさまざまな医療機関や相談機関を受診したり、宗教に救いを求めたりすることもあります。

・**第三段階…悲しみや怒り**

しかし、現実には障がいがあること、障がいが治らないことを認識し始めると、怒りが湧き上がってきます。「どうしてわが子が」という思いであったり、「いったい自分が何をしたというのか」という疑問であったり、理不尽な現実を受け入れられず、何かに怒りをぶつけたい、感情的に混乱した苦しい状況と言えるでしょう。

・**第四段階…適応**

これらの思いを経て、ようやく、現実を歪曲したり目をそむけたりしないで理解しようとすることができるようになり、「障がいがあってもなくてもかわ

いいわが子にちがいない」という気持ちで、新しい家族との生活に前向きに喜びを見出そうとするようになります。

- **第五段階…再起**

　そして、わが子の成長のためにできること、障がいを軽減し、障がいがもたらす不利益を最小限にするために必要なことに現実的な対処ができるようになっていきます。

　ドローターのモデルでは、このプロセスを経ることによって、どの親も悲しみを乗り越え、新しい価値観を獲得していくことができるように思えます。しかし、この感情の変化は、子どもの年齢、障がいの種類・程度、保護者の性格、家族関係などによって変わってくるものであり、時間経過による変化は人によってさまざまです。また、一連のプロセスを経て、ようやくわが子の障がいを受容したようにみえても、その状態がずっと続くとは限りません。とくに子どもの成長の節目節目では、新たな壁に直面し、感情が揺れ動くことは多々あります。

　たとえば、幼稚園の入園申し込みの際に難色を示されたとき（別の幼稚園に入園を許可されたが）、運動会で全く競技に参加しようとしない姿を目の当たりにしたとき（翌年はダンスを楽しそうに踊り、先生に手をひかれてリレーにも参加していたが）、就学相談で特別支援学校という選択肢を示されたとき（地域の小学校に入学が決まったが）、といったように保護者は絶望と希望の感情を繰り返し経験します。この過程は、わが子の「障がい」を受け入れるというよりも、障がいのあるわが子とともに生きる自らの人生を受け入れていくと言ったほうがいいのかもしれません。

　比較的早期に障がいがあることがはっきりするケースでは、保育所や幼稚園への入園を希望してくる時期にはドローターの示す過程をひととおり通過してきている場合が多いと思われます。むろん、障がいの受容は到達点のあるものではなく、現実的な障壁にぶつかるたびに新たなショックや怒りを繰り返す場合がほとんどです。それでも、障がいがあることもまたわが子の一部としてまるごと受け止め、困難があっても守り育てていこうという決意を経てきた保護者はある種の覚悟をもっています。したがって、保育所や幼稚園へ入園した後でも、保育者と保護者が共通の認識をもちやすく、連携してよりよい保育環境を考えることがしやすいのです。

第10章　障がいのある子どもをもつ保護者への支援の実際

2　障がいの発見に時間がかかる場合

　知的障害や自閉症スペクトラム障害、そのほかの発達障害で、運動発達の大幅な遅れが伴わない場合には、障がいがあることに気づくのが早くて１歳すぎ、場合によっては就学時健康診断*6で初めて発達の遅れや偏りが問題にされるということもあります。

　家庭にいるときにはそれほど問題にならなかった発達の遅れが、同年齢の子どもたちのなかでは顕著になるため、保育所や幼稚園への入園をきっかけに障がいが明らかになることも多くあります。経験を積んだ保育者であれば、クラスのなかでの子どもの様子を見て、発達の遅れや自閉的な特徴に気づくことは難しくありません。保育者や園の勧めで相談機関を受診し、アセスメントや診断を受けることにつながる場合もあります。しかし、保育者が子どもの障がいに気がついて療育機関への相談を勧めても、保護者に問題意識が薄いとなかなか受診につながらないばかりか、かえって保護者との関係がうまくいかなくなる場合があります。そういった事態を危惧して、保育者が子どもの障がいに気がついていても保護者にはなかなか率直に伝えられないという場合も多く、結果的に就学時健康診断で初めて発達の遅れを指摘され、わが子の問題に向き合わざるを得なくなるのです。

　田中（2009）によれば、後に発達障害と診断された子どもの保護者の80％以上が、子どもが３歳前の時点で「うちの子どもはどこか周囲の子どもと違う」と気づいていますが、その確認のために相談・医療機関を訪れるには今しばらくの時間を必要とします。この気持ちの裏側には、「明日になれば変わっているのではないだろうかという未だ見ぬ育ちへの期待と、現実の子どもの様子への心配が両極端にある」といいます[1]。

　河内ほか（2005）が保育者を対象として実施した統合保育*7の実態調査報告のなかでは、統合保育に伴う困難な点として、「保護者の障がいの受け入れが十分でないと保育がやりにくく、信頼関係づくりに困難を感じる」ということが挙げられています[2]。

　子どもに障がいがあることを「受け入れる」あるいは「受け入れない」という言い方がされがちですが、徐々に障がいがあることがはっきりしてくる場合、保護者はわが子が「障がいがある子になっていく」過程を不安と期待の間を揺れ動きながら少しずつ体験していかなければならないのだということを忘れてはなりません。保育者には子どもへの支援と同時に、保護者がわが子の障がいに気づき、受け入れていく過程を支援する役割も求められています。

*6
p.74の脚注6を参照。

*7
p.143の脚注2を参照。

2. 親としての発達の支援

さまざまなところで繰り返し述べられているように、少子化で子育てのモデルが身近にいない状況や、地域社会の人間関係の希薄化で孤独な子育てを強いられる状況は多くの保護者に共通した問題です。それらの問題に加えて、発達に何らかの障がいがある子どもの場合、子ども自身が大人の養護反応を引き出す力が弱いために、親としての適切な反応を身につけることが難しいということがあります。

子どもに障がいがあるために、なかなか子どもとの良好な関係をつくれない保護者にとって、子どもの反応を上手に読み取って、働きかけを工夫する保育者との出会いが大きな救いをもたらすことがあります。障がいのある子どものためのデイサービスの利用を始めた保護者が、保育者が遊具を使ってダイナミックに子どもに働きかけている様子を見て、「あの子が声を上げて笑うところを初めて見ました」と話してくれたことがあります。また、「子どもに話しかけなさいと言われても、反応がない子どもに何を話していいのかわからない」と言っていた保護者に、「まずは、今お子さんがしていることを言葉にして実況中継してみたら」とアドバイスし、保育者がやって見せたところ、早速実行し「子どもの行動をよく見るようになったら、うれしいときと、そうでもないときの表情が微妙に違うことがわかるようになったんです」と報告してくれた例もあります。

デイサービスやグループ指導の場でも、保育者の働きかけによって子どもの反応が引き出される様子や、ほかの保護者が上手に子どもとかかわる様子を見た保護者の多くは、子どもへの働きかけ方を積極的に変えていくようになります。すると保護者の働きかけに対する子どもの反応が良くなり、保護者はさらに働きかけを工夫し、親子の関係が短期間で見違えるように好転していきます。親の経験不足にあいまって、子どもによって親らしさを引き出されることが難しく、良好な関係がつくれない親子の場合でも、保育者の子どもへのかかわりを真似てみることや、具体的なアドバイスを生かすことで、子どもへの適切なかかわりを学ぶことが可能になります。

3. 保護者の真意を理解する

「子どもにとって必要な支援」と「保護者の要求する支援」が必ずしも一致しないことがあります。たとえば、「何でもほかのお子さんと同じようにやら

せてほしい」という保護者の要望があったとしても、子どもの発達の状況や興味・関心の特徴によっては、ずっとクラスのなかで過ごすよりも、別室で個別の活動をして過ごす時間を設定するほうが安定して1日を過ごせるという子どももいます。

逆に「うちの子は障がいがあるので、同じ活動をさせないでください」と保護者が言ってきたとしても、子どもの日々の様子を見ている保育者が子ども自身の「みんなと一緒にやりたい」という意欲を感じ取ったとしたら、「同じ活動に参加するためにはどんな支援が必要か」を積極的に考えていく必要があります。

保護者が保育者にとって理不尽と思われる要求をしてくる理由としては、次のようものが考えられます。

①保護者は保育者とは異なる場で子どもを見ている。
②保護者（あるいは保育者）が子どもの発達について十分に理解できていない。
③保護者と保育者の育児方針が異なる。

保護者が求める支援を「理不尽な要求」ととらえる前に、食い違いの原因がどこにあるのかを考える必要があります。そのうえで、家庭と園での子どもの姿を共有し、保護者の話をじっくり聞き、こちらの意図を保護者に理解してもらえるよう丁寧な説明が必要になります。

保育者は保護者の要求の表面的な言葉の意味に反応するのではなく、そのような支援を求める保護者の真意を理解することが大切です。「うちの子は障がいがあるので同じ活動をさせないでください」と言う保護者の真意は「本当は同じ活動をさせたい。でも、同じようにできないのはわかっているから、できないことで子どもにつらい思いをさせたくない」ということかもしれません。

③ 「障害児施設」における支援

障がいのある子どもたちの保育の場としては、保育所や幼稚園のほかに、通所施設や入所施設があり、分離保育（セグリゲーション）が行われています。分離保育のメリットとしては、①専門職員や障害児保育の経験者によって少人数の保育が行なわれること、②障がいに合った施設・設備が整っていること、③専門病院や関連施設と密接に連携が取られていることなど、一人一人の子ど

ものニーズに合わせた支援が受けやすいということが挙げられます。また、障がいのある子どもをもつ保護者同士がお互いに情報交換を行い、共通の悩みを語り合う場としても機能しています。

1. 障害児通所支援

　従来、通所施設は知的障害、肢体不自由、難聴幼児などの障がい種別に分けて設置されていましたが、2012（平成24）年に改正された児童福祉法では、身近な地域での支援を充実させるために、障がい種別に施設を分けずに「障害児通所支援」として一元化し、サービスの実施主体が都道府県から市町村へ移行されました。この改正により、通所施設が行う支援は利用児を対象とした「児童発達支援」[8]だけでなく、地域の子どもたちや家族を対象とした支援や「放課後等デイサービス」[9]、「保育所等訪問支援」[10]に拡大され、より地域全体の支援が行われるようになりました。

2. 障害児入所支援

　通所施設と同様に、障がい種別に分けて設置されていた入所施設も、2012年の児童福祉法改正により、「障害児入所支援」として一元化され、提供するサービスの違いにより福祉型と医療型の二種類になりました。

　従来の肢体不自由児入所施設の一部では「母子入園」という制度を設けて、障がいのある子どもへの対応に関する実技指導が行われてきました。乳幼児期の肢体不自由児を在宅で育てる保護者が、親子で短期間（1～2か月）入所して、食事の方法（姿勢管理・誤嚥予防）、呼吸の管理（気道確保・呼吸停止への対応）、痙攣発作や体温調節不良への対応等を学ぶのです。重い障がいのある子どもを目の前にして途方にくれる保護者が、この制度を利用して子どもへの対応を学ぶことにより、在宅での子育てに前向きに取り組めるようになっていきました。2013（平成25）年からは、そのほかの障害児入所施設においても「親子入所」が制度化されました。障がいのある子どもの保護者が在宅でも適切な育児対応ができるような支援が期待されています。

---

*8　児童発達支援
主に未就学で、在宅の障がい児を対象として、日常生活における基本的な動作の指導、集団生活への適応訓練等を行います。

*9　放課後等デイサービス
「障がい児の学童保育」とも呼ばれます。学校（幼稚園、大学を除く）通学中の障がい児に対して、放課後や夏休み等の長期休暇中において、生活能力向上のための訓練等を提供します。

*10　保育所等訪問支援
障害児施設で指導経験のある児童指導員や保育士が、保育所などを2週間に1回程度訪問し、障がいのある子どもや保育所などのスタッフに対して、集団生活に適応するための専門的な支援を行います。

第10章 障がいのある子どもをもつ保護者への支援の実際

④ 実践事例から考える

事例1 ●子どもの障がいを受け止めることが難しい保護者
（3歳児、9月）

　A保育園の3歳児クラスの担任になったB先生が、今一番気にかかっているのはLくんと保護者のことです。Lくんは2歳児クラスの途中から入園してきました。2歳児クラスの担任からは「言語発達が遅れていて、まだ意味のある言葉を話さない。活発で運動面での遅れはない。一応おむつは取れているが、まだ排泄の失敗が多い。遊びは一人遊びがほとんどである。発達の遅れが心配」という引き継ぎを受けていました。

　年度初めの保護者面談で「お子さんのことで何か気になっていることはありますか？」と聞いたときには、保護者からLくんの発達のことで相談があるのではないかと期待しましたが、あっさりと「とくにありません」という答えが返ってきました。重ねて「少し言葉の発達が遅いかなあと思うのですが」と言ってみると、「男の子だし、夫も小さいときなかなか話さなくて心配されたそうなので、たぶん大丈夫だと思います」と、保護者は全く心配している様子はありません。ほかの保護者が園での様子をいろいろ質問するのに比べると、むしろ子どもの様子に無関心なのではないかと心配になります。

　3歳児クラスになると、言葉でのコミュニケーション行動が活発になって、子どもたち同士で簡単な会話が成り立つようになります。そうすると、Lくんのように言葉を話さず、周りの子どもたちとかかわりがもてない子どもは、保育者にとって非常に気になる存在になってきます。

　A保育園では3歳児クラスからは、個別の連絡帳がなくなって、連絡黒板を使ってその日のクラス全体の活動の様子を伝えます。ですから、Lくんについて気になることはたくさんありますが、連絡帳を使って伝えることもできないし、帰宅を急ぐお母さんをつかまえて、個別に話をするチャンスもなかなかありません。何とか気になるところを保護者にもわかってもらえたら、できれば療育機関の専門家に診てもらえたら、Lくんにとってもっと良いかかわりの方法がみつけられそうな気がするのですが…。

　ところが、その後、思いもかけずLくんのお母さんからB先生に話を聞いてほしいと電話があり、仕事を早退してきたお母さんと面談することになりました。実はLくんは3歳児健診で「発達に気になるところがある」と言われ、療育センターで経過観察を行っていたそうです。そして、先週、個別の検査を受けた後で医師の診察があり、その場で「発達の障がいがある。定期的に療育センターに通って、指導を受けるように」と言われました。

　お母さんは憔悴しきった表情で「やっぱりっていう気持ちと、そんなはずはな

いっていう気持ちが半々なんです」と語りました。「お父さんはLは言葉が遅いだけで、障がい児のはずはないって言うんです。体だってしっかりしているし、ちゃんとこっちが言ってることもわかるし、ほかの病院で診てもらえって。Lが障がい児だったらもう仕事は続けられないかもしれない。毎週療育センターに通うんでしょうか。先生、私どうしたらいいんだろう」。
　B先生はお母さんの話を最後まで聞いた後、「今日はよくお話してくださいましたね。実は、私もLくんの発達のことは気になっていたので、お母さんが療育センターに行って、相談を受けていてくださったことがわかって実はほっとしています。療育センターで診てもらうことで、Lくんの発達状況や特徴をとらえて、Lくんにかかわるときにどんなことに配慮すればいいのかがわかります。大丈夫、今までも療育センターで支援を受けながら、保育園に通って来ていたお子さんもいますよ。これから一緒に、Lくんにとってできるだけ良い方法を考えていきましょう」と話しました。
　その後、Lくんの保護者は別の相談機関を受診し、同様の診断を受けました。Lくんも保護者も当初は不安定になっている様子がみられましたが、半年経った今では2か月に一度療育センターの指導を受けながら、休まず保育園に通って来ています。療育センターの勧めで、身振りと写真を使ったコミュニケーションを取り入れたところ、自分から発信することが増え、保育者の働きかけや周りの子どもたちに関心を示す場面も増えてきました。
　お父さんは相変わらず「Lは言葉が遅いだけ」と言っています。しかし、お母さんは「障がいがあってもなくてもLは私たちにとってかけがえのない子どもです。Lのためにできるだけのことをしてあげたい。先生、これからも相談にのってください」と笑顔で話してくれるようになりました。

●解説

　この事例では当初「子どもの様子に無関心」に見えた保護者が、実はずっとわが子の発達に大きな不安を抱えていたことが判明します。

　保育者は担任して早々に子どもの発達に問題があることに気がつきますが、保護者は全く問題を感じていない様子です。何とかして、保護者と問題を共有し、一緒に子どもの支援を考えていきたい保育者は葛藤します。「保護者が子どもの問題を認めようとしない」というとき、保育者は保護者に対して何を期待しているのでしょう。おそらく、漠然と、保護者の働きかけを変えてもらわないと子どもは変わらない、あるいは子どもの姿を共有して、一緒に問題解決の方法を探っていきたいと考えているのではないでしょうか。

　一方、保護者は保育者の意図がはっきりわからないと不安になり、防衛的になります。たとえば、保育者が子どもの気になる行動を伝えただけで、保護者としては「手がかかって困る」と言われているのではないか、「保護者に何とかしてもらいたい」と言われているのではないかと不安な気持ちになることも

あります。

　Lくんの保護者が子どもの問題に目を向けようとしなかったのは、「無関心」だったわけではなく「不安が大きすぎた」からなのです。そして、第2節（p.144）で述べたように、保護者が子どもの障がいを受け止め、前向きに子どもの支援を考えられるようになる過程は、決して単純なものではありません。家族のなかに意見の食い違いや、責任のなすりあいが起きて子どものことどころではなくなる場合すらあります。

　保護者が子どもの障がいを受け止めていても、いなくても、保育者は目の前の子どもの発達を包括的に理解し、保育のなかでできる限りの支援を行っていく必要があります。そのうえで、保護者が子どもの障がいに目を向け、行きつ戻りつしながらありのままの子どもの姿を受け止め、向き合っていく過程を支援することが求められています。

事例2 ●障がいを克服することで頭がいっぱいになっている保護者（4歳児、6月）

　Mちゃんはダウン症という診断を受けており、全体的に発達に遅れがあるものの、C幼稚園の生活への適応は良好です。年中クラス（4歳児）で入園し、当初は1対1で介助の職員がついていましたが、園での生活に慣れるにしたがい常時個別対応の職員がついている必要はなくなりました。年長になってからは、排泄の失敗も少なくなって、担任や介助の職員を挟まずにクラスの友だちとかかわる場面も増えています。

　保護者は教育熱心で、C幼稚園以外に週1回、近隣の大学の療育グループに参加しているほか、隔週で療育センターの指導を受けています。また、幼稚園が終わった後で、個人開業の言語治療クリニックと、公文式の学習塾、スイミングスクール、音楽教室にも通っています。「ダウン症でも、早期療育をがんばれば普通の子と同じように能力が伸ばせる」というのがこの保護者の持論で、常に「今がんばらないと」と言いながら子どものために東奔西走することをいといません。

　6月に入って教育委員会から幼稚園に「就学相談のご案内」が届き、Mちゃんは「障害児保育」の対象児であることから、担任のD先生が保護者に「市の教育センターに申し込んで就学相談を受けてください」という話をすることになりました。子どもの障がいについて認識のない保護者にこの話をするのは非常に神経を使う気が重い仕事です。そういう保護者には慎重に話を切り出す必要がありますが、Mちゃんの場合、保護者はすでに障がいがあることを理解していて「障害児保育」の制度を利用して入園してきているので何の問題もないはずでした。

　迎えに来た保護者に「就学相談」のパンフレットを渡しながら「そろそろMちゃんの学校について決めなければなりませんよね」と切り出しました。すると、保護者は表情を強張らせ「学校についてはもう決めていますから」と答えます。

保護者：「先生、うちの子フツーになってきたと思いませんか？」
担　任：「フツー？」
保護者：「着替えもトイレも自分でできるし、お話もできるようになりました。名前だって書けますよ。数もわかります。介助の先生にお世話になることもほとんどありませんよね」
担　任：「ええ、お母さんのおっしゃる通り、この１年のＭちゃんの成長は目を見張るものがありました。体もしっかりしてきたし、一人でできることがずいぶん増えましたよね」
保護者：「主人も私もＲ小学校以外考えてませんから」

　そう言うと差し出したパンフレットを受け取らず、Ｍちゃんに支度を急がせて帰っていきました。
　Ｄ先生はこの日の出来事を機にこれまでの保護者の様子を振り返り、不安が募りました。Ｍちゃんは「ダウン症」の診断を受けているし「障害児保育」制度の申請もしていることから、保護者は子どもの障がいを理解し受け止めていると考えていました。しかし、それは「ありのままのＭちゃんを理解し、受容している」ことと同じではなかったのかもしれません。
　確かにＭちゃんは幼稚園での生活に慣れ、つききりで個別の援助を行わなくても日々の保育のなかで大きな困難はありません。しかし、それはＭちゃんが「普通」に何でもできるようになったからではありません。言葉もたくさん出てきて周りの子どもたちはＭちゃんの伝えようとしていることをたいてい理解できます。けれども、実際のところ発音は不明瞭で、初めてＭちゃんに会う人にはほとんど話の内容が伝わりません。まだまだ、一人ではできないことも多く、周りの友だちが自然に声をかけたり、手を貸したりしています。このようにＭちゃんはクラスの一員として溶け込んで生活していますが、Ｍちゃんの発達が年齢に比して遅れていることは明らかです。
　しかし、Ｍちゃんの笑顔は一瞬にして周りの人を和ませる力をもっています。また、Ｍちゃんの存在がクラスの子どもたちのやさしさを引き出してくれ、職員が焦っているときに笑顔とゆとりの大切さを気づかせてくれます。お母さんはＭちゃんを「普通」にすることに必死で、Ｍちゃんの何気ない表情やしぐさのかわいらしさ、お友だちといるときの楽しそうな様子に気づいていないのではないでしょうか。Ｍちゃんが周りの子と同じことができるようになったから、園生活に適応できたのではなく、Ｍちゃんらしさこそが、周囲の援助を引き出し、園生活へ適応を助けているのです。
　その後、Ｍちゃんの保護者には「○○ができるようになった」ことだけではなく日常生活のなかでのＭちゃんの姿を伝え、「Ｍちゃんと生活することの喜びを保護者と共有する」ことが支援目標の一つに加えられました。そのために、まずはＭちゃんの保護者とじっくり話をする機会をつくり、Ｍちゃんが生まれてから幼稚園に入るまでのことを詳しく教えてもらうことにしました。保護者とともに幼稚園に入ってからのＭちゃんの成長を一緒に振り返り、保護者がこれまで感じてきたさまざまな気持ちをしっかりと受け止めたうえで、Ｍちゃんの魅力と課題を共有することから始めようと考えています。

第10章　障がいのある子どもをもつ保護者への支援の実際

●解説

　この事例は、p.144で取り上げた「比較的早期に障がいが発見される場合」にあたります。保護者は生後間もなくMちゃんが「ダウン症」であるという告知を受け、発達に障がいがあることを覚悟しています。幼稚園に入園するまでに療育機関へ通い、「障害児保育」を申請して入園していることから、保育者の目にはMちゃんの保護者が障がいをきちんと理解してMちゃんのためにがんばっていると映りました。

　ところが、「就学相談」をきっかけにして、Mちゃんの保護者が何とかして障がいを克服し、Mちゃんを「普通」に近づけるためにあらゆる努力を惜しまなかったことがわかります。

　これまで、D先生は、Mちゃんが幼稚園での生活に慣れ、次々に新しい行動を獲得していく姿を保護者と共有し、積極的にMちゃんのためにがんばる保護者の姿を、「少しがんばりすぎかな」と思いながらも、肯定的にとらえていました。しかし、「うちの子はフツー」と頑なに就学相談を拒否する姿からは、「普通の子と同じようにはできないわが子を受け入れることができない」という保護者の本音が垣間見えます。

　そこでD先生は「Mちゃんと生活することの喜びを保護者と共有する」という支援目標を新たに立てました。とはいえ、本心から心を通い合わせ、「喜びを共有する」ことは簡単なことではありません。まずは、Mちゃんの保護者が「フツー」にこだわる心情の裏に、これまで抱えてきたさまざまな思いがあることを理解し、そこに至る辛い体験をしっかりと受け止めることが大切です。

　そのうえで、Mちゃんの適応を支えているMちゃんらしさと、今後支援を続けていく必要のある課題を共有し、保護者がわが子のありのままの姿を受け止めたうえで、子育てにやりがいや喜びを感じて行けるよう支援を行っていく必要があります。

演習課題 ―やってみよう―

1）話し合ってみよう

　保育者の目から見ると、明らかに発達の障がいがある子どもでも、保護者が子どもの問題になかなか目を向けることができない場合があります。このような場合に起こりやすい、養育上の問題にはどのようなものがあるでしょう。また、保育者はどのようなことに配慮しながら、保護者への支援を行っていけばよいのでしょうか。グループで話し合ってまとめてみましょう。

・養育上の問題

・保育者が配慮すべきこと

2）事例を読み、支援について考えてみよう

事例3　●肢体不自由児のNちゃん（5歳児、9月）

　運動会が近づき、年長クラスの担任のE先生はNちゃんのことで頭を悩ませています。Nちゃんは二分脊椎症[*11]のために下肢に麻痺があります。入園当初は車椅子を使い、常時介助の職員がついていましたが、歩行訓練の成果が上がり、最近では補装具とカナディアンクラッチという杖を使って自力で歩行できるようになり、常時介助の職員がつく必要はなくなりました。
　Nちゃんは積極的な性格で、友だちがやることは何でもチャレンジしようとします。E先生はできるだけNちゃんの「やりたい」気持ちを尊重しようと思いますが、つまずいたり、転んだりしないかが心配になり、ついつい手を貸したくなります。ときにはNちゃんから「Nは一人でだいじょうぶだから、先生はあっち行っていいよ」と言われることもあります。それに比べて周りの子どもたちは心得たもので、Nちゃんが一人でできるところは見守り、助けを必要とするところでは手を貸し、参加が無理なところは「Nちゃん数えててー」とか「Nちゃんどっちが勝ったか見ててー」などと声をかけて自然に仲間に入れています。
　年長クラス全員が参加するリレーは毎年運動会の最後を飾るイベントです。E先生としては、クラスの一員としてNちゃんにも参加してほしいと思っています。しかしNちゃんをリレーに参加させるためには、何らかの工夫が必要です。また、保護者はこのことをどう思うでしょうか。

---

*11　二分脊椎症
先天的に脊椎骨が形成不全となって起きる障がいの一つ。母胎内で胎児が脊椎骨を形成するときに、何らかの理由で形成不全が発生し、本来なら脊椎の管のなかにあるべき脊髄が脊椎の外に出て、癒着や損傷を起こしたもの。下肢の麻痺や変形による歩行障害、膀胱・直腸障害による排泄障害などがみられます。

> 　Nちゃんの保護者は「できるだけみんなと一緒にいろいろなことをやらせてください」と言っている一方で、昨年の運動会は当日になって「風邪気味なので」という理由で欠席し、後で担任が様子を聞くと「風邪気味だったのは本当ですけど、Nに大勢の人の前で、みじめな思いをさせたくなかったというのもあります」と言っていたとのことでした。E先生は昨年は担任ではありませんでしたが、楽しそうに練習に参加していたNちゃんの気持ちを考えると胸が痛みました。
> 　E先生は今年の運動会はぜひクラス全員が参加できるようにしたいと思い、運動会の前に、Nちゃんの保護者と面談することにしました。そこで、Nちゃんや周りの子どもたちの普段の様子、運動会に向けての練習の様子、当日予定しているプログラムと配慮について説明し、Nちゃんが運動会に参加できるように保護者にお願いしておこうと考えています。

① 昨年の運動会当日にNちゃんを欠席させたとき、保護者の気持ちはどのようなものだったのでしょう。また、Nちゃん自身はどのような気持ちだったでしょう。

・保護者の気持ち

・Nちゃんの気持ち

② E先生がNちゃんの保護者と面談するにあたってしようと思っている「説明」や「お願い」のほかにどのようなことが必要でしょうか。グループで話し合って、実際に面談場面のロールプレイをやってみましょう。

・必要と思われること

・ロールプレイをやってみて感じたこと

【引用文献】

1) 田中康雄「第2章　障害児保育を医療の観点から考える　第3節　障害のある子の保護者の思い」鯨岡峻編『最新保育講座15　障害児保育』ミネルヴァ書房　2009年　pp.60-63
2) 河内しのぶ・浜田裕子・福澤雪子「統合保育の現状について―K市の保育施設へのアンケート調査より―」『産業医科大学雑誌』27(3)　2005年　pp.279-293

【参考文献】

・石井正子『障害のある子どものインクルージョンと保育システム』福村出版　2013年
・長瀬修・東俊裕・川島聡『障害者の権利条約と日本』生活書院　2012年
・中田洋『子どもの障害をどう受容するか』大月書店　2002年
・七木田敦・松井剛太『障害児保育』樹村房　2011年

第11章 要保護児童の家庭に対する支援の実際

●●● 本章のねらい

要保護児童の家族支援について学びます。児童虐待の現状をふまえて、それが危ぶまれる子どもと家族に対する援助について、私たちに何ができるのか、考えていきましょう。

① 児童虐待が疑われるとき

母親や父親からの虐待をもしも受けている場合でも、子どもはそのことを周囲の大人に滅多に話しません。それは、「自分がいけない子だから、ママ（パパ）はそうしたんだ」と思い込んでいるからです。子どもは自己中心的に物事をとらえる傾向があります[*1]。たとえそれが大人の"やつあたり"であっても、子どもは自分を中心にしか考えることができないのです。このような子どもたちを救うのは、身近にかかわる私たち、周囲の大人の役目であると言えます。ここでは、まず、児童虐待とその現状について学びます。

*1 スイスの心理学者J.ピアジェが提唱した子どもの自己中心性の概念。子どもの思考には、自らの視点を中心として物事を理解するという特徴があります。

1. 児童虐待とその種類

2000（平成12）年に制定された「児童虐待の防止等に関する法律」によれば、児童虐待とは親権をもつ保護者から18歳未満の児童に向けられる行為であり、児童の身体や精神を著しく傷つける行為であると定義されます。それは、次に挙げる身体的虐待、ネグレクト、心理的虐待、性的虐待の四つに分類されます（表11－1）。以下、厚生労働省「子ども虐待対応の手引き（平成25年度改正版）」を参照して記述します。

外傷を生じさせるような暴力的な行為が、保護者から子どもに対して行われることを身体的虐待といいます。たばこの火を押しつけて火傷を負わせたり、溺れさせたり、投げ落とすなど、生命に危険を及ぼす暴力的な行為が含まれます。

ネグレクトは、子どもを保護するという保護者の責任を怠ることです。保護者が自分の楽しみに興じて、小さな子どもを車のなかや家のなかに長時間放置し死亡させる事件が報告されていますが、それもネグレクトに該当します。また、保護者が同居する者からの虐待を見て見ぬふりをしたり、放置した場合も、ネグレクトとみなされます。

目に見える形ではなくても、保護者が子どもに対して、言葉による脅しや脅迫を行ったり、子どもの心を傷つけるようなことを言ったりすることは、心理的虐待となります。子どもの目の前で、ドメスティックバイオレンス（DV）[*2]が行われることも、心理的虐待に含まれます。

最後に、性的虐待は、保護者が子どもに対して性的にわいせつな行為をしたり、させたりすることです。ポルノグラフィーの被写体にしたり、子どもの目前で性行為を行ったりすることも含まれます。わが国での報告件数では、性的虐待は2012（平成24）年度で2.4％と、四種類の児童虐待のなかでは最も値が低いものです[*3]。しかし、欧米での報告は決して少なくはなく、周囲の大人が気づかずに潜在していることが多いとも考えられます。子どもにかかわる周囲の大人が、敏感に察知できるように、認識を深める必要があるでしょう。

表11-1　児童虐待の種類

虐待の種類	主な内容
身体的虐待	暴力的な行為を与えること 例）殴る、蹴る、投げ落とす、首を絞める、熱湯をかける、溺れさせる、逆さ吊りにする、異物を飲ませる、戸外に締め出す、拘束、監禁、激しく揺さぶる（※1）、子どもを意図的に病気にする（※2）など
ネグレクト	保護者としての監護を怠ること 例）適切な食事や衣服や住居を与えない、子どもの意思に反して学校に行かせない、病院に連れて行かない、車や家のなかに長時間放置する、同居人からの虐待を放置するなど
心理的虐待	直接的な暴力以外の脅しや脅迫行為 例）拒否的な態度を示す、子どもの心を傷つけるようなことを言う、ほかのきょうだいと差別する、子どもの目前でのドメスティックバイオレンスなど
性的虐待	子どもに対するわいせつな行為 例）子どもへの性的行為の強要、性器を触ったり触らせたりする、性器や性交を見せる、ポルノグラフィーの被写体などに子どもを強要するなど

※1　激しく揺さぶられることによって頭蓋内損傷が生じ、脳の障がいや後遺症が残ったり、ときには死亡することを乳幼児揺さぶられ症候群（揺さぶられっ子症候群：SBS）といいます。
※2　献身的な保護者を演じることで周囲からの同情や賞賛を得るために意図的に子どもを病気にさせる精神疾患を代理ミュンヒハウゼン症候群といいます。身体的虐待の一つととらえられます。
出典：厚生労働省雇用均等・児童家庭局総務課「子ども虐待対応の手引き（平成25年度改正版）」2013年を基に筆者作成
　　　http://www.mhlw.go.jp/seisakunitsuite/bunya/kodomo/kodomo_kosodate/dv/dl/120502_11.pdf

[*2] ドメスティックバイオレンス
「配偶者などからの暴力」を意味します。英語の「domestic violence」を略してDVと呼びます。2004（平成16）年に配偶者からの暴力の防止及び被害者の保護等に関する法律（通称：DV防止法）が改正されたことにより、それまで身体的暴力のみ保護などの措置が取られていましたが、精神的暴力も対象となりました。

[*3] 2013（平成25）年度の児童相談所による虐待対応件数の内訳によれば（厚生労働省「児童虐待対策の現状と今後の方向性」）、身体的虐待が35.3％、ネグレクト28.9％、心理的虐待33.6％となっています。

2. 児童虐待の現状と在宅指導

厚生労働省の報告によれば、児童虐待の件数は年々増加しています。1993（平成5）年では千件台であった全国の児童相談所での児童虐待相談対応件数は、2003（平成15）年には2万件台、2013（平成25）年では7万件を超える数値となりました（図11-1）。

虐待通告がなされると、児童相談所や市区町村でリスクアセスメント[*4]が行われます。アセスメントの基準としては、虐待の事実が否定されるか、あるとしても軽度であり、子どもの命が奪われる危険性が非常に低いと判断されること、保育所・幼稚園や学校に子どもが毎日登校している様子があること、保護者が相談機関を定期的に利用したり支援機関[*5]の訪問を受け入れたりする姿勢があることなどの5項目があります。こうした基準を基に、子どもを家庭から分離させずに、在宅指導を行うことが適切であるかどうかが審査されます（厚生労働省, 2013）[*6]。

在宅指導が決定すれば、子どもが所属する園の保育者も、子どもの安心と安全が適切に守られているかということに、日々の保育のなかで留意する必要があります。また、大切なことは、「愛情があるから大丈夫」とは決して判断しないということです。愛情があるにもかかわらず、虐待は生じるのです。保護者に子どもへの愛情があるかどうかとは別に、虐待という行為があるかどうかという、冷静な視点が大切です。

[*4] 子どもが将来、虐待を受ける可能性について、基準を用いて判断すること。

[*5] 支援機関とは、民生・児童委員（主任児童委員）、家庭相談員、保健師、児童相談所職員など。

[*6] 厚生労働省雇用均等・児童家庭局総務課「子ども虐待対応の手引き（平成25年度改正版）」によれば、このほか2項目の順守基準があります。①関係機関内で在宅援助への共通認識があること、②家庭内の情報がある程度得られるような信頼できるキーパーソンがいること。これらの基準が満たされない場合には、在宅援助の妥当性を常にアセスメントしつつ、子どもの安全と養育改善に向けての支援方針を関係機関で検討していくことが求められています。

図11-1　全国の児童相談所における児童虐待相談対応件数の推移

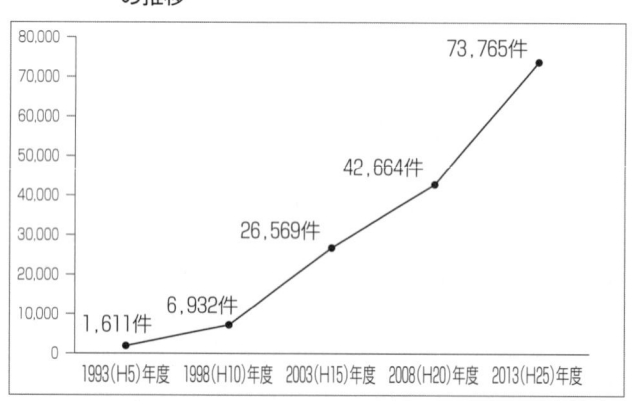

1993(H5)年度	1,611件
1998(H10)年度	6,932件
2003(H15)年度	26,569件
2008(H20)年度	42,664件
2013(H25)年度	73,765件

出典：厚生労働省「平成25年度の児童相談所での児童虐待相談対応件数等」を基に筆者作成
http://www.mhlw.go.jp/file/04-Houdouhappyou-11901000-Koyoukintoujidoukateikyoku-Soumuka/0000053235.pdf

3. 虐待のリスク要因

子どもへの愛情がありつつも、虐待してしまうとはどのようなことなのでしょうか。それは、虐待へのリスクを高めてしまう心理的・社会的な要因があるということです。要因は保護者側にも、子どもの側にもあります。そうしたリスク要因を把握しておくことは、家族への支援を行ううえで大切な事柄だといえます。

ただし、こうした要因があるから虐待が起きるとか、多くあれば虐待が生じるという判断をするものではありません。むしろ、こうした要因があることで母親が苦しんでいるのだというように、保護者の理解に役立てていくべきでしょう。厚生労働省は「子ども虐待対応の手引き（平成25年度改正版）」のなかで、以下の事項をリスク要因として挙げています。

1 保護者側のリスク要因

①愛着形成が困難である場合

性暴力や10代の妊娠など、妊娠したことを喜ばしく思えないときや妊娠を望まなかった場合のほか、何らかの問題が発生して乳児の受容が困難である場合には、子どもへの愛着が形成されにくいことがあるといわれています。

②精神的な不安定さ

マタニティ・ブルーズや産後うつ病[*7]などで精神的に不安定な状況にある場合や、精神障害が認められつつも医療につながっていない場合には、虐待を引き起こすリスクが高いといわれています。そのほか、知的障害、アルコール依存、薬物依存、また性格的に攻撃性や衝動性が高い場合も、虐待のリスク要因となります。

③保護者自身の養育体験など

保護者自身が被虐体験をもっていたり、厳しすぎるしつけを受けてきたりした場合には、自らが育てられたのと同じように子どもを育ててしまいやすいことが指摘されています。また、子どもの発達を無視して過度な要求をする場合や、「食事が遅い」「泣き止まない」など発達年齢的には当然のことから虐待が生じることもあり、注意喚起が促されています。

---

*7 出産直後から数日後の一時期、気分が変わりやすく、イライラしたり、突然不安になったり、涙もろくなったり、心身の不調を感じることがあり、これをマタニティ・ブルーズといいます。ホルモンなど出産後の体の変化のほか、慣れない育児の疲れなども関係しているとされます。数週間経ってもこうした不調が続く場合は、産後うつ病に注意が必要です。

2 子ども側のリスク要因

低出生体重児（未熟児）である場合や、自閉症スペクトラム障害などの障がいのある場合のほか、ぐずりやすい、夜泣きが激しい、ミルクをなかなか飲まないなどの気質的な育てにくさをもっている場合には、リスク要因となります。

3 環境的・経済的なリスク要因

ひとり親家庭や子連れでの再婚家庭、内縁者や同居人がいる家庭、地域社会から孤立した家庭などが、リスクを高める要因となりやすいといわれています。夫婦関係の不和が生じていたり、失業・借金・不定期労働など経済的な不安を抱えている場合にも、ハイリスクとしての注意が必要です。

② 要保護児童の家庭に対する支援の実際

要保護児童とは、保護者のいない子どもや保護者に監護させることが不適切であると認められる子どものことで、児童福祉法に定められています[*8]。保護者から虐待を受けている子どもだけではなく、非行の児童も含まれますが（厚生労働省「要保護児童対策地域協議会設置・運営指針」）、ここでは、私たちが保育の現場で出会う未就学児を想定して、要保護児童と家庭への支援についてみていきましょう。

1. 地域での取り組み

児童虐待の増加を受けて、要保護児童の早期発見と適切な保護を図るために、2004（平成16）年の児童福祉法改正により要保護児童対策地域協議会[*9]（以下「地域協議会」とします）が法定化されました（図11−2）。これが現在、関係機関が連携して、地域で要保護児童への対応を行うネットワークの基礎となっています。関係機関で情報の共有化を図り、役割分担を通じてそれぞれが責任をもってかかわりながら、共通の理解を深められるなどの利点があります。

児童虐待の報告相談件数がますます増えているなかで、地域協議会への期待はより一層大きくなっているといえます。その一方で、機能が十分に果たせて

*8
児童福祉法第6条の3第8項に「保護者のない児童又は保護者に監護させることが不適当であると認められる児童（以下「要保護児童」という。）」と定められています。

*9
「子どもを守る地域ネットワーク」とも呼ばれます。要保護児童について児童相談所など関係者間の情報交換と支援に関する協議を行います。2008（平成20）年より市区町村に設置の努力義務が課せられています

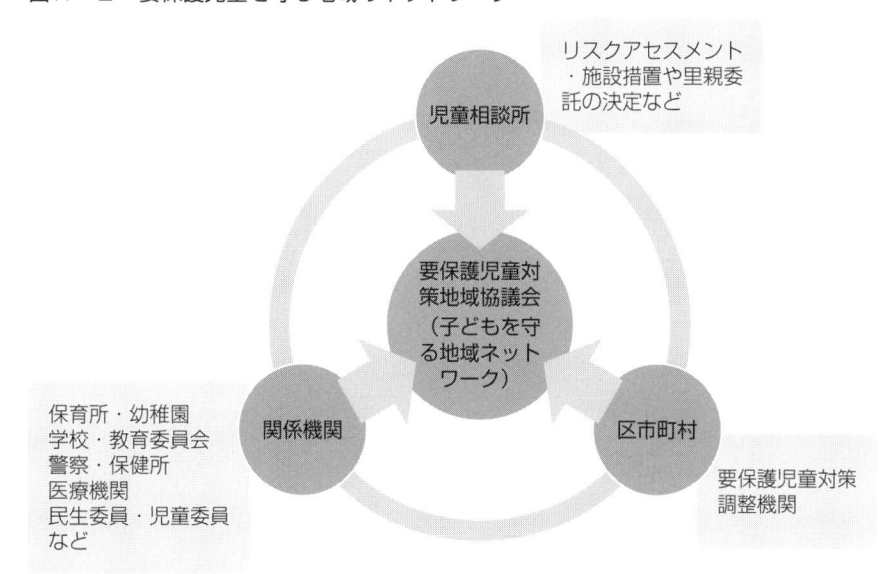

図11-2 要保護児童を守る地域のネットワーク

出典：厚生労働省「社会的養護の現状について（参考資料）　平成26年3月」2014年を基に筆者作成
http://www.mhlw.go.jp/bunya/kodomo/syakaiteki_yougo/dl/yougo_genjou_01.pdf

いないのではないかという批判や、地域協議会の効果的活用について疑問視する声もあります（厚生労働省『「要保護児童対策地域協議会」の実践事例集』）。

地域協議会は三層から成り、要保護児童に直接的にかかわっている担当者などが具体的な支援のあり方について検討する「個別ケース検討会議」、定期的な情報交換や情報確認のための「実務者会議」、システム全体を検討する「代表者会議」から構成されます。

このなかで、実際に子どもや保護者とかかわる保育者は、「個別ケース検討会議」に出席することが多いと思われます。子どもの様子を毎日のように見ているのは保育者であり、子どもの身体的な発達はもちろんのこと、情緒的な発達が促されているかということも、保育者は把握できます。また、親子の関係性が良好化しているかということについても、直接的に把握できます。すなわち、要保護児童の発達が地域で保障され、「子どもの最善の利益」が守られているかという最も大切な事柄を専門的視野から把握できるのは保育者にほかならないのです。保育者にはその強みをこうした会議の場で生かしてゆくことが求められています。

2．親子への支援

要保護児童とその家族への園での対応は、主に、子どもの見守りと保護者へ

の支援であると言えます。さらに、虐待が生じてしまいやすくなっている親子の関係性をできるだけ改善していくようなかかわりも重要になります。そのために、私たちがどのような取り組みを行えるのかを考えてみましょう。

1 園での見守りのポイント

園では、再び虐待が繰り返されないよう、慎重に見守ることが求められます。日々の保育のなかで、不自然な傷などがないかをなにげなくチェックしたり、子どもに必要な衣食住が与えられているかに気を配ります。また、子どもが気持ちを落ち着けて過ごすことができているかがとても重要です。もし、気になることがあれば、主任や園長に相談し、対応を検討します。アザや外傷、火傷がある場合には、その理由を保護者に確認します。写真や記録を取っておくことも大切なポイントでしょう。（表11－2）

表11－2　園での1日の流れのなかでの見守りのチェックポイント

1日の流れ	チェックポイント	
	子どもの様子	お母さんの様子
登園	機嫌や表情／けがの有無／服装／保護者と別れるときの様子	表情／子どもへの態度／休みのときの連絡の有無や様子
遊び／おやつ	他児との遊び方（攻撃的ではないかなど）／表情や機嫌／朝食はとったか	
オムツ替え／着替え	アザや外傷、火傷の有無　など	
昼食	食事の食べ方／量など	
午睡	なかなか寝つけない／暗くなるのを怖がる　など	
連絡帳		記入内容に不自然な点はないか／子どもに対する否定的な言葉はないかなど
降園	保護者が迎えに来たときの表情や反応	子どもへの態度や声かけ

出典：厚生労働省『「要保護児童対策地域協議会」の実践事例集』2013年を基に筆者作成

2 保護者への支援

①支援を受けることに否定的な保護者

まず大切なことは、お母さんとの信頼関係を結ぶことだといえるでしょう。お母さんが保育者であるあなたに「友だち」のように気楽に子どものことを話

せたり相談をしたりできる関係を築いてほしいと思います。支援を受けることに抵抗を感じるお母さんは、自分が非難されるのではないか、叱られるのではないか、と恐れています。そうしたお母さんに心を開いて支援を受け入れてもらうためには、「指導を与える」というような上下関係ではなく、「友だち」のような信頼に基づく公平な関係であることが大切です。しかし、私たち支援者側の意識としては、「アドバイスを与える側」と「与えられる側」というように、上下の関係を持ち込んでしまいやすいのです。お母さんが少し失敗してしまっても批判せずに聞くことや、お母さんの気持ちの聞き役になることで、少しずつ信頼関係をつくることができますし、また、お母さんの頑(かたく)なな気持ちもほぐれてくることでしょう。

　何かお母さんへ伝えたいアドバイスがあれば、連絡帳や立ち話でさりげなく伝えることから始めてみましょう。

②子どもに否定的なイメージをもっている保護者

　お母さんのなかには、子どもの泣きや反抗に対して、否定的に受け止めてしまっている方がいます。たとえば、子どもが言うことを聞かず、かんしゃくを起こしたり泣き止まないことに対して、「この子は私のことが嫌いなんだ」ととらえてしまったり、「私をダメな母親だと非難している」と受け取ってしまったりします。そのようなお母さんに対して、どのように接したらよいのでしょうか。

　なかには、子どもの発達についての正しい知識をもっていない保護者もいます。その場合には、保護者の大変さや忙しさに共感しながら、子どもの発達について伝えます。園での工夫を伝えることもよいでしょう。

　また、「この子は私が嫌い」と思い込んでいる保護者には、なぜそのように感じるのか保護者の言葉に反論せずに耳を傾けてから、子どもの母親を求める行動や気持ちをとらえて、保護者に伝えます。保育者が子どもの心の翻訳者になり、両者の関係性の援助を図るのです。

　こうした保護者にとって、子どもの気持ちを推し量ることは非常に難しいかもしれません。けれども、保護者自身が子どもの気持ちを理解しようとする試みのなかで、子どもの気持ちに応答する力[*10]が少しずつ育ってゆけば、子どもとの関係性が修復されていくことが期待できるでしょう（青木, 2010）。

3　要保護児童への対応

　次に子どもへの対応をみてみましょう。暴力やネグレクトなどの虐待が生活

*10
P. フォナギー(1991)は、親が子どもの心の状態を思い描く能力を「メンタライゼーション」と呼んでいます。詳しくは、P. フォナギー・M. タルジェ著（馬場禮子・青木紀久代監訳）『発達精神病理学からみた精神分析理論』（岩崎学術出版社2013年）を参照。

のなかで生じ、それを体験してきた子どもたちは、保護者を含めた大人に対して、どのようなイメージをもっていると思いますか。困ったときに自分を助けてくれる存在として、あるいは、気持ちを優しく静めてくれる存在として、大人をとらえているでしょうか。

　虐待を受けた子どもたちは、困ったときに大人が手を差し伸べてくれるとは思っていません。大人が自分の泣きたい気持ちを静めてくれるとも思っていないかもしれません。それは、保護者との関係のなかで基本的信頼感[*11]が育ちにくかったからです。ですから、いつも大きな不安を抱えていて、とても不安定です。こうした子どもたちに、私たちはどのように接すればよいのでしょうか。

　それは、まず、「抱える環境」[*12]を提示するということです。抱える環境とは、子どもがそこに安心していることができる守られた空間であり、発達や心の成長が促される場となります。

　そして、保護者への対応とも重なりますが「応答的な環境」を心がけることが大切です。要保護の子どもたちは、保護者が自らの気持ちを読み取ってくれたり、わかってくれたりしたときの安心感という感覚を得る体験が少ない子どもたちであると判断できます。このように足りない部分を、保育者が代わりになって、子どもの気持ちを汲み取って応答していきます。こうした働きかけが、子どもに大きな安心感を与えていくと考えられます。

---

*11
E. エリクソンが提唱した乳児期の発達課題です。保護者との情緒的絆が形成されるなかで、他者は自分を受け入れ大切にしてくれるという感覚と、自分は他者に受け入れられ、大切にされる存在であるという感覚を身につけること。

*12
D.W. ウィニコット（英国の小児精神科医・児童精神分析医）が提唱した概念。母親がつくり出す、乳幼児の心を育む発達促進的な環境のこと。

---

③ 実践事例から考える

事例1　●DVを目撃したMちゃん（3歳児クラス、6月）

　Mちゃん（3歳）の両親は現在別居をしています。ある晩、お父さんからお母さんへのDVがあり、近隣の虐待通告から児童相談所が介入しました。子どもの命が奪われる危険性は低いと判断されること、保育所に毎日登園している様子があること、そして、お母さんが子ども家庭支援センターで相談支援を定期的に受けることを希望されたことなどから、在宅支援を行うこととなりました。

　Mちゃんへの直接的な暴力はなかったものの、Mちゃんが受けたショックは相当なものであると考えられました。Mちゃんは2歳下の妹を気遣ってか、あまり不安げな様子をみせずにいましたが、担任のT先生は、Mちゃんの笑顔が少ない様子が気になっていました。あるとき、転んで擦り傷をつくったときには大泣きして、担任のT先生に抱っこしてもらい、しばらく先生の腕のなかから離れるこ

とはありませんでした。「Mちゃん、痛かったのね。それに、たくさん、我慢してたんじゃないかな。先生、知ってるよ」とT先生が声をかけると、「お父さんが、ぼーんぼーんってした。怖かった」と、また泣き出しました。T先生は「そうか、怖かったのね」と、しばらくMちゃんを優しく抱きかかえていました。

Mちゃんが出来事について初めて話してくれたことをお母さんに伝え、Mちゃんとのかかわりをできるだけ増やしてもらうようにお願いしました。お母さんもMちゃんが我慢している様子だったことを心配しており、快く応じてくれました。徐々にMちゃんの笑顔も戻ってきました。

●解説

DVは、子どもに二重のショックを与えるものであると思います。それは、いつも自分には優しくしてくれる大好きな人が、突然まるで人が違ったように荒れ狂った様子をみせるということ、そして、もう一人の大好きな人が傷を負わせられるということです。さらにそれは、自分を守ってくれる存在の脆さをみるということでもあり、これは強烈な不安感をもたらすものと考えられます。こうした場合には、守られる安心感を回復できるような、抱える環境が必要です。そうしたなかで安心して感情を表出し、受け止められる体験をすることができるのです。

事例2 ●ネグレクトにより在宅指導となったHくん
（1歳児クラス、11月）

Hくんが1歳のときに両親が離婚し、母親のKさんがHくんを引き取って一人で育てています。ところが、仕事や育児などのいろいろなことが重なって、うつ病になり、Hくんの世話もままならない状態が続いていました。1歳半健診でHくんの身長や体重の伸びが小さく、言葉の発達にも心配な面があることがわかりました。Hくんの服も汚れていて、Kさんの抑うつ的な状態がみられたことからネグレクトが疑われ、児童相談所へ申し送りされることになりました。

児童相談所では、Kさん宅への訪問を行い、リスクアセスメントを行いました。その結果、地域資源を活用すれば、Hくんの命が奪われる可能性は極めて低いと判断され、Kさんも育児相談を積極的に利用したいと希望していることから、在宅指導を行うことになりました。そして、この親子の見守りとHくんの発達支援のために、保育所への入所が検討されました。

HくんがS保育園に入園したのは、Hくんが2歳になるころです。初めは、お母さんの病気の具合がとても悪く、Hくんを保育園に送ってくることができない日もありました。担任の先生は園長先生と相談して、そのようなときはHくんの家まで迎えに行きました。そのおかげで、Hくんは毎日、保育園に登園すること

ができました。
　Hくんは、保育園にすぐに慣れていきましたが、保育園の先生たちは、Hくんがお母さんに甘える様子を見せないことが気になっていました。保育園に来るときも、Hくんとお母さんは別々に歩いているという様子で、手をつないだり、お母さんに抱っこしてもらったり、という姿は見られません。お母さんの表情もまだ辛そうなときがあり、そのようなお母さんの状態を、Hくんは敏感に察しているように思われました。園ではお母さんの分もHくんに応答性のある対応ができるよう、心がけました。
　Hくんが3歳になる頃には、お母さんの調子もずいぶん良くなり、園への送り迎えのときにも、お母さんの笑顔がみられるようになってきました。ある日、お絵かきの時間にHくんは自分とお母さんの絵を描きました。まるで二人が手をつないでいるような絵でした。担任の先生は、Hくんからお母さんにその絵を渡してもらい、「これはHくんとお母さんなんですって。おててをつないでいるところかな」と言葉を添えると、Hくんはお母さんの手をぎゅっと握りました。お母さんは一瞬はっとしたような表情をして、すぐににっこりとHくんに笑顔を返しました。「おててつないで帰ろうか」とお母さんが言うと、Hくんは少しはにかんだような表情をしながら、うれしそうに手をつないで帰っていきました。

●解説

　1歳半健診でネグレクトがみつかり、在宅指導となったケースです。母親がうつ病であったために、Hくんに話しかけたり、Hくんの働きかけに対して細やかに応答したりすることがあまりできず、Hくんの身体発達のみならず言葉の発達や愛着形成にも影響を及ぼしていました。そのため、Hくんがお休みのときには、たとえば園の活動終了後に家庭訪問をして、母親とHくんの状態を確認することも考えられました。Hくんの発達にとっては登園するということが応答的な環境を担保するということであり、最大限に優先されるべき事項として判断されたためです。このケースは、Hくんの住まいが園の近くで、保育者が迎えに行くという援助を行いやすかったことが幸いでしたが、ときには、こうした保育以外の具体的な援助も検討しなくてはならないときもあるでしょう。
　ここで挙げた事例のように、子どもの様子や、保護者の状態を最も身近に把握できるのは保育者です。子どもの発達にどのような働きかけが必要なのか、保護者を支えるためにはどうしたらよいのか、また、親子の関係性への援助はどうか、ということを専門的な視点からとらえ、支援していきます。子どもの発達促進に加え、子どもと保護者との関係をつなぐ役割も、保育者が担っていると言えます。

演習課題 ―やってみよう―

1）親子の関係を示す箇所をみつけてみよう

事例2「ネグレクトにより在宅指導となったHくん」（p.167）のなかで、親子関係の状態を示す箇所をみつけてみましょう。

....
....
....

2）親子関係の状態を考えてみよう

親子関係の状態を読み取るための演習です。次の表にあるそれぞれの状況下では、親子関係の状態はどのようなことからわかるでしょうか。あなたの思う具体的な事柄を表に書き入れてみましょう。

状況	親子関係の状態	
	問題はない	何か問題が生じている
保護者が迎えに来たとき	例）うれしそうに抱きつく	例）怖がって逃げたり隠れたりする
登園し、保護者が子どもを園に置いて行くとき		
子どもが遊んでいるそばに保護者がいるとき		
子どもが何か困っているとき		
転んでけがをしたとき		

【参考文献】

- 厚生労働省「児童虐待対策の現状と今後の方向性」
  http://www.mhlw.go.jp/seisakunitsuite/bunya/kodomo/kodomo_kosodate/dv/dl/about01.pdf
- 厚生労働省「要保護児童対策地域協議会・運営指針」2007年
  http://www.mhlw.go.jp/bunya/kodomo/dv11/index3.html
- 厚生労働省雇用均等・児童家庭局総務課 「子ども虐待対応の手引き（平成25年度改正版）」2013年
  http://www.mhlw.go.jp/seisakunitsuite/bunya/kodomo/kodomo_kosodate/dv/dl/120502_11.pdf
- 厚生労働省『「要保護児童対策地域協議会」の実践事例集』2013年
  http://www.mhlw.go.jp/seisakunitsuite/bunya/kodomo/kodomo_kosodate/dvjinshin/dl/jissen.pdf
- 青木紀久代編『いっしょに考える家族支援』明石書房　2010年

第12章 乳児院・母子生活支援施設等における支援の実際

●●● 本章のねらい

社会的養護施設では保育士の資格をもつ者が、直接養育職員などの職名で活躍しています。当然、保護者支援が重要視されますが、保育所などの保育士が行う支援とは異なるものが多く求められます。本章では、その実際について概観して理解を深めます。

① 社会的養護の現状

社会的養護とは、「保護者のない児童や、保護者に監護させることが適当でない児童を、公的責任で社会的に養育し、保護するとともに、養育に大きな困難を抱える家庭への支援を行うこと」[1]です。対象児童は2013(平成25)年現在、約4万6千人に上ります。要保護児童数の増加に伴い、ここ十数年で里親委託児童数は約2.6倍、児童養護施設の入所児童数は約1割増、乳児院が約2割増となっています[2]。一方、母子生活支援施設の施設数は減少していますが、DV[*1]被害者の入所が半数以上を占めています[3]。

2013(平成25)年の「児童相談所での児童虐待相談対応件数」(厚生労働省)は73,765件(速報値)と前年度(66,701件)を大きく上回り、過去最多と報告されました[*2]。これは、きょうだい間の虐待ケースに関する対応強化やDV被害ケースの増加など、子どもや子育てをめぐる社会環境が大きく変化していることを示し、子どもの命を社会全体で守るしくみが急務となっています。

2011(平成23)年7月に『社会的養護の課題と将来像』がとりまとめられ、「子どもの最善の利益のために」と「社会全体で子どもを育む」という二つの考え方が社会的養護の基本理念となりました[4]。そして、保護者の適切な養育を受けられない子どもを社会の公的責任で保護養育し、子どもが心身ともに健康に育つ基本的な権利を保障するために、六つの原理が示されています[5]。

---

*1 詳しくはp.159の脚注2を参照。

*2 p.160の図11-1を参照。

第12章　乳児院・母子生活支援施設等における支援の実際

> **社会的養護の原理**
> ①家庭的養護と個別化　　④家族との連携・協働
> ②発達の保障と自立支援　⑤継続的支援と連携アプローチ
> ③回復をめざした支援　　⑥ライフサイクルを見通した支援

　すべての子どもに適切な養育環境で、安心して自分をゆだねられる保護者によって養育される"あたりまえの生活"を保障することが重要です。子ども期は人生の基礎であり、特定の人との愛着関係や基本的な信頼関係を通して、他者に対する信頼感や自己肯定感を獲得します。不適切な養育環境による悪影響からの心身の癒やしや回復には、専門的ケアが必要になります。

　社会的養護施設では子どもの将来を見通し、保護者とともに、あるいは保護者を支援しつつ、子どもの発達や養育を保障していくために、アフターケアも含めたトータルプロセスを目指した関係機関の連携が重要となっています。

　本書では、社会的養護施設のなかでも、より保育相談支援が求められる乳児院と母子生活支援施設について詳しくみていきます（児童養護施設についてはp.188、障がい児の利用する施設はp.149を参照）。なお、乳児院、母子生活支援施設、児童養護施設は、保育所のように日々家庭から通うのではなく、入所してそこで生活をともにする施設です。

② 乳児院における養育相談支援

1. 利用者と施設の目的

　乳児院は、乳児*3を入院させて、これを養育し、あわせて退院した者について相談その他の援助を行うことを目的とすると児童福祉法第37条に規定されています。乳児院の全国数は2013（平成25）年3月現在、131か所で3,069人の子どもが生活しています[6]。『社会的養護の課題と将来像』では乳児院の役割を次のように示しています。

乳児院での食事の様子

*3
ここでいう乳児とは、児童福祉法第4条が定める「満1歳に満たない者」をさします。ただし、「保健上、安定した生活環境の確保その他の理由により特に必要のある場合には、幼児を含む」ことができるとされています（児童福祉法第37条）。

171

*4　児童指導員
保護者に代わって子どもたちを養育・支援・指導するのが主な職務。児童養護施設をはじめとするほとんどの児童福祉施設に配置されています。保育士とともに施設の中核的な役割を担います。

*5　家庭支援専門相談員（ファミリーソーシャルワーカー）
乳児院や児童養護施設等に配置されます。入所する子どもが早期に家庭復帰等を図れるように、入所前から退所、退所後のアフターケアにいたる総合的な家族関係調整を担います。

*6　個別対応職員
増加する被虐待児の処遇の充実を図ることを目的に、乳児院や児童養護施設等に配置されています。とくに個別の対応が必要とされる被虐待児への面接や保護者への援助等を行います。

*7　里親支援専門相談員
児童相談所の里親担当職員や里親委託等推進員、里親会等と連携して、入所児童の里親委託の推進や退所児童のアフターケアとしての里親支援等を図ります。

*8
児童福祉施設の設備及び運営に関する基準に基づく心理職の職種名は「心理療法担当職員」と定められています。しかし、全国乳児福祉協議会は、乳児院における心理職の役割は、個別の心理療法のみならず、親子関係や職員間の連携にかかわる役

> ・乳児院の役割
> ①養育機能（乳幼児の生命を守り、心身および社会性の健全な発達を促進）
> ②乳幼児の専門的養育機能（被虐待児・病児・障がい児等への対応）
> ③保護者支援とアフターケア機能（早期家庭復帰を視野に入れて）
> ④乳児の一時保護機能（児童相談所から乳児院に一時保護委託を受けることが多い）
> ⑤子育て支援機能（育児相談、ショートステイ等）

　全国乳児福祉協議会（以下、全乳協）では、「乳児院の将来ビジョン検討委員会」において乳児院の将来像を検討してきました。2013（平成25）年に「乳児院運営指針」が発出され、その解説書として2014（平成26）年に「乳児院運営ハンドブック」を発刊し、乳児院で生活する子どもが、より良く生きることを保障するために研鑽を重ねています。

　乳児院における養育は、まだ自分で意思表示ができない子どもの心身および社会性の健全な発達を促進し、生命を守り養育します。乳児院の使命は、子どもに「大人に守られ、大切にされ、安心して生活できる環境を提供する」ことであり、「信頼に足りる大人がいること」を示すことです。そして、何よりも人間の基礎が培われる乳幼児期を安定した環境のもとで、「生まれてきてよかった」と思える自己肯定感と信頼感を保障することです。そのために、養育の継続性と保護者との信頼関係を築き、子どもの最善の利益を追求した親子関係の再構築を目指します。

2. 職員配置と業務の概要

　乳児院の職員は、直接養育職員（保育士、看護師、児童指導員*4）と間接養育職員（施設長、医師または嘱託医、栄養士、調理師、事務員）、また専門的支援を目的とした職員（家庭支援専門相談員*5、個別対応職員*6、里親支援専門相談員*7、心理職*8）によって構成されています。

　直接養育職員は子どもの養育を主として担当するため、保育と看護の専門知識が求められます。相談支援を担当する職員は、家庭支援専門相談員、里親支援専門相談員で、ソーシャルワーカーとして児童相談所などの保護者を取り巻く社会資源や環境に働きかけ、入所する子どもの家族関係再構築を促します。

　ネグレクトなどの虐待を受けた子どもに対しては、個別対応職員が養育担当者と協力して虐待による子どもの成長に及ぼす影響を観察して、心理職につなげます。心理職は遊戯療法（プレイセラピー）*9や面会場面での保護者に対す

第12章　乳児院・母子生活支援施設等における支援の実際

る家族療法を実施して、安定した親子関係調整を図っています。子どもは24時間を乳児院で過ごしますが、担当職員であっても交代勤務となりますので、日勤者と夜勤者の情報共有や多職種職員のチームアプローチによる連携と役割分担は子どもの成長発達を促す鍵となります。そして、保護者への養育支援はとくに役割分担と連携プレイが必須と言えます。

3. 支援の実際

ここでは、直接、養育担当をする保育士がかかわる相談支援について、入所から退所後のフローチャートの例（図12-1）に沿いながら、とくに保育士の専門性である「遊び方やかかわり方」「養育の方法」などをソーシャルワーク[*10]の技法で具体的に紹介したいと思います。

1 入所時のアセスメント

①入所時の流れと面接について

一般的に福祉施設を利用する場合は、保護者が関係機関に出向き、養育相談（インテーク面接）を経て、課題発生の経過、原因や保護者の生育歴を含む情報を聞き取り、入所につながります。しかし、乳児院の場合は乳児の特性から緊急対応（一時保護機能）が多いため、現況把握のみでの入所が少なくありません。そのため、入所時面接で保護者から、子どもの心身の状態や特徴を伝えてもらい、保護者には、「傾聴」「受容」の姿勢で対応することが重要となります。

たとえば、乳幼児揺さぶられ症候群（SBS）[*11]疑いの場合、保護者は子どもが乳児院入所に至った理由を了承していないケースが多くあります。突然子どもが意識を失い、けいれんを起こして救急搬送したところ、脳内に不明な出血や出血痕が発見され、病院から児童相談所に通報が入ります。保護者は子どもの急変で驚き、医療につなげたあげくの親子分離に納得できないと訴えます。

そのため、児童福祉司[*12]と行う初回面接は、反発と不信感を伴う緊張したものとなります。このようなときは、施設長と家庭支援専門相談員や心理職による対応になります。今日から始まる乳児院での生活と支援について、丁寧に説明します。このとき、乳児院は子どもの立場に立ち、子どもの命と人権擁護を重要視していることを伝えます。そして、犯人を捜すことが本意ではなく、被害を受けた子どもの痛みを早期に発見できなかったことの現実が、子どもをつ

割等も含まれると考え、役割が限定されるイメージを除くために「心理職」と表記しています。

*9
子どもの心の問題に対して、遊びを通して行う心理療法の一つ。言語能力の未発達な子どもの場合、言葉の代わりにおもちゃや遊戯を媒介にして行われます。

*10
さまざまな生活上の困難や課題に対して行われる社会福祉の支援の理念や方法をさします。時代や立場により、その定義にはいくつかの違いがみられます。詳しくはp.30を参照。

*11
乳幼児が暴力的に激しく揺さぶられることにより起こる重症の頭部損傷。SBSとは、Shaken Baby Syndromeの略で、「揺さぶられっ子症候群」ともいいます。詳しくは日本小児科学会パンフレット「赤ちゃんを揺さぶらないで～乳幼児揺さぶられ症候群（SBS）を予防しましょう～」を参照。

*12　児童福祉司
児童福祉法第13条に規定され、児童相談所に必置の職員です。児童相談所長の命を受けて、児童の保護その他児童の福祉に関する事項について、相談に応じ、専門的技術に基づいて必要な指導を行います。

図12-1　乳児院における家族支援の一例（入所から退所後のフローチャート）

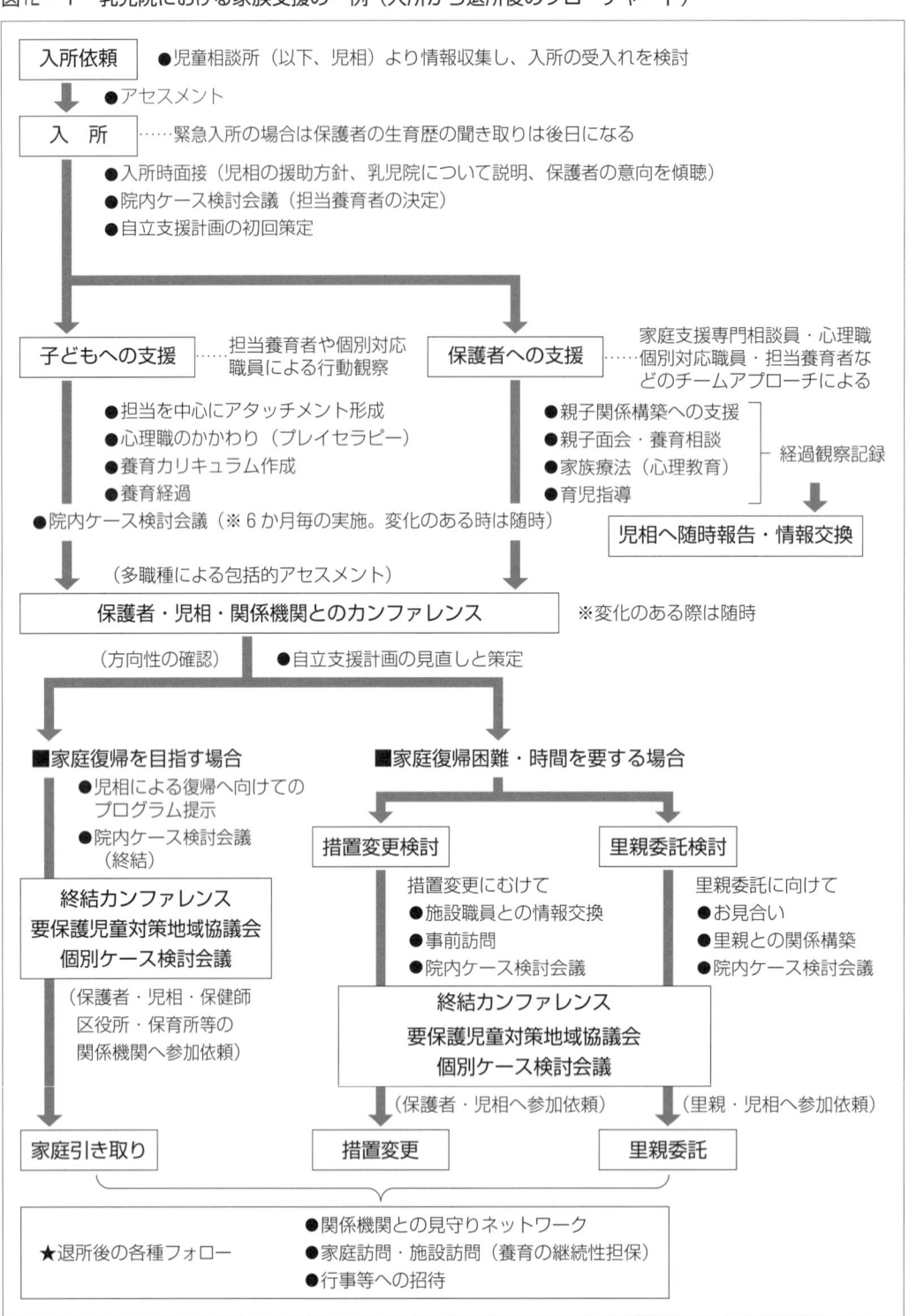

```
[入所依頼] ●児童相談所（以下、児相）より情報収集し、入所の受入れを検討
   ↓ ●アセスメント
[入　所] ……緊急入所の場合は保護者の生育歴の聞き取りは後日になる
   │ ●入所時面接（児相の援助方針、乳児院について説明、保護者の意向を傾聴）
   │ ●院内ケース検討会議（担当養育者の決定）
   │ ●自立支援計画の初回策定
   ├─────────────────┬─────────────────
   ↓                                       ↓
[子どもへの支援] ── 担当養育者や個別対応 [保護者への支援] ── 家庭支援専門相談員・心理職
                    職員による行動観察                     個別対応職員・担当養育者な
                                                          どのチームアプローチによる
 ●担当を中心にアタッチメント形成        ●親子関係構築への支援  ┐
 ●心理職のかかわり（プレイセラピー）    ●親子面会・養育相談    │ 経過観察記録
 ●養育カリキュラム作成                  ●家族療法（心理教育）  │
 ●養育経過                              ●育児指導              ┘
●院内ケース検討会議（※6か月毎の実施。変化のある時は随時）
                                        [児相へ随時報告・情報交換]
  （多職種による包括的アセスメント）
[保護者・児相・関係機関とのカンファレンス]　※変化のある際は随時
  （方向性の確認） ●自立支援計画の見直しと策定
   ├──────────────────┬─────────────────
■家庭復帰を目指す場合                    ■家庭復帰困難・時間を要する場合
 ●児相による復帰へ向けての              ┌──────────┬──────────┐
   プログラム提示                        [措置変更検討]    [里親委託検討]
 ●院内ケース検討会議                     措置変更にむけて  里親委託に向けて
   （終結）                              ●施設職員との情報交換 ●お見合い
                                         ●事前訪問         ●里親との関係構築
[終結カンファレンス                      ●院内ケース検討会議 ●院内ケース検討会議
 要保護児童対策地域協議会
 個別ケース検討会議]                     [終結カンファレンス
                                          要保護児童対策地域協議会
 （保護者・児相・保健師                    個別ケース検討会議]
  区役所・保育所等の
  関係機関へ参加依頼）                   （保護者・児相へ参加依頼）（里親・児相へ参加依頼）
   ↓                                       ↓                ↓
[家庭引き取り]                          [措置変更]        [里親委託]

★退所後の各種フォロー  ●関係機関との見守りネットワーク
                        ●家庭訪問・施設訪問（養育の継続性担保）
                        ●行事等への招待
```

資料提供：白百合ベビーホーム

第12章 乳児院・母子生活支援施設等における支援の実際

らい苦しい状況に放置していたことになったとして、虐待行為と認定される根拠を子どもの立場から説明します。

ほとんどの場合は、説明を丁寧に行うことで保護者も乳児院入所に同意する姿勢を示します。そして、今回のケースに至る経過を聴き、保護者のつらさや痛みを受容して、保護者を含めた関係機関の話し合いで今後の支援を共有します。ここで保護者との信頼関係（ラポール）を築くことで支援の開始となり、ケースワークの原則[*13]を実施することになります。

②アセスメント時の注意と自立支援計画の策定

同じような入所理由のケースであっても、たんに経験論で判断するのではなく、個別に丁寧なアセスメントを行い、常に真摯な態度で原因と背景を受け止める姿勢を示します。

このとき、保護者から今まで抑圧されていた感情が噴出され、受け手側の心情が動揺することがあります。つらさ、苦しさ、口惜しさ、やるせなさが憤慨という態度で示されます。やっと現実に対する保護者の思いが、支援者の目の前に表された瞬間といえます。まず、共感と受容ができるように、受け手側の感情を自分自身で冷静に判断して、保護者があるがままの感情を表出したことを受け止めることが大切です。ある保護者が、「みんなが私を責めたのに、乳児院では誰一人責めることはなく、救われました」と子どもの引き取り時にメッセージを残してくれたことを、筆者は今も覚えています。

次に、「今後、どのようにしたいのか」という本題に移ります。ほとんどが「早く引き取りたい」と主張します。そのために、これからの子育てが安定したものになり、子どもに安全な生活環境を提供できるよう協働作業を促します。つまり、初回の自立支援計画[*14]の策定になります。養育担当者は自立支援計画に基づき、養育カリキュラムを作成して、保護者から離された子どもの「安全基地」[*15]になるよう、子どもの発信に感性のアンテナを向けて、応答的に対応できるよう努めます。交代勤務のなかでは同室の養育者との連携が必須であり、毎日の引き継ぎで養育経過を伝え合うことが重要となります。

2 養育相談支援[*16]の実際

①入所時

乳児院では新生児期からの入所の場合は、感染リスクを考慮して観察室で過ごすことになります。保護者の面会も手指などの消毒後、予防衣を纏った状態で行います。新生児はミルクを飲んで寝る時間がほとんどのため、保護者の面

[*13] ケースワークの基本的な原則に「バイスティックの7原則」があります。p.30を参照。

[*14] 自立支援計画
旧・児童福祉施設最低基準の改正により、2005（平成17）年から児童養護施設等の各施設長は、入所者に対して計画的な自立支援を行うため、個々の入所者に対する支援計画を策定することとなりました。

[*15] 乳児院では乳幼児期の愛着形成（アタッチメント）を最重要視して、担当養育制をとっています。入所児童に個々の担当養育者をつけ、入所から退所まで一貫した養育を心がけています。愛着についてはp.93やp.111を参照。

[*16] 乳児院では保護者から分離された乳幼児を保護者に代わり守り育てています。担当者は、保育士のみではなく看護師や児童指導員がその責を担っています。乳幼児の生活全般を通して成長に寄り添い、養い育てる場と言えます。そのため、保育士に限定される保育相談支援ではなく、「養育相談支援」という言葉を使用しています。

175

会は養育経過記録から、おおよその授乳時間を想定して行います。場合によっては母乳や事前に搾乳した母乳を飲ませてもらうこともあります。子どもの健やかな成長には、保護者（とくに母親）の精神的安定が重要であり、母乳を飲ませることが母親の育児ホルモン（プロラクチンやオキシトシン）[*17]を分泌させ、精神安定効果をもたらせるといわれているからです。観察室では、できる限り養育担当者から子どもの様子を直接伝えるよう努めています。

②健診と情報共有

　1か月健診で特別なことがなければ一般の部屋での生活となります。保護者との面会は、面会室や居室[*18]での面会に変わります。必要に応じて子どもの様子は養育担当者や家庭支援専門相談員から伝えることになります。しかし、子どもは3か月を超えてくる頃から、特定の人を見極めることができるようになるため、保護者の面会であっても、養育担当者から離れることを嫌がる場合もあります。そのようなときは、養育担当者に代わって家庭支援専門相談員が面会場面に同席することが多くなります。

　4か月健診や医療機関への受診が必要なときは、保護者に養育担当者が同行して、日頃の子どもの様子を医師などに伝えます。養育担当者と保護者が親しくかかわることで、子どもの愛着対象の幅が広がり、子どもの家族関係再構築の機会になっていきます。また、保護者も養育担当者に「子どものことやかかわり方」などのわからないことを相談できるようになります。ちょっとした雑談のなかに保護者にとって「重要な意味」が含まれていることが多いため、家庭支援専門相談員などとの情報共有は大切なことです。後に「誰々に話したのに、誰々がこう言った」などと誤解が生じかねないことを念頭に置いておく必要があります。

③行事と養育スキル

　行事などには保護者の参加を促し、子どもの成長を実際に見て感じてもらう必要があります。お食い初めや季節の行事、誕生会、運動会やクリスマスなどが代表的な行事です。子育ての協働者としてのパートナーシップを深めることで、保護者の喪失感を軽減し、子どもに対する執着ではなく、子どもとの愛着関係の形成を深めていきます。養育スキルは、授乳方法や排気、離乳食のつくり方や食べさせ方をはじめ、衛生管理として、おむつ交換や入浴方法、着替えなど一般的な子どもへのかかわり方です。なかには抱っこの仕方を丁寧に教えなければならないこともあります。

　養育スキルを育むものとして、食育活動や日常の行事への参加も促します。虐待行為につながりやすい「子どもが飲まない、食べない」という課題を、一

[*17] プロラクチンもオキシトシンもホルモンの一種で、愛情ホルモンともいわれます。子どもが乳首をなめると、母親のプロラクチンの値が上昇し、乳汁を分泌させます。同様に、子どもが母乳を飲んだり、乳首をなめると、母親にオキシトシンの分泌を促し、乳汁を流し出す働きをします。そして、子どもをかわいいと思う気持ちが高まるとされています。

[*18] 居室
『社会的養護の課題と将来像』に掲げられた乳児院の小規模化において、「養育単位の小規模化」が重要課題となっています。小規模グループケア（定員4～6人を一つの養育単位とする）を進めるために、基本的な人員配置の充実が求められています。

緒につくって食べる楽しみを親子で感じ取ることで、今までのつらさからの解放につなげます。また、泣いている子どもに「どう接していいのか、わからない」ことを、体に触れることで子どもが笑ってくれる喜びを体験することも相談支援の一つと言えます。そのためには担当養育者も日頃から、子どもの喜ぶツボ[19]を体験していることが大切です。こうして保護者の信頼を得ていくことが、子どもの早期家庭復帰につながります。筆者の経験を基に、担当養育者がかかわる養育相談支援のなかで心得ておく大切なことをまとめてみます。

[19] 愛着形成と脳神経系の発達を促進するために、肌のふれ合いと対話スキルに有効なものとしてベビーマッサージなどが取り入れられています。

養育相談支援のなかで心得ておくこと
（1）子どもの保護者を否定的に見ないこと（たとえ虐待が疑われても）。
（2）子どもにとって保護者は大切な存在であることを常に認識すること。
（3）子どもとの関係において保護者が「やきもち」を抱くことがあること。
（4）築いた愛着関係を保護者と子どもに幅を広げて移行すること。
（5）虐待などの不適切行為と保護者の人格を分けて受け止めること。
（6）保護者の生育歴を知り、虐待の連鎖を断ち切る協働者となること。
（7）保護者を一人の人間として受け止めること（対等な立場）。
（8）保護者の子どもの面会を一緒に喜ぶこと。

---

3 カンファレンスにおける立ち位置

在籍期間の節目で保護者を交えて児童相談所や関係機関とのカンファレンス[20]が実施されます。必ず当事者である保護者を中心にして、面会時の保護者の様子をストレングス視点で評価することが大切です。そして、子どもの気持ちの代弁者となることが求められます。子どもが保護者を求めていることと「今、一緒に生活しなければならないこと」は必ずしも同じではないことを伝えることも必要となります。とくに精神疾患などを抱えている保護者は「一日も早く、引き取らなければ保護者失格」と感じやすいからです。一緒に住めなくとも、「可愛い、愛おしい」と思う気持ちが重要であり、今抱えている課題を解決することが保護者としての役割であることを伝えて、保護者が心のゆとりをもって子どもと向き合えるように、支援していきます。

[20] 第2章のp.41を参照

4 終結カンファレンス（要保護児童対策地域協議会）[21]の開催

乳児院の出口は、家庭引き取り、措置変更、里親委託の三つとなります。措

[21] 第11章のp.162を参照

置変更や里親委託の場合は、できる限り時間をかけて子どもが相手の環境に慣れるようかかわります。カンファレンスでは保護者の同意のもと、今までの乳児院での子どもや保護者へのかかわりや子どもの成長経過を記録として伝えることが、子どものライフストーリーとして重要になります。

5 退所後の各種フォロー

家庭引き取りや里親委託の場合は、家庭支援専門相談員や里親支援専門相談員と協力して、退所後も家庭訪問を実施する場合があります。その際は、訪問されて保護者が迷惑（監視されている）と感じないよう配慮が必要です。反対に、訪問してもらい、「助かった・安心した」と感じられることを目指します。そのためには、入所中からの関係性が重要となってきます。

4. 乳児院の将来ビジョン

全乳協では「乳児院の将来ビジョンフロー」を図12-2のとおり示しています。これは『社会的養護の課題と将来像』をうけて、今後どのような役割を社会から期待され、また、それを実現できるかの方向性を示したものです。

『社会的養護の課題と将来像』において、乳児院の課題は「専門的機能の充実」「養育単位の小規模化」「保護者支援・地域支援の充実」とされています。これらの要請に応えるために、現段階で、すべての乳児院が基本的に備えるべき機能（「法的（必須）義務機能」）として、「一時保護所機能」「専門的養育機能」「親子関係育成機能」「再出発支援機能」「アフターケア機能」の五つが挙げられています。

すべての展開過程で、支援の基盤として求められるのがアセスメントです。支援対象となるケースを個別に理解し、適切な見立てが求められます。ケースに関する情報を把握し、本質的な課題やニーズを理解して、支援方針を立てる一連の流れが基本となります。養育担当者は、一専門分野での視点ではなく、医療、福祉、心理など多角的・包括的なアセスメントが必要となります。乳児院の現場では、これらを統合させて、子どもの全体像を理解し、日々の養育に展開できるよう具体的な方針を設定することになります。

社会的養護を必要とするすべての子どもは、少人数制の養育単位による家庭的環境のなかで、安全で信頼できる大人に見守られた生活が提供され、将来に希望が抱ける自立性のある生活環境を保障される権利を有しています。しかし、

第12章 乳児院・母子生活支援施設等における支援の実際

図12-2 乳児院の将来ビジョンフロー図

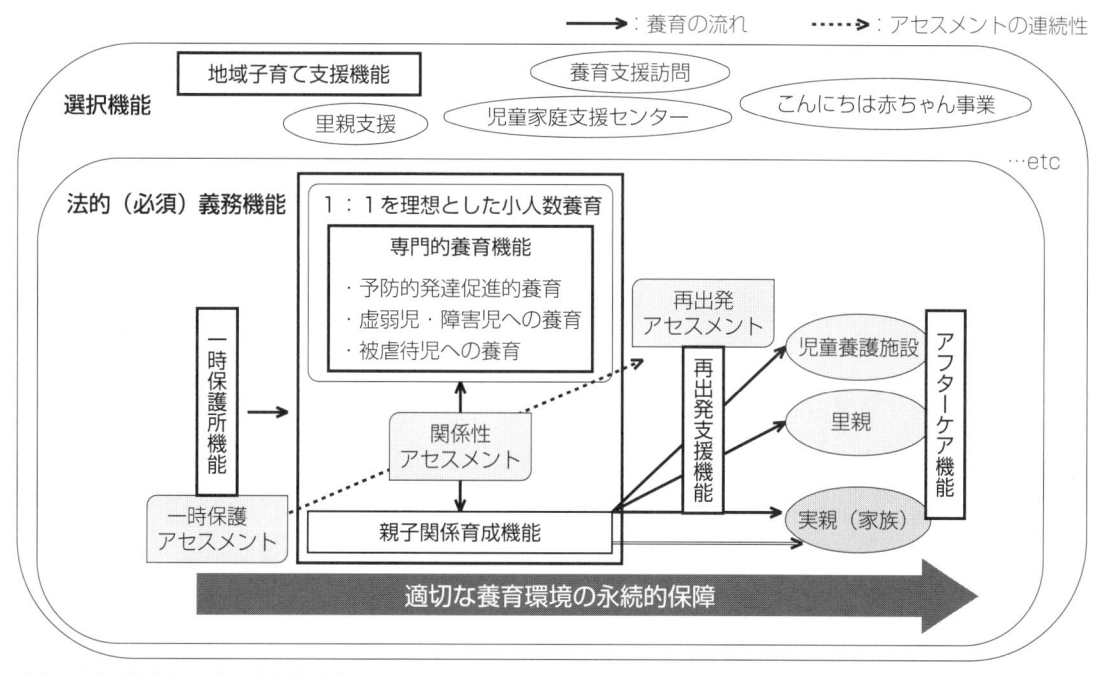

出典：社会福祉法人全国社会福祉協議会　全国乳児福祉協議会「乳児院の将来ビジョン検討委員会 報告書」2012年
http://www.nyujiin.gr.jp/shiryo/vision.pdf

依然として、被虐待児や病虚弱児の心身の回復に向けた専門的機能の充実が求められています。そのための一時保護所機能は乳児院にとっては重要な位置づけとなります。一時保護所機能での適切なアセスメントによって、親子関係の育成や親子関係の再出発支援が図られます。

子どもの生活を支援し寄り添っている養育者（保育士等）の資質の向上がさらに求められています。そのうえで、選択機能として「地域子育て支援機能」が位置づけられ、新たな支援の可能性が模索されています。

③ 母子生活支援施設における保育相談支援

1. 施設の目的

母子生活支援施設は、「配偶者のない女子又はこれに準ずる事情にある女子及びその者の監護すべき児童を入所させて、これらの者を保護するとともに、

これらの者の自立の促進のためにその生活を支援し、あわせて退所した者について相談その他の援助を行うことを目的とする施設」と児童福祉法第38条に規定されています。

　従来は、生活に困窮する母子家庭に住む場所を提供する住居対策と保護を重視した「母子寮」でしたが、1997（平成９）年の児童福祉法改正により、入所者の自立のための支援と退所後のアフターケアを施設の機能に追加して名称が変更になりました。児童福祉施設のなかで唯一、母子を分離しないで母子家庭を単位として支援する施設です。つまり、母子が生活しながら支援を受けることができます。児童福祉施設として「子どもの最善の利益」のために、母親と子どもがともに入所できる施設として、親子関係の調整、再構築と退所後の生活の安定を支援目的としています。自立した生活を支援することは私生活を尊重することであり、母と子どもへのあらゆる人権侵害を許さず、その尊厳を尊重し、生活を守ることを徹底して追求しなければなりません。

２．利用者について

　「平成24年度　全国母子生活支援施設実態調査」[7]によると、施設総数は266施設で１施設当たりの定員世帯数は20.3世帯、実定員世帯数は17.6世帯となっています。新規入所世帯の入所理由は「夫などの暴力」が55.5％、「住宅事情」が18.3％、「経済事情」が10.4％となっています。入所している子どもの数は5,739人で、児童虐待を受けた子どもの数は3,924人です。そのうち入所後に児童虐待が明らかになった子どもは839人で、21％が施設入所により心身の傷をやっと明らかにすることができたのです。また、外国籍の母親や障がいのある母親は全体の33.2％、障がいのある子どもは全体の14％を占めており、母子の抱える課題が複雑困難であることがわかります。なお、母親の就労率は64.7％ですが、生活保護受給率は一部受給者も含めて46.2％となり、貧困や虐待の連鎖をいかに断ち切り、自立生活を支援できるかが大きな課題と言えます。

３．支援の実際

　母子生活支援施設での保育相談支援を、入所から退所後のフローチャートの例（図12－３）に沿って考えていきます。

図12-3　母子生活支援施設における支援の一例（入所から退所後のフローチャート）

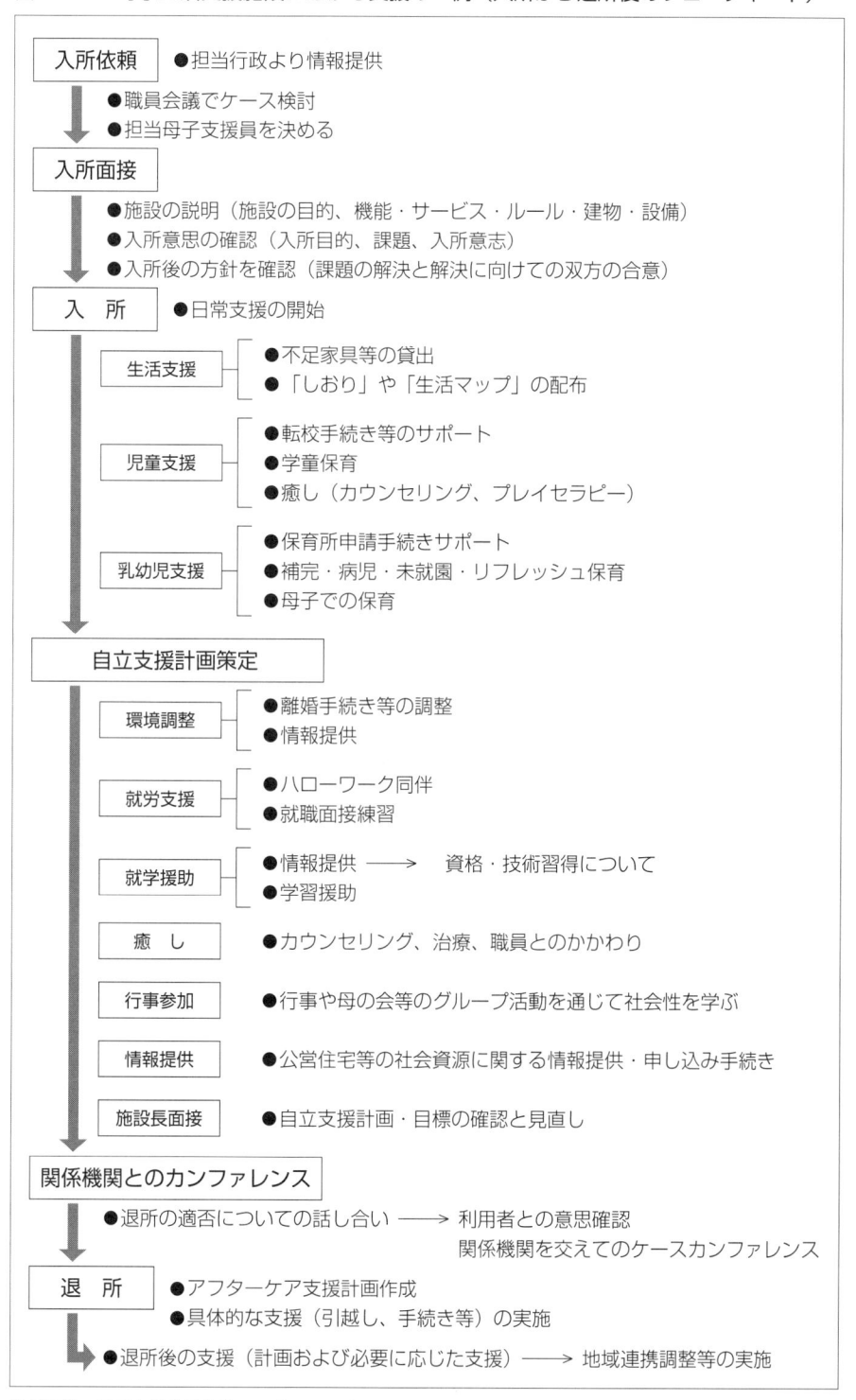

入所依頼 ●担当行政より情報提供
　↓　●職員会議でケース検討
　　　●担当母子支援員を決める

入所面接
　↓　●施設の説明（施設の目的、機能・サービス・ルール・建物・設備）
　　　●入所意思の確認（入所目的、課題、入所意志）
　　　●入所後の方針を確認（課題の解決と解決に向けての双方の合意）

入　所　●日常支援の開始

- 生活支援
  - ●不足家具等の貸出
  - ●「しおり」や「生活マップ」の配布
- 児童支援
  - ●転校手続き等のサポート
  - ●学童保育
  - ●癒し（カウンセリング、プレイセラピー）
- 乳幼児支援
  - ●保育所申請手続きサポート
  - ●補完・病児・未就園・リフレッシュ保育
  - ●母子での保育

自立支援計画策定

- 環境調整
  - ●離婚手続き等の調整
  - ●情報提供
- 就労支援
  - ●ハローワーク同伴
  - ●就職面接練習
- 就学援助
  - ●情報提供　→　資格・技術習得について
  - ●学習援助
- 癒　し
  - ●カウンセリング、治療、職員とのかかわり
- 行事参加
  - ●行事や母の会等のグループ活動を通じて社会性を学ぶ
- 情報提供
  - ●公営住宅等の社会資源に関する情報提供・申し込み手続き
- 施設長面接
  - ●自立支援計画・目標の確認と見直し

関係機関とのカンファレンス
　↓　●退所の適否についての話し合い　→　利用者との意思確認
　　　　　　　　　　　　　　　　　　　　　　関係機関を交えてのケースカンファレンス

退　所　●アフターケア支援計画作成
　　　　　　●具体的な支援（引越し、手続き等）の実施
　　↳　●退所後の支援（計画および必要に応じた支援）──→ 地域連携調整等の実施

資料提供：母子生活支援施設　カサ・デ・サンタマリア

1 入所依頼から入所面接

事前に利用者の課題を関係機関と協議し、入所がその世帯にとって適切か、または入所後に提供できる支援を検討して、入所時面接となります。まず、施設の目的やサービスおよび生活上のルールを説明して同意を得て、入所意思を確認したうえで、現在の課題と退所までの目標を母子、職員、関係機関で明確化にします（初期の自立支援計画）。

2 日常支援の開始（保育相談支援）

母子生活支援施設の職員は施設長、母子支援員[*22]、少年指導員、保育士、個別対応職員、心理療法担当職員、退所後支援職員（アフターケア）、嘱託医、調理員等が支援の内容や母子の抱える課題などにより、連携・協力したチームプレイで寄り添い型の支援を担当しています。

日常支援は母子の生活を丸ごと支援することで、生活面・養育面・就労面に及びます。子どもは母とともに生活の場で育っていくため、その生活支援はまさに、保育相談支援になります。DVや経済的困難から立ち直るための「母親像」の再構築支援は母子支援員の役割となりますが、場合によっては少年指導員や保育士との連携が必要となります。たとえば、母親がDV被害者の場合、その施設の母子支援員が男性であれば女性の少年指導員や保育士が母親支援役となります。また、DVで父親に対する負のモデルを抱いている子どもには、男性の母子支援員が健全な男性像（父親役）を示すことでDV被害からの回復につながることもあります。

①生活と経済面の支援

夫などがアルコールやギャンブル依存症であった場合は、経済的困難に虐げられた生活から、施設入所による生活保護受給で手取り額が多くなり、反対に経済観念が欠如して、生活保護費の支給日に全額を使ってしまう母親もあります。このような場合は、子どもとの安定した将来の暮らしに向けた経済的計画の大切さを母親に伝えて、ともに計画を立てて実行に移します。しかし、一度道を誤ると簡単には立ち戻れないのが人間です。立っては転び、寄り添い、また転び…を念頭に置いた辛抱強い支援態度が求められます。

生活面では、夫などとの生活から解放されて今までやっていた家事をしなくなる母親もいますし、生活スキルを全くもたずに育ったために掃除や整理整頓が苦手な母親もいます。本人と話し合い同意を得て、場合によっては職員が一

[*22] 児童福祉施設の設備及び運営に関する基準第27条において定められている職員です。母子生活支援施設において母子の生活支援を行う者をいいます。親子関係の再構築や退所後の生活のための就労、家庭生活、子どもの養育等についての相談、指導、関係機関との連絡調整を行い、支援を通して母子の自立を促進します。

緒に片づけ・整理整頓をしながら、生活や育児のことを話すことも必要になります。

②養育支援

入浴や着替え、食事といった生活習慣が身についていない世帯に対しては、日常生活が子どもの生活モデルであることを母親に伝えて、同意のうえで介入が必要となります。母親の不規則な生活の影響によって、登園や登校、出勤などに支障が出る場合はモーニングコールなども行います。また、病気に対する認識が低い母親に対しては、通院の促しや同行受診など、母子の健康管理も大切な支援です。

母親が用事などで外出をする場合は、施設内保育で乳幼児を預かり保育することもあります。その場合は、直接的に子どもに接することができる良い機会となります。子どもの身なりや生育状態を確認して、母親へは育児アドバイスや通院を促す必要もあります。また、就労していない母親は子どもと一緒に保育室で遊ぶこともあります。保育士は子どもの遊び相手をしながら、母親に対しても気軽に声をかけて、雑談などを通して保育相談を受けることもあります。

家庭内暴力を見て育った子どもは、きょうだいや母親に対しても暴力を振るうことがあります。家族間の話し合いの介入や児童相談所への通報も必要なことです。関係機関と連携して安定・安全な母子生活の構築支援が求められます。

母親自身が学歴のない場合や学習に無関心な母親もいます。学習支援を必要とする中高生には、職員やボランティアによる学習支援も子どもの大切な自立支援になります。

③就労支援

入所後、しばらくは母子の安定した生活を過ごすことが大切ですが、将来のことを考えての就労活動も母子生活自立支援の重要なポイントとなります。多くは即座に就労できる実務経験や資格をもたない母親のため、ハローワークへの同行から始まります。同行中の雑談で、母親や家族の重要な生育歴を聴くこともあり、生活場面面接[23]のスキルを身につけておくことが必要です。なかでも知的障害などを抱える母親に対して、就労のための適性検査の同行や面接の同席などが必要な場合もあります。

就労決定後は、保育所入所手続きや送迎支援、子どもの病気時の預かり保育も必要となります。子どもの状態を直接、母親と会話して伝え合うコミュニケーションの機会にもなります。

[23]
生活場面面接とは、とくに相談室などで面接するのではなく、日常生活を通した対話のなかから相談援助につなげること。

3 関係機関との連携

母子生活支援施設は、母子福祉施策や生活保護ワーカーとの連携が多いため、福祉事務所が中心となっていますが、児童虐待防止の側面からも児童相談所や婦人相談所との日頃からの連携も求められています。利用施設として定期的な自立支援計画の見直しなどの機会には、保護者をストレングス視点で支援し、「がんばっている自分」を認めることを促し、母子の生活に自信をもつことができるよう支援する態度も必要です。

4 エンパワーメント

①心理的サポート

DVや虐待で弱った心身の母子に対して、傾聴や生活場面面接は重要な支援です。特別な心理療法が必要な場合は心理士につなげる必要がありますが、保育士などの支援者が傾聴することで、「自分を受け止め、認めてくれた」という心根が回復してきます。

②お祝い事

母子の誕生日や離婚成立、就職・資格取得、進学などの節目で、職員がお祝いをすることは母子にとっては、これからの自立生活への自信と喜びを深めることになり、退所後のアフターケアにもつながります。

③行事や母の会

季節の行事を開催することは、母子にとってのリフレッシュにもなり、今まで体験できなかった一般的慣習を学ぶ機会ともなります。また、母の会などはグループワークとして、他人との協働の体験となり、退所後の人間関係を円滑に行える訓練にもなります。

④趣味のサークル活動

信頼できる親族も少なく、DVや被虐待経験のある母親にとって、趣味の活動は新鮮な体験の場となります。自分の存在を肯定し、未来の可能性を信じられる存在になることが、母親としての第一歩になります。母子生活支援施設でのサークル活動が、母親にとっても子どもの未来にとっても、有意義と思える活動となることが望まれます。

母子生活支援施設での誕生会「おめでとう」

5 退所後の各種フォロー

　母子生活支援施設には、退所後支援職員がアフターケアを担う役割として配置されています。2012（平成24）年度の「社会的養護の現況に関する調査」をみると、退所後の居住形態は、親や親族との同居が8％、復縁や再婚が9％、ほかの福祉施設が3％、単独の母子世帯として民間アパートや公営住宅への転居が最も多い75％となっています。退所後も支援が必要な世帯が多いようです。大切なことは、退所後も頼れる場所や人として母子生活支援施設が利用者の心に残ることと言えます。

④ 実践事例から考える

> **事例** ●乳児院と母子生活支援施設が連携した子育て支援
> 　　　　（精神疾患を抱える未婚の母）
>
> 　Ａさん（33歳）は未婚のまま妊娠して、婦人相談所を経由してＨちゃんを出産しました。病院から児童相談所にＨちゃんの保護についての相談が入り、受理会議の結果、乳児院入所措置が決定しました。
> 　児童相談所の担当児童福祉司は、「この母子が何とかして一緒に暮らせる方法はないか」と思案し、乳児院を併設している母子生活支援施設への入所を提案しました。運よく、Ａさん親子はＳ母子生活支援施設に入所することができました。入所時、Ｈちゃんは生後３週間（21日）でした。
> 　Ｓ施設での母子の生活が開始するのですが、担当のＭ母子支援員は新生児の養育については経験がなく、知識も少ないため、看護師などの専門職が在籍するＳ乳児院で母親のＡさんと一緒に沐浴や授乳の方法を学ぶことになりました。乳児院の沐浴室が空いている時間を使い、Ｓ乳児院の職員からアドバイスを受け、Ａさんも母親としての自信をもてるようになりました。いつも同行するＭ支援員もＡさんとＨちゃんの成長ぶりを一緒に喜ぶことができるようになりました。
> 　そんなある日、テレビで傷害事件が報道され、Ａさんは「Ｈちゃんの父親が逮捕された」と激しく興奮してしまいました。これはＡさんの妄想だったのですが、それ以来Ａさんの行動が不安定になったため、精神科病院に緊急入院することになりました。母子生活支援施設は母と子が一緒に生活するところですから、Ｈちゃんはｓ乳児院に一時保護されることになりました。Ｓ乳児院ではＨちゃんのことはよく知っていましたので、Ｈちゃんも母親と別れることは寂しかったでしょうが、見慣れた職員が担当者となり、母親の退院を待つことになりました。

*24
福祉の現場では人の問題だけに焦点を当て、断面的な把握情報のもとで支援計画等を検討しがちです。しかし、問題の全体像は表面や断面のみの把握では推察できず、人としてトータル的（立体的）に把握し、人を取り巻くしがらみをしっかり理解し、人の生き様を把握することが必要となります[8]。

●解説

　乳児院は保護者等に課題がある場合、親子を分離して子どもの安全を保障しますが、母子生活支援施設は親子を分離しないで家族単位で子どもの最善の利益を保障すべく支援する施設です。しかし、相談内容により、施設間で連携し、有効な資源を共有して1ケースを支援することは、まさに社会全体で守り育てるモデルとなります。より良い支援を行っていくためには、精神疾患やDV等により、社会生活の幅が狭くなり、生活のしづらさを抱えた世帯に対する立体的な把握[*24]が鍵となります。

演習課題　―やってみよう―

1）社会資源を調べてみよう

　乳児院や母子生活支援施設は全国的に限られた数ですが、人間としての生活の土台にかかわる支援を必要とする人にとって貴重な社会資源です。保護者のさまざまなニーズや相談に応じられるよう、利用できる社会資源を日頃から把握しておくと役立ちます。各種施策や制度を調べてみましょう。

①妊婦に関する支援と施策や制度
　　　　　　　　　　　　　　　　　　　　　　　　　　　　　　　　　　　
　　　　　　　　　　　　　　　　　　　　　　　　　　　　　　　　　　　

②出産に関する支援と施策や制度
　　　　　　　　　　　　　　　　　　　　　　　　　　　　　　　　　　　
　　　　　　　　　　　　　　　　　　　　　　　　　　　　　　　　　　　

③乳児に関する支援と施策や制度
　　　　　　　　　　　　　　　　　　　　　　　　　　　　　　　　　　　
　　　　　　　　　　　　　　　　　　　　　　　　　　　　　　　　　　　

④母子家庭・父子家庭に関すること
　　　　　　　　　　　　　　　　　　　　　　　　　　　　　　　　　　　
　　　　　　　　　　　　　　　　　　　　　　　　　　　　　　　　　　　

⑤障がいをもつ親に対する支援制度
　　　　　　　　　　　　　　　　　　　　　　　　　　　　　　　　　　　
　　　　　　　　　　　　　　　　　　　　　　　　　　　　　　　　　　　

⑥障がいをもつ子どもを支援する制度

第12章 乳児院・母子生活支援施設等における支援の実際

2）どのような支援ができるか考えてみよう

前記の事例「乳児院と母子生活支援施設が連携した子育て支援」（p.185）の担当者となった場合、あなたならどのような相談支援を考えることができるでしょうか。調べた施策や制度を基に、お母さんが安心して子育てができる相談支援を話し合ってみましょう。

....

....

....

【引用文献】

1）児童養護施設等の社会的養護の課題に関する検討委員会・社会保障審議会児童部会社会的養護専門委員会『社会的養護の課題と将来像』2011年
2）厚生労働省「社会的養護の現状について（参考資料）」2014年
3）全国社会福祉協議会・全国母子生活支援施設協議会「平成24年度 全国母子生活支援施設実態調査報告書」2013年
4）前掲書1）と同上
5）児童養護施設等の社会的養護の課題に関する検討委員会・社会保障審議会児童部会社会的養護専門委員会とりまとめ（平成23年7月）の概要とその取組の状況『社会的養護の課題と将来像の実現に向けて』平成25年3月版
6）前掲書2）と同上
7）前掲書3）と同上
8）福山和女『面接 －人の立体把握のために－ シリーズ ソーシャルワークを学ぶ②』FK研究グループ 2001年

【参考文献】

・厚生労働省雇用均等・児童家庭局長通知「乳児院運営指針」2012年
・厚生労働省雇用均等・児童家庭局家庭福祉課「乳児院運営ハンドブック」2014年
・厚生労働省雇用均等・児童家庭局長通知「母子生活支援施設運営指針」2012年
・厚生労働省雇用均等・児童家庭局家庭福祉課「母子生活支援施設運営ハンドブック」2014年
・厚生労働省 児童養護施設等の社会的養護の課題に関する検討委員会・社会保障審議会児童部会社会的養護専門委員会「社会的養護の課題と将来像」2011年
・社会福祉法人全国社会福祉協議会全国乳児福祉協議会「乳児院の将来ビジョン検討会報告書」2012年
・社会福祉法人全国社会福祉協議会全国母子生活支援施設協議会「平成24年度母子生活支援施設実態調査報告書」2013年

【資料提供】

社会福祉法人礼拝会 母子生活支援施設 カサ・デ・サンタマリア

コラム3　児童養護施設における保育相談支援

児童養護施設の現状

　児童養護施設は、児童福祉法第41条にて、「保護者のない児童、虐待されている児童その他環境上養護を要する児童を入所させて、これを養護し、あわせて退所した者に対する相談その他の自立のための援助を行うことを目的とする施設」と定義されています（とくに必要のある場合には乳児も含むことができます）。

　2012（平成24）年現在、全国に児童養護施設は約570施設あり、約3万人の子どもたち（おおむね1歳から18歳）が生活しています。施設では、保育士をはじめ、児童指導員、個別対応職員、家庭支援専門相談員、栄養士、調理員、看護師、嘱託医、心理療法担当職員といったさまざまな職種の職員が協働して子どもたちの生活を支えています。なかでも、子どもたちの養育を直接行う保育士および児童指導員は大きな役割を果たしています。乳幼児から18歳までの子どもたちとかかわるので、通常の保育士よりも幅広い年齢層の子どもが対象となります。家庭的なかかわりが重要であり、保育の専門知識やスキルが生かされる現場です。

保護者支援で大切にしていること

　児童養護施設で暮らす子どもたちの入所理由はさまざまですが、その8割強が施設に入った後も、何らかの形で保護者との交流があります（表参照）。そうした保護者との交流をサポートするのも児童養護施設の職員の大切な仕事です。施設のなかで保護者支援の窓口に誰がなるかは、その施設の体制や職員配置によって異なりますが、家庭支援専門相談員や心理療法担当職員などが児童相談所の担当者と連携しながら対応するところが多くなっています。保育士などの、日々の子どもたちの生活を支える職員との役割分担がなされています。

●コラム3

　しかし、家庭復帰を目指すケースや面会交流があるケースにおいては、家族とのやり取りを保育士が行う場合も多くあります。子どもたちの日常を直に知っているからこそ、保護者に日頃の彼らの様子を伝えたり、彼らの複雑な気持ちを代弁することができます。子どもとの生活を希望している保護者に対しては、具体的なかかわり方のアドバイスも行う場合もあり、保育の専門性が問われる場面です。子どもと一緒に生活している強みを生かして、保護者が感じる子育ての難しさへの共感や対応のアドバイスを行っています。

　一方で、直接子どもとかかわっているため、子どもとの関係も深くなり、親しくしている様子を保護者が目にして複雑な気持ちをもたれることもあり、配慮が必要な場合もあります。子どもの日頃の様子を保護者対応にあたる職員に伝えるなどして、子どもと保護者が良い形で出会える工夫も行います。

　親子交流の後は、さまざまな気持ちが生じるものです。気持ちが不安定になる子どももいますし、子どもの様子で落ち込んでしまう保護者もいます。交流後は保育士が複雑な思いに寄り添い、次に期待がもてるように支え、両者を守ることが親子の関係促進においては重要です。子ども・保護者を合わせた「家族」を支えるという視点でかかわる必要があり、そのためには、施設内はもちろん、児童相談所や外部の専門機関と連携していくことが大切です。

表　家族との交流関係別児童数（平成20年2月1日現在）

	総数	交流あり			交流なし	不詳
		帰省	面会	電話手紙連絡		
児童養護施設入所児童	31,593 (100.0%)	16,657 (52.7%)	5,947 (18.8%)	3,020 (9.6%)	5,071 (16.1%)	898 (2.8%)

出典：厚生労働省資「児童養護施設入所児童等調査結果の概要」2009年
　　　http://www.mhlw.go.jp/toukei/saikin/hw/jidouyougo/19/dl/03.pdf

【参考文献】
・厚生労働省「平成24年社会福祉施設等調査の概況」2012年
　http://www.mhlw.go.jp/toukei/saikin/hw/fukushi/12/index.html
・厚生労働省「児童養護施設入所児童等調査結果の概要」2009年
　http://www.mhlw.go.jp/toukei/saikin/hw/jidouyougo/19/

索　引

あ行

アカンタビリティ　28
アセスメント　36
アセスメントシート　37
遊び食べ　106
アタッチメント（愛着）　93,111
アタッチメントシステム　93,111
一時預かり事業　86
医療機関　72
インクルージョン　142
インフォームドコンセント　28
エコマップ　37,43
ST　144
エビデンス　40
エンパワーメント　23
OT　144
親教育プログラム　88
親子入所　150
親準備性　84

か行

介入（インターベンション）　38
カウンセリングマインド　53,135
家族療法　123
家庭支援専門相談員（ファミリーソーシャルワーカー）　172
関係性　60
観察法　36
感受性　56
間接養育職員　172
カンファレンス　41
危機介入　22
基本的信頼感　166
虐待のリスク要因　161
教育センター　74
共感的理解　54
記録　40
苦情　130
顕在的ニーズ　103
検査法　36
子育てひろば　76,86
子ども・子育て関連3法　86
子どもの最善の利益　15
個別対応職員　172
コミュニティ援助　24
コンサルタント　42
コンサルティ　42
コンサルテーション　42

さ行

再接近期　91
里親支援専門相談員　172
産後うつ病　161
支援計画（プランニング）　37
ジェノグラム　37,43
自己一致　54
自助資源　36
システム理論　122
児童家庭支援センター　73
児童虐待　158
児童虐待の防止等に関する法律　158
児童指導員　172
児童相談所　75
児童の権利に関する条約　15
児童福祉司　173
児童福祉施設　16
児童養護施設　188
社会的援助資源　36
社会的養護　170
就学時健康診断　74,147
終結　41
守秘義務　31
受理（インテーク）　35
障害児通所支援　150
障害児入所支援　150
障害者の権利に関する条約　142
障がいの受容過程　144
自立支援計画　175
身体的虐待　158
心理的虐待　159
ストレングス　36
ストレングスモデル　67
生活場面面接　183
性的虐待　159
セカンドオピニオン　28
全国保育士会倫理綱領　24
潜在的ニーズ　103,109
相互コンサルテーション　42
ソーシャルワーク　18,30
相談支援の流れ　34

た行

ダウン症　144
地域子育て支援拠点事業　86
直接養育職員　172
定型発達　142

纏綿状態　124

当事者主権　28

ドメスティックバイオレンス　159

な行

ニーズ　34

乳児院　171

乳幼児家庭全戸訪問事業　73

乳幼児健康診査　72

乳幼児揺さぶられ症候群(SBS)　173

ネグレクト　159

は行

バーンアウト(燃え尽き症候群)　56, 66

バイスティックの7原則　30

バウンダリー　122

発達のエコロジカルモデル　24

PT　144

評価(エヴァルエーション)　40

病児保育　78

ファシリテーション　121

ファシリテーター　121

ファミリー・サポート・センター　78

分離保育(セグリゲーション)　149

保育カウンセリング　18

保育コンシェルジュ　79

保育指導　14

保育所保育指針　16, 28, 58, 71

保育所保育指針解説書　26, 32, 133

保育相談支援の定義　14

保育の環境構成　58

放課後児童クラブ(学童保育)　78, 114

保健センター　73

母子支援員　182

母子生活支援施設　179

ま行

マタニティ・ブルーズ　161

ママ友　116

マルトリートメント　102

見捨てられ不安　35

無条件の肯定的配慮(積極的関心)　54

面接法　36

モデリング　107

や行

遊戯療法(プレイセラピー)　172

養育相談支援　175

養育の効力感　105

幼稚園教育要領　16, 71

要保護児童　162

要保護児童対策地域協議会(子どもを守る地域ネットワーク)　162

幼保連携型認定こども園教育・保育要領　16, 26, 103

ら行

ラポール　17, 49

リスクアセスメント　160

リスクマネジメント　37

療育　70

療育機関　75

利用者支援事業　79

レスパイトケア　85

ロジャーズ　54

わ行

渡し守　94

<編著者紹介>

青木紀久代（あおき きくよ）

東京都立大学大学院博士課程修了。博士（心理学）。臨床心理士。
お茶の水女子大学大学院を経て、現在、社会福祉法人真生会理事長／白百合心理・社会福祉研究所所長。

・主な著訳書

『調律行動から見た母子の情緒的交流と乳幼児の人格形成』（単著）風間書房 1999年
『子どもを持たないこころ ―少子化問題と福祉心理学―』（共編著）北大路書房 2000年
『保育に生かす心理臨床』（共編著）ミネルヴァ書房 2002年
『親のメンタルヘルス ―新たな子育て時代を生き抜く―』（編著）ぎょうせい 2009年
『いっしょに考える家族支援 ―現場で役立つ乳幼児心理臨床』（編著）明石書店 2010年
『実践・発達心理学』（編著）みらい 2012年
『親－乳幼児心理療法 ―母性のコンステレーション―』（共訳）岩崎学術出版社 2000年
『子ども－親心理療法 トラウマを受けた早期愛着関係の修復』（監訳）福村出版 2014年

実践・保育相談支援

発　行　日──2015年4月1日　初版第1刷発行
　　　　　　　2021年8月1日　初版第8刷発行

編　著　者──青木　紀久代
発　行　者──竹鼻　均之
発　行　所──㈱みらい
　　　　　　　〒500-8137　岐阜市東興町40　第5澤田ビル
　　　　　　　電話　058-247-1227㈹
　　　　　　　FAX　058-247-1218
　　　　　　　http://www.mirai-inc.jp/
印刷・製本──サンメッセ株式会社

定価はカバーに表示してあります。
落丁・乱丁本はお取り替えいたします。
ISBN978－4－86015－336－6　C3037
Printed in Japan